Martin Krake

Maremonto Reise- und Wanderführer

Mallorca

Martin Krake

Maremonto Reise- und Wanderführer: Mallorca

1. Auflage 2015

ISBN: 978-3-9503696-2-5

Zahnradbahnstraße 23/15
1190 Wien, Österreich

Firmenbuchnummer 403707m
beim Handelsgericht Wien

info@maremonto.com
www.maremonto.com

Recherche und Text:	Martin Krake, Wien
Beratung:	Mar y Roc, Mallorca (www.maryroc.de)
Alle Fotos von Martin Krake, außer:	
Seite 54:	Somatuscani/Fotolia.com
Seite 89 (links):	iStock/Wisky
Seite 89 (rechts):	iStock/fsanchex
Seiten 90 und 91:	iStock/cinoby
Seiten 92 und 93 (links):	Britt Weykam
Seite 154 (rechts):	Krane/Fotolia.com
Seite 155:	pkazmierczak/Fotolia.com
Straßenkarten:	© OpenStreetMap und Mitwirkende, CC-BY-SA
Reliefkarten und topogr. Karten:	Toursprung.com, Daten von OpenStreetMap und Mitwirkenden, CC-BY-SA
Druck:	R12 Spannbauer Ges.m.b.H. & Co KG, Fockygasse 29-31, 1120 Wien
Verlags- und Herstellungsort:	Wien

●●●● *top, unbedingt machen!*	*„Pflicht oder nicht“: Das System zur Bewertung der Attraktivität sagt Ihnen auf einen Blick, ob sich der Weg lohnt!*
●●● *sollte man erlebt haben*	
●● *nette Abwechslung*	
● *man versäumt nicht viel*	

Weit mehr als nur Strände

Für viele ist Mallorca die Urlaubsinsel schlechthin oder sogar ein Ziel für den Traum von einem neuen Leben. Andere sehen in Spaniens größter Insel ein Symbol für ausufernden Massentourismus in hässlichen Bettenburgen. Keine Frage: Gesichtslose Urlaubsorte sind eine Realität, der man hier an fast allen Küsten begegnet, und auch auf stark frequentierte Strände muss man sich einstellen. Auf Mallorca hat man schon vor Jahrzehnten, noch während der Franco-Diktatur, damit begonnen, den Tourismus massiv zu fördern, um Wirtschaftswachstum zu generieren. Und das hieß lange Zeit eben, möglichst viele Gäste in möglichst vielen Hotelbetten unterzubringen. Das Erbe dieser Zeit ist heute an Mallorcas Küsten nicht zu übersehen, Unberührtheit findet man nur noch an wenigen Orten. Auch der alkohollastige Partytourismus, der unter dem flapsigen Begriff „Ballermann" viel zum negativen Image Mallorcas beiträgt, existiert natürlich. Dennoch haben auch die, die ihr ganzes Leben lang immer wieder hierher zurückkehren oder die Insel sogar als dauerhaften Wohnsitz gewählt haben, gute Gründe dafür: Die großartige Metropole Palma, in der die Relikte einer jahrhundertelangen Geschichte auf eine lebhafte, kosmopolitische Gegenwart treffen. Die einsamen Bergwelten des Tramuntana-Gebirges mit ihrer unverwechselbaren Landschaft, den felsigen Gipfeln und lichten Wäldern. Abgelegene Dörfer und Fincas, in denen die Zeit stehengeblieben zu sein scheint. Und natürlich zahllose Strände, von weitläufigen Sandmeilen bis zu intimen, felsumsäumten Buchten.

Kaum eine andere Destination in Europa bietet so viele verschiedene Möglichkeiten, den Urlaub zu verbringen! Der Strandurlaub kann auf

An nahezu allen Küsten gibt es große Urlaubszentren.

Mallorca mit Freizeitparks und anderen Vergnügungsangeboten oder auch mit dem reichhaltigen Kulturangebot der Hauptstadt kombiniert werden. Im Tramuntana-Gebirge finden sich zahlreiche Möglichkeiten für Wanderungen jeglicher Größenordnung, von familienfreundlich bis abenteuerlich. Hochklassige Luxushotels in historischen Stadtpalästen oder abgelegenen Fincas sind auf stilbewusste Gäste eingestellt, und viele Restaurants spielen in der internationalen Oberklasse mit.

Auch bei den Verantwortlichen in der Regierung hat längst ein Umdenken eingesetzt. Von der bedingungslosen Ausweitung der Bettenkapazitäten hat man sich verabschiedet, stattdessen bemüht man sich vermehrt, mit hochklassigen Unterkünften anspruchsvollere Gäste anzuziehen. Auch die Erhaltung und Vermittlung des historischen und kulturellen Erbes hat an Bedeutung gewonnen: Die Altstadtzentren von Palma und den vielen kleineren Städten wie Alcúdia oder Pollença sind perfekt restauriert und werden mit Straßencafés und niveauvollen Geschäften belebt. Viele Museen wurden modernisiert oder neu gegründet und vermitteln interessierten Besuchern Fakten und Zusammenhänge über Geschichte und Natur. Wanderer finden ein ausgedehntes Netz aus vorbildlich markierten Routen vor, darunter viele restaurierte historische Wege.

Doch Mallorca hat noch andere Gesichter: die Bergwelten der Tramuntana, historische Städte wie Pollença oder abgelegene Dörfer wie Deià.

Geografie und Landschaft

Mallorca hat eine Fläche von rund 3600 Quadratkilometern und die Form eines Trapezes mit Kantenlängen zwischen 50 und 85 Kilometern. Im Südwesten liegt an der weit geschwungenen Bucht von Palma die Hauptstadt, Palma de Mallorca. Der Ostteil der Bucht wird von einem kilometerlangen Strand, der Platja de Palma, und dem größten Touristenzentrum der Insel eingenommen. Genau gegenüber, im Norden, befindet sich die noch etwas größere Bucht von Alcúdia mit einer ebenfalls mehrere Kilometer langen Strandzone und Ferienorten mit hohen Bettenkapazitäten wie Port d'Alcúdia und Can Picafort. Die Ostküste wird von Cala Rajada im Norden bis Cala Llombards im Süden von weiteren Touristenzentren bestimmt. Im nördlichen Abschnitt gibt es einige ausgedehntere Strände, die südliche Ostküste ab Portocristo ist dagegen von schmalen, tief eingeschnittenen Buchten geprägt, fast alle mit schönen, aber sehr kleinen Sandstränden.

Die Ostküste ist von tief eingeschnittenen Buchten geprägt.

Im Westteil der Insel zieht sich das mächtige Tramuntana-Gebirge in einem rund 60 Kilometer langen Streifen von Andratx im Süden bis nach Pollença im Norden. In seinem mittleren Abschnitt befindet sich mit dem 1443 Meter hohen Puig Major der höchste Gipfel der Insel. Die Landschaft wird hier von unbewaldeten Hochlagen und schroffen, felsigen Gipfeln bestimmt, viele davon über 1000 Meter hoch. In den tiefer gelegenen Regionen herrscht ein lockerer mediterraner Laub- oder Mischwald vor. Mit ihrem dichten Wegenetz ist die Tramuntana-Region Mallorcas interessantestes und ergiebigstes Wandergebiet! Die Küste ist hier fast durchgehend von steilen Felshängen geprägt, nur an wenigen Stellen sind kleine, steinige Buchten von Land aus erreichbar. Der einzige Sandstrand befindet sich in der Bucht von Sóller, ungefähr in der Mitte der Westküste.

Außerhalb der Serra de Tramuntana gibt es noch einige kleinere Gebirgszüge mit maximalen Gipfelhöhen um die 400-500 Meter wie die Serra de Llevant im Südosten, die Serra d'Artà im Nordosten sowie die bergigen Halbinseln Formentor und Victória im Norden. Der größte Teil der Fläche Mallorcas wird von der ausgedehnten Ebene *Es Pla* eingenommen, die sich über das gesamte Zentrum erstreckt.

Viele Gipfel der Serra de Tramuntana sind über 1000 Meter hoch.

Neben der Hauptstadt Palma verteilen sich viele kleinere Städte wie Alcúdia, Pollença, Sineu oder Santanyí über die ganze Insel. Sie alle haben gut erhaltene historische Stadtkerne und bieten sich damit für Ausflüge und Besichtigungen an. In früheren Zeiten, in denen man ständig mit Angriffen von See rechnen musste, wurden die Städte stets mindestens einige Kilometer landeinwärts angelegt, nur Palma liegt direkt am Meer. Die heute existierenden Küstenorte sind daher überwiegend moderne Retortensiedlungen, die sich erst in den letzten Jahrzehnten entwickelt haben.

Ferienorte und Unterkünfte

Mallorca hat eine hervorragend ausgebaute touristische Infrastruktur mit enormen Kapazitäten. Die großen Ferienzentren mit Hotels und Apartments jeglicher Preis- und Komfortklasse liegen südwestlich von Palma um Peguera und Magaluf, im Osten der Hauptstadt an der Platja de Palma, an den Buchten von Alcúdia und Pollença im Norden sowie an der gesamten Ostküste. Viele Orte werden überwiegend von Touristen aus bestimmten Ländern besucht: So kann man sich an der Platja de Palma, in Peguera, Can Picafort und Cala Rajada ohne Weiteres den ganzen Urlaub auf Deutsch verständigen und muss auch auf heimisches Essen nicht verzichten. Magaluf oder Cala Millor sprechen eher die britische Kundschaft an, viele weitere Orte wie Port d'Alcúdia oder Port de Sóller sind aber international gemischt. Der Partytourismus mit einer großen Auswahl an Bars und Clubs konzentriert sich auf wenige Hotspots wie Platja de Palma, Cala Rajada oder Magaluf, so dass man dieser Urlaubsvariante und der damit verbundenen Lärmentwicklung auch gut aus dem Weg gehen kann. Die meisten übrigen Ferienorte geben sich familienfreundlich und eher ruhig.

Ein Sonderfall ist die Tramuntana-Region: Da es hier fast keine Sandstrände gibt, hat nie eine touristische Entwicklung in großem Stil stattgefunden, nur Port de Sóller hat eine nennenswerte Bettenkapazität. In fast allen übrigen Orten stehen jedoch kleinere Hotels zur Verfügung, die Individualisten eine interessante Alternative zu den pauschal buchbaren Großunterkünften an den Küsten bieten. Mit vielen hochklassigen Hotels in historischen Fincas, oft reizvoll abgelegen, ist die Serra de Tramuntana darüber hinaus Mallorcas interessantestes Reisegebiet für einen stilvollen Luxusurlaub! Wer Individualität sucht und ein gewisses Budget zur Verfügung hat, wird aber auch in den historischen Zentren von Palma und den kleineren Städten fündig: In jüngster Zeit sind hier viele jahrhundertealte Stadtpaläste zu edlen Boutiquehotels ausgebaut worden.

Eine Kombination aus Strand- und Wanderurlaub lässt sich auf Mallorca nur schwer realisieren, da sich fast alle lohnenden Wandermöglichkeiten im nahezu strandlosen Tramuntana-Gebiet befinden. Von den Ferienorten im Südwesten oder im Norden fährt man zu den Ausgangspunkten der meisten Touren mit dem Auto mindestens eine Stunde, mit dem Bus noch deutlich länger. Die Orte an der Ostküste sind durch die große Entfernung keine sinnvolle Option für einen Wanderurlaub. Die beste Möglichkeit für eine Wander-Strand-Kombination ist Port de Sóller (➤ Seite 84): Hier hat man eine große Auswahl sehr schöner Touren in unmittelbarer Nähe und gleichzeitig den einzigen Sandstrand der Westküste vor der Tür.

Individualisten werden die Finca-Hotels der Serra de Tramuntana...

...oder die Boutiquehotels in den historischen Stadtzentren zu schätzen wissen.

Eine gute Möglichkeit, ein Hotelzimmer oder Apartment individuell zu buchen, sind Portale wie *www.booking.de* oder *www.hotel.de*, die umfassende Preisvergleiche und sofortige Buchungen ermöglichen. Die meisten Hotels akzeptieren auch Buchungen für einzelne Nächte, so dass Sie Ihren Urlaub an verschiedenen Orten verbringen können und nicht auf Pauschalangebote angewiesen sind.

Anreise und Mobilität

Der Flughafen von Mallorca (internationales Kürzel PMI) befindet sich wenige Kilometer südöstlich von Palma und wird von fast allen größeren deutschen Flughäfen angeflogen. Da es nur einen zentralen Terminal gibt, ist der Flughafen trotz seiner erheblichen Größe recht übersichtlich. Nach Palma verkehrt die Buslinie 1 und der etwas schnellere Airport-Express alle 15-30 Minuten, die Fahrt kostet derzeit 3,00 Euro (zahlbar beim Fahrer). Die Haltestelle befindet sich am Weg vom Terminal zum Parkhaus. In Palma gibt es an der zentralen Umsteigestelle Plaça d'Espanya Anschluss an alle anderen Linien ab Palma, der Bus fährt weiter bis zum Hafen.

Mallorca ist von einem dichten Netz an Buslinien überzogen, das vom Firmenkonsortium TIB bedient wird. Die Linienbusse sind an ihrer auffälligen rot-gelben Lackierung leicht zu erkennen. Ein Gesamtnetzplan sowie Fahrpläne für alle Linien sind auf *www.tib.org* zu finden. Die weitaus meisten Linien verkehren nach Palma und bieten dort an der zentralen Station Plaça d'Espanya Umstiegsmöglichkeiten. Hinzu kommt eine Zuglinie von Palma über Inca nach Manacor, die für Touristen allerdings weniger interessant ist. Ein Sonderfall ist die historische Zuglinie von Palma nach Sóller und die anschließende Straßenbahn nach Port de Sóller (➤ Seite 80).

Alle nennenswerten Orte und sämtliche Ferienzentren sind durch häufige Verbindungen an das Netz angeschlossen, und wer sich vor allem in Städten und größeren Ortschaften bewegt, wird damit gut zurecht kommen. In dünn besiedelten ländlichen Gebieten gibt es aber oft nur wenige Verbindungen: So wird etwa die nördliche Tramuntana-Achse zwischen Sóller und Pollença (➤ Seite 87) nur mit zwei Fahrten täglich – eine am Morgen und eine am Nachmittag – bedient, am Sonntag geht hier gar nichts. Wer vor allem wandern will, ist daher mit einem eigenen Fahrzeug in jedem Fall besser dran.

Mietwagen

Mietwagen sind auf Mallorca ausgesprochen günstig, weil unter den zahlreichen Anbietern ein harter Preiskampf im Gang ist. Die Abholung am Flughafen ist die bequemste Option, das Auto steht dann im Parkhaus bereit. Eine vorherige Reservierung ist in jedem Fall sinnvoll – in der Hauptsaison kann es zu Engpässen kommen, außerdem kann man sich so in Ruhe eine Übersicht über die Preise verschaffen. Für einen Vergleich sind Portale wie *www.billiger-mietwagen.de* oder *www.autoeurope.de* nützlich: Hier hat man verschiedene Anbieter zur Auswahl und kann auch sofort buchen.

Die Fahrzeuge sind in der Regel auch bei den billigsten Firmen ziemlich neu und völlig in Ordnung, so dass man durchaus nach dem Preis entscheiden kann. Hüten Sie sich aber davor, dem **Versicherungstrick** zum Opfer zu fallen: Oft wird bei der Abholung behauptet, das Fahrzeug habe keinerlei Vollkaskoschutz, im Falle eines Unfalls mit Totalschaden müsse man also den vollständigen Wert bezahlen. Dieses Risiko könne man mit einer Zusatzversicherung ausschließen. Die ist dann aber plötzlich gar nicht mehr so günstig und treibt den Gesamtbetrag der Miete erheblich in die Höhe. Tatsächlich ist im Basispreis normalerweise durchaus eine Vollkaskoversicherung enthalten, allerdings mit einer Selbstbeteiligung in einer Größenordnung um die 600-800 Euro und einem Ausschluss für Schäden an Glas, Unterboden, Reifen und Ähnlichem.

Was dem Kunden bei der Abholung – oft mittels gezielter Verunsicherung – aufgeschwatzt wird, ist eine Zusatzversicherung, die diese Restrisiken ausschließt, von ihren Kosten her aber oft in keinem vernünftigen Verhältnis zum versicherten Risiko steht, sofern man ein halbwegs sicherer Fahrer ist. Doch wer denkt schon groß nach, wenn er erschöpft auf Mallorca ankommt und einfach nur rasch zum Hotel will? Informieren Sie sich daher schon bei der Buchung und vor der Abholung des Fahrzeugs genau, welche

> *Tipp: Wettervorhersage*
>
> Eine präzise und zuverlässige **Wettervorhersage** für alle größeren Orte Spaniens stellt die Internetseite
>
> *www.eltiempo.es*
>
> zur Verfügung. Vor allem die 24-Stunden-Vorhersage (über den Link „por hora") ist bei der Planung von Wanderungen und anderen wettersensiblen Unternehmungen äußerst hilfreich!

Versicherung im Mietpreis enthalten ist und überlegen Sie, ob Sie eine zusätzliche Versicherung haben möchten! Bei einer Miete mit Selbstbeteiligung wird der entsprechende Betrag bei der Abholung als Kaution auf der Kreditkarte geblockt.

Ein weiteres Ärgernis der Billiganbieter sind die **Tankregelungen**: In der Regel wird das Auto mit vollem Tank übergeben und für die erste Füllung ein ziemlich üppiger Preis berechnet, oft noch aufgefettet durch irgendeine Fantasiegebühr mit blumiger Bezeichnung. Nicht immer wird der Wert der Restmenge, die bei Rückgabe noch vorhanden ist, erstattet, und wer fährt schon mit den letzten Tropfen zum Flughafen? Oft ist das Auto dennoch deutlich billiger als bei der Konkurrenz, achten Sie aber vor allem bei niedrigen Grundpreisen auf die Zusatzkosten! Für die **Anmietung** brauchen Sie Personalausweis oder Reisepass und natürlich einen Führerschein, die meisten Vermieter verlangen auch eine Kreditkarte. Vermietstationen gibt es außer am Flughafen auch in den meisten Touristenorten, so dass man sich auch nach der Anreise noch entschließen kann, ein Fahrzeug zu mieten.

Parkregelungen sind auf Mallorca (wie überall in Spanien) durch farbige Markierungen gekennzeichnet: Bei einer weißen (oder gar keiner) Markierung ist das Parken erlaubt und kostenlos, bei einer blauen ist es kostenpflichtig (meistens mit Parkscheinautomaten). Auf gelb markierten Flächen oder neben gelben Streifen darf überhaupt nicht geparkt werden. Die übrigen Verkehrsregeln sind im Wesentlichen dieselben wie in Deutschland, die Alkoholgrenze liegt bei 0,5 Promille. Allerdings gibt es restriktive Tempolimits: Auf Autobahnen 120 km/h, auf Landstraßen 90, in Ortschaften 50. In Spanien ist der Service durch einen Tankwart üblich. Benzin heißt *Gasolina*, Diesel *Gasóleo*, die Farbmarkierungen an den Tankstellen sind aber wie gewohnt: Benzin ist grün, Diesel schwarz.

GPS-Daten

Dieser Reiseführer stellt für alle erwähnten Orte GPS-Daten zur Verfügung. Die Koordinaten sind im Format Grad/Dezimalgrad angegeben. Datenpakete mit Wegpunkten für alle Ziele sowie Tracks zu den Wanderungen können in verschiedenen Dateiformaten kostenlos heruntergeladen werden:

www.maremonto.de/gps/mallorca.zip

Thema: Mallorcas Geschichte

Vorgeschichte und Antike

Die erste Besiedelung Mallorcas erfolgte entweder von Südfrankreich oder vom spanischen Festland aus. Wann das geschah, ist nicht ganz geklärt; die ältesten Funde deuten auf eine Zeit um 4500 v. Chr. hin, doch gibt es auch Archäologen, die die Ankunft der ersten Menschen schon 2000 Jahre früher ansetzen. Ab etwa 1500 v. Chr. begannen die Bewohner Mallorcas mit der Errichtung niedriger Steintürme inmitten ihrer Siedlungen, der sogenannten Talayots. Der Zweck dieser Bauwerke ist bis heute nicht ganz geklärt, sie sind aber so typisch, dass sie der talayotischen Epoche ihren Namen gaben. Einige Talayots sind erhalten geblieben und können in Ausgrabungsstätten wie Capocorb Vell (➤ Seite 170) oder Ses Païsses (➤ Seite 127) besichtigt werden.

Die frühen Mallorquiner lebten jedoch nicht isoliert: Ab dem 7. vorchristlichen Jahrhundert kam die Insel unter den Einfluss der Phönizier, der zu dieser Zeit größten Macht im Mittelmeergebiet. Handelsbeziehungen zum phönizischen Karthago sind vielfältig belegt.

Die Talayots gaben einer ganzen Epoche ihren Namen.

Weitaus entscheidender für die weitere Entwicklung der Insel war aber die Eroberung durch die Römer im Jahr 123. v. Chr., mit der eine fast 600 Jahre andauernde Epoche des Friedens und der wirtschaftlichen Prosperität begann. Sie gründeten mit Palma und Pollentia die ersten Städte, römische Siedler vermischten sich mit der Urbevölkerung. Die römische Kultur verdrängte allmählich die traditionelle einheimische, das Lateinische wurde zur beherrschenden Sprache. Dennoch blieb wenig von den Römern: In der Nähe von Alcúdia konnten die Ruinen Pollentias ausgegraben werden (➤ Seite 113), das römische Palma verschwand dagegen vollständig unter den Bauten der folgenden Epochen.

Der Zusammenbruch des Römischen Reiches brachte Mallorca ab 465 n. Chr. unter die Herrschaft der Vandalen, 543 wurde die Insel Teil des Byzantinischen Reiches. Einen prägenden Einfluss hatte diese Zeit jedoch nicht.

Die maurische Epoche

Im Jahr 902, als das spanische Festland zu einem großen Teil unter maurischer Herrschaft stand, wurde Mallorca zusammen mit den übrigen Baleareninseln zu einem Teil des muslimischen Emirats von Córdoba in Andalusien. Es folgte eine neue, mehr als 300 Jahre andauernde Blütezeit, in kultureller wie auch in wirtschaftlicher Hinsicht: Die Erträge der Landwirtschaft konnten mit ausgefeilten Bewässerungssystemen, Terrassenfeldern und anderen Methoden erheblich verbessert werden, neue Nutzpflanzen wie Zitrusfrüchte und Mandeln wurden eingeführt. In den Städten, vor allem in Palma, blühte das kulturelle und intellektuelle Leben, auf dem Land entstanden Villen und Paläste mit prachtvollen Gartenanlagen.

Außer den Banys Arabs ist kaum etwas von der maurischen Epoche geblieben.

Die Reconquista

Im Lauf des Mittelalters wurden die maurischen Herrschaftsgebiete auf dem spanischen Festland durch mächtige christliche Königreiche immer weiter zurückgedrängt. Um seine Herrschaft zu festigen, entschloss sich Jaume I. von Aragon, auch die Balearen zu erobern, die von maurischen Piraten als Stützpunkt genutzt wurden. Im September 1229 landete er mit einer Flotte von etwa 150 Schiffen und einem gewaltigen Heer, dessen Größe zwischen 10.000 und 20.000 Mann betragen haben dürfte, in der Bucht von Santa Ponça an der Südwestküste. Mit der Einnahme Palmas nach einer drei Monate dauernden Belagerung am 31.12.1229 war diese

Epoche Mallorcas beendet, nur einzelne Widerstandsnester auf abgelegenen Festungen konnten sich noch bis 1232 halten. Was folgte, war eine Orgie der Zerstörung, so gründlich, dass heute kaum noch etwas an die glanzvolle maurische Zeit erinnert.

Das Königreich Mallorca

Nach der Eroberung durch Jaume I. gehörte Mallorca zunächst zum Königreich Aragon, das sich über den nordöstlichen Teil des heutigen Spaniens erstreckte. Nach seinem Tod im Jahr 1276 wurde das Reich unter seinen beiden Söhnen aufgeteilt: Alfons II. erhielt das festländische Aragon, Jaume II. die Balearen. Er wurde damit zum ersten König Mallorcas und der Balearen und bemühte sich erfolgreich um die Förderung von Handel und Wissenschaft auf den Inseln. Zahlreiche neue Städte wurden für die wachsende Bevölkerung gegründet, die Residenzstadt Palma entwickelte sich zu einer der führenden Handelsmetropolen im westlichen Mittelmeer. Viele Bauwerke, die heute das Bild der Städte bestimmen, gehen auf diese neue Blütezeit zurück.

Die zur selben Familie gehörenden Könige Aragons wollten jedoch die Eigenständigkeit des mallorquinischen Reiches nicht akzeptieren. Der Konflikt schwelte über Generationen, immer wieder gab es Krieg. 1344 eroberten aragonische Truppen Mallorca, König Jaume III. musste fliehen. Ein Rückeroberungsversuch im Jahr 1349 endete mit seinem Tod in der Schlacht von Llucmajor. Die Zeit des eigenständigen Königreiches Mallorca war damit endgültig beendet, die Balearen wurden zu einer Provinz von Aragon. Seit der Vereinigung Aragons mit Kastilien im Jahr 1469 zum ersten gesamtspanischen Königreich ist Mallorca spanisch.

Das Castell de Bellver repräsentiert die Blüte des Königreiches Mallorca.

Teil 1

Palma und der Südwesten

Die Zeugnisse einer langen Geschichte, ein üppiges Kulturangebot und eine lebhafte, moderne Atmosphäre – all das macht die Inselhauptstadt Palma zu einer der schönsten Metropolen des Mittelmeergebiets! In den großen Ferienzentren in der Umgebung sind dagegen vor allem Sonne, Strand und Party angesagt, während im bergigen und buchtenreichen Südwesten die Individualisten auf ihre Kosten kommen.

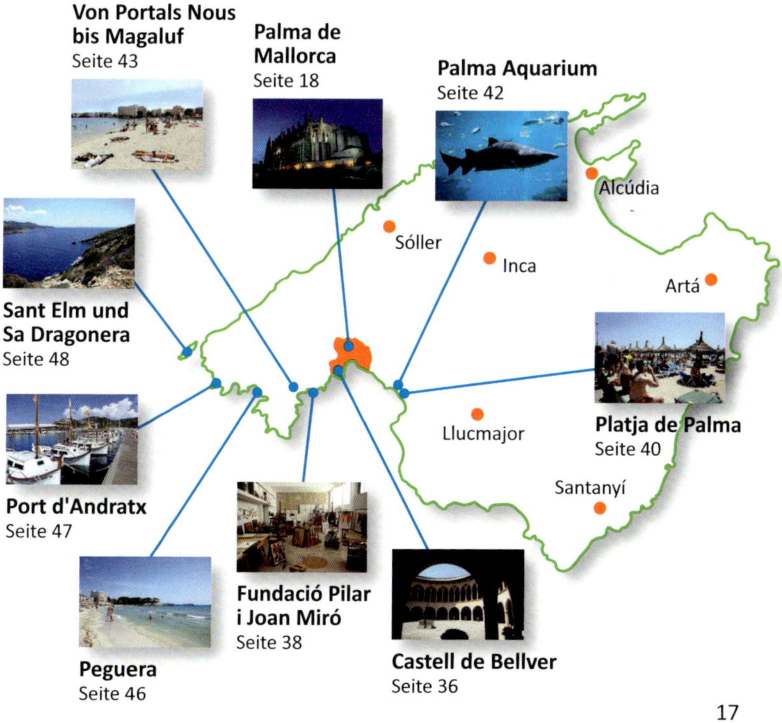

Von Portals Nous bis Magaluf
Seite 43

Palma de Mallorca
Seite 18

Palma Aquarium
Seite 42

Alcúdia

Sóller

Inca

Artá

Sant Elm und Sa Dragonera
Seite 48

Platja de Palma
Seite 40

Llucmajor

Santanyí

Port d'Andratx
Seite 47

Fundació Pilar i Joan Miró
Seite 38

Castell de Bellver
Seite 36

Peguera
Seite 46

Palma de Mallorca

Mit fast 300.000 Einwohnern ist die Hauptstadt Palma Mallorcas Mega-Metropole und Zentrum eines Ballungsraumes, in dem fast die Hälfte aller Einwohner der Insel lebt. Dennoch ist die Stadt einer der attraktivsten Orte Mallorcas; viele Touristen schätzen die unvergleichliche Atmosphäre so sehr, dass sie ihren ganzen Urlaub hier verbringen, andere kommen gerne immer wieder zu Tagesausflügen. Tatsächlich ist Palma eine der schönsten Großstädte des Mittelmeergebiets mit einem riesigen Bestand an historischen Gebäuden und einer wunderbaren urbanen Atmosphäre, lebhaft, jugendlich und kosmopolitisch. Die jahrhundertelange Geschichte hat zahlreiche beeindruckende Monumente und reizvolle Stadtviertel hinterlassen, und selbstredend sind das gastronomische und kulturelle Angebot sowie die Möglichkeiten für eine Shoppingtour nirgendwo auf Mallorca so reichhaltig und vielfältig wie in Palma!

Die Lage direkt am Meer trägt ganz wesentlich zur Attraktivität der Stadt bei.

Im Zentrum drängen sich Gebäude verschiedenster Epochen.

Die Straßen werden von lebhaften Plätzen wie der Plaça des Cort unterbrochen.

Als die Römer 123 v. Chr. Mallorca eroberten, gründeten sie in der schützenden Bucht Badia de Palma eine erste Siedlung. Die Mauren bauten die Stadt nach ihrer Inbesitznahme Mallorcas im Jahr 903 weiter aus. So entstand eine der größten Metropolen im maurischen Teil Spaniens mit Palästen, öffentlichen Bädern und zahlreichen weiteren Annehmlichkeiten. Die Eroberung durch den christlichen König Jaume I. von Aragon im Dezember 1229 (➤ Seite 15) brachte diese Epoche zu einem jähen Stillstand: Die auf die Eroberung folgenden Zerstörungen waren so gründlich, dass heute fast keine Gebäude aus der maurischen Epoche erhalten sind.

Die ersten Jahrhunderte unter christlicher Herrschaft brachten wiederum eine lange Blütezeit, in der viele der Bauwerke entstanden, die wir heute noch bewundern können, wie etwa die monumentale Kathedrale oder der Königspalast. 1902 wurde die Stadtmauer, die die reiche Handelsmetropole jahrhundertelang beschützt hatte, abgerissen und durch eine Ringstraße ersetzt. Auf dem Stadtplan kann man daher den Verlauf der alten Befestigungen gut nachvollziehen. Die für Touristen interessanten Sehenswürdigkeiten befinden sich – abgesehen vom Castell de Bellver (➤ Seite 36) und dem Hafen – vollständig innerhalb dieses Altstadtgebietes, das einen Durchmesser von etwa 1,4 Kilometern hat.

Bei einem Stadtrundgang entdeckt man überall schöne Details.

Altstadt

Fährt man auf der Uferstraße nach Palma, fällt die monumentale **Kathedrale** 1 auf, die weithin sichtbar hoch über der Küste thront. Die abweisend wirkende Erscheinung der dem Meer zugewandten Südseite wird vom dichten Rhythmus der mächtigen Stützpfeiler bestimmt, unterbrochen vom Portal Mirador. Die imposante Hauptfassade zeigt sich dagegen erst bei einem Spaziergang durch die Stadt. Während der islamischen Epoche befand sich an dieser Stelle die Hauptmoschee, die nach der christlichen Eroberung zerstört wurde. Im Jahr 1306 begann man mit dem Bau der Kathedrale. Wie es bei mittelalterlichen Großkirchen die Regel war, zog sich das Projekt über Jahrhunderte hin, erst 1601 wurde das Hauptschiff fertiggestellt. Zum Bau entsprechend groß dimensionierter Türme kam es gar nicht erst: Der Glockenturm an der Nordseite bleibt ein unauffälliger Stumpf, der sich nicht so richtig ins Gesamtbild einfügen will, darüber hinaus wurden nur zwei niedrige Türme an der Hauptfassade realisiert.

Die Hauptfassade wird erst aus der Nähe sichtbar.

Die dem Meer zugewandte Seite wirkt massiv und abweisend.

Das Mittelschiff ist 75 Meter lang, 19 Meter breit und 43 Meter hoch. Die großräumigen Seitenschiffe ergeben in Verbindung mit den schlanken und weit auseinander stehenden Säulen ein außergewöhnlich luftiges Raumgefühl. Über dem Hauptaltar fällt ein enormes Rosettenfenster auf, das mit einem Durchmesser von fast zwölf Metern zu den größten seiner Art gehört. Die Positionierung an der Ostseite ist ausgesprochen ungewöhnlich: Zwar sind solche Rosetten übliches Stilelement gotischer Kathedralen, doch befinden sie sich normalerweise gegenüber, in der Hauptfassade, wo hier ein zweites, etwas kleineres platziert ist. Kommen Sie wenn möglich am Vormittag: Dann scheint die Sonne durch das farbige Glas, die Lichteffekte sind überwältigend!

Pflicht oder nicht?

- ●●●● *top, unbedingt machen!*
- ●●● *sollte man erlebt haben*
- ●● *nette Abwechslung*
- ● *man versäumt nicht viel*

Ein Rundgang durch Palmas Zentrum gehört zum Schönsten, was man auf Mallorca erleben kann!

Am Vormittag ist der Raum von einem faszinierenden Licht erfüllt!

Der große katalanische Architekt Antoni Gaudí arbeitete von 1904 bis 1914 an einer Auffrischung der Innenausstattung. Er nahm zahlreiche Veränderungen vor, die jedoch eher unauffällig bleiben und den sehr geschlossenen gotischen Eindruck nicht beeinträchtigen. Doch er war nicht der Letzte, der in der Kathedrale seine Handschrift hinterließ: Die Allerheiligstenkapelle rechts vom Hauptaltar wurde erst 2007 durch den Künstler Miquel Barceló mit einem großflächigen plastischen Keramikbild versehen, das das biblische Wunder der Vermehrung von Brot und Fisch darstellt – ein viel beachtetes Werk moderner religiöser Kunst, das mit seiner düsteren, rauen Ästhetik eine außergewöhnliche Wirkung hat. Die übrigen der insgesamt 18 Nebenkapellen zeigen verschiedene Stilrichtungen von der Gotik bis zum Klassizismus.

Zeiten und Preise

Die Kathedrale ist nur in Verbindung mit dem Diözesanmuseum zugänglich (Eingang auf der Nordseite). Juni bis September Sa 10:00-14:15 Uhr, Mo-Fr 10:00-18:15 Uhr, April, Mai und Oktober nur bis 17:15 Uhr, November bis März nur bis 15:15 Uhr. Eintritt 6,00 €, zu den Messen (tägl. 9:00 Uhr, Sa und So weitere Termine) kostenlos.

www.catedraldemallorca.org, Tel. 0034 902 022 445

In den beiden angegliederten Kapitelsälen befindet sich das Museum der Kathedrale mit sakralen Kunstwerken aus verschiedenen Jahrhunderten, darunter eine 120 Kilogramm schwere Monstranz aus vergoldetem Silber. Außer zu den Messen ist die Kathedrale nur in Verbindung mit diesem Museum zugänglich.

Die Gestaltung der Allerheiligstenkapelle ist ein außergewöhnliches modernes Kunstwerk.

Direkt gegenüber der Kathedrale befindet sich der im Vergleich eher unauffällige **Palau de l'Almudaina** 2. Der Königspalast ist eines der wenigen erhaltenen Gebäude, die auf die maurische Epoche zurückgehen; allerdings wurde er in den folgenden Jahrhunderten so stark erweitert und umgestaltet, dass von der ursprünglichen Bausubstanz kaum noch etwas vorhanden ist. Während der kurzen Zeit des Königreiches Mallorca (➤ Seite 16) war der Palast die königliche Residenz, und bis heute dient er der spanischen Königsfamilie bei ihren Sommeraufenthalten auf Mallorca als Quartier. Große Teile des Gebäudes können besichtigt werden, darunter die noch heute genutzten Repräsentationsräume und die meerseitige Terrasse, der Mirador de la Mar. Die Räume sind mit antikem Mobiliar und zahlreichen historischen Gemälden und Wandteppichen ausgestattet, dennoch wirken sie überraschend schlicht und strahlen eine erhabene Würde aus.

Der Königspalast wirkt überraschend bescheiden.

Unterhalb des Palastes an der Avinguda d'Antoni Maura begeistert der **Hort del Rei** 3, der „Garten des Königs“, die Besucher Palmas. Diese intime Parkanlage geht auf den maurischen Palastgarten zurück, entstand in ihrer heutigen Form aber erst in den 1960er-Jahren. Mit den Wasserspielen im arabischen Stil ist es der wohl schönste Park der

Mit seinen Wasserspielen ist der Hort del Rei der wohl schönste Park der Stadt.

Stadt – die kleinen Fontänen sind so hübsch, dass sie nahezu ständig fotografiert werden! Quasi um die Ecke, zwischen Kathedrale und Uferstraße, schließt sich der **Parc de la Mar** 4 an, der größtenteils von einem Wasserbassin eingenommen wird.

Direkt nördlich des Almudaina-Palastes beginnt mit dem **Palau March** 5 eine repräsentative Gebäudezeile. Der private Palast des immens reichen Bankiers Juan March wurde erst von 1939 bis 1945 erbaut, fügt sich aber hervorragend ins historische Umfeld ein. Heute ist er ein Museum mit einigen hochkarätigen Skulpturen des 20. Jahrhunderts, einer historischen neapolitanischen Krippe und einer einzigartigen Sammlung früher Seekarten. Interessant ist aber vor allem das Gebäude selbst mit seinem immensen Protzfaktor und den eindrucksvollen Wand- und Deckengemälden des Künstlers Josep María Sert.

Zeiten und Preise

Palau de l'Almudaina: *Gegenüber der Kathedrale. Ohne Führung, tägl. außer Mo 10:00-20:00 Uhr, Oktober bis März bis 18:00 Uhr, letzter Einlass 1 h vor Schließung. Eintritt 9,00 €, Kinder von 5-16 4,00 €, Audioguide 4,00 € extra.*

Palau March: *Neben dem Almudaina-Palast. Tägl. außer So 10:00-18:30 Uhr, November bis März bis 14:00 Uhr, Sa bis 14:00 Uhr. 4,50 €, Kinder bis 11 frei. www.fundacionbmarch.es, Tel. 0034 971 711 122*

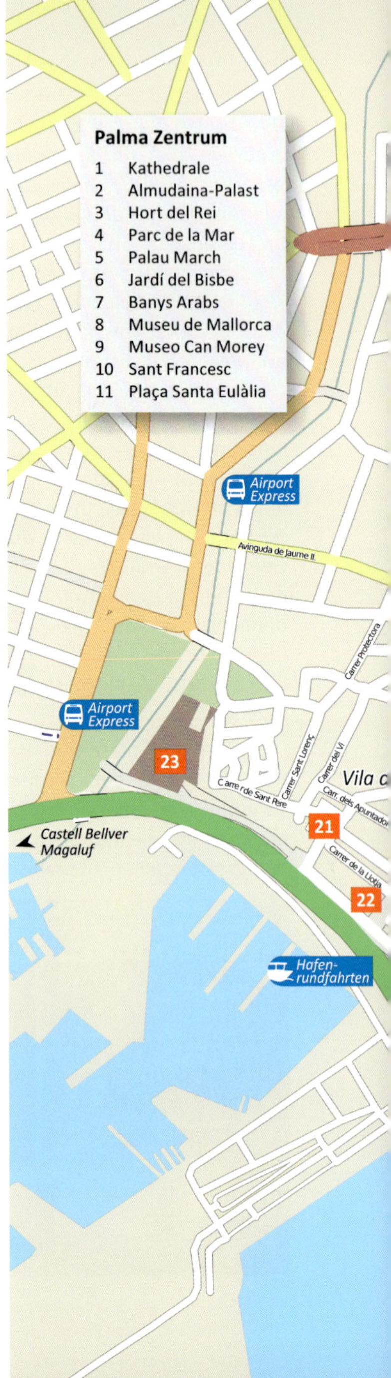

12 Plaça des Cort
13 Plaça d'en Coll
14 Plaça Major
15 Pl. d'Espanya (Busbahnhof)
16 Museu Fund. Juan March
17 Can Forteza-Rey
18 Gran Hotel
19 Edifici Casasayas
20 Carrer dels Apuntadors
21 Plaça de la Drassana
22 Sa Llotja
23 Museu Es Baluard
24 Platja de Can Pere Antoni
Tren de Sóller
alle Überlandlinien
Airport Express
Airport Express
Airport Express
Pl. de la Reina Linie 15
Parc de la Mar
Vila de Dalt
Sa Portella
Autobahn Flughafen Platja de Palma
200 m
1:10.000
Carr. de la Reina Escl.
Plaça de la Porta Pintada
Carrer dels Oms
Carrer de Sant Miquel
Carrer de la Missió
Plaça del l'Olivar
Carr. dels Horts
La Rambla
Plaça del la Mare de Deu de la Salut
Plaça de la Cavalleria
Carrer de la Concepció
Carrer de Sant Jaume
Carr. de les Caputxines
Carr. del Sant Esp.
Plaça des Banc de s'Oli
Carrer del Sindicat
Plaça Weyler
Carrer de la Unió
Plaça del Mercat
Plaça Rei Joan Carles I.
Plaça dels Capellers
Carrer de la Ferreria
Carr. de Sant Gaietà
Passeig des Born
Carr. de Colom
Carr. de Can Sanç
Carr. de Can Savella
Plaça del Josep Maria Quadrado
Plaça del Rosari
Carrer del Conqueridor
Carr. del Almudaina
Carr. de S. Francesc
Carr. de S. Bonaventura
Carrer de Socors
Carrer de Mateu Enric Lladó
Carrer de Ramon Llull
Carr. de l'Estudi General
Carrer del Palau Reial
Av. d'Antoni Maura
Carrer del Sol
Carrer de Monti-sion
Carr. Pelleteria
Carrer del Mirador
Carr. del Palau
Carr. de Miramar
Carrer de la Portella
Carrer de Can Serra
Carrer de Sant Alonso
Plaça de Sant Jeroni
Carr. de la Pos. de Montserrat
Carrer de la Calatrava
Carrer de Bala Roja
Avinguda de Jaume III.
Carr. de Sant Feliu

Sa Portella ist ein Labyrinth aus zahllosen engen Gassen.

Die Stadtpläste sind mit repräsentativen Innenhöfen ausgestattet.

Hinter der Kathedrale erstreckt sich **Sa Portella**, das älteste Viertel Palmas. Mit den uralten Häusern und den vielen Kirchen und Stadtpalästen ist es die wohl schönste Gegend der Stadt, ein planloser Streifzug durch das weitgehend autofreie Quartier ist ein Muss! Die zahllosen engen Gassen bilden ein undurchsichtiges Labyrinth, den Gebrauch eines Stadtplans gibt man schnell auf. Kleine Wegweiser helfen immerhin beim Auffinden der wichtigsten Sehenswürdigkeiten. Die meisten Gebäude stammen aus der Zeit ab dem 16. Jahrhundert, darunter sind zahlreiche Stadtpaläste adliger Familien. Palma erlebte oft unruhige Zeiten, immer wieder kam es zu Überfällen plündernder Piraten, die gelegentlich auch in die Stadt eindrangen. Daher waren die Paläste so angelegt, dass man sie einigermaßen verteidigen konnte: Von außen sieht man nur wenige, kleine Fenster, der Eingang wurde durch ein massives Holztor verriegelt. Seine herrschaftliche Pracht entfaltet das Gebäude im Innenhof; diese Repräsentation nach

Der Jardí del Bisbe gefällt durch seine wohlgeordnete Intimität.

innen ist ein Erbe der maurischen Epoche. Da fast alle dieser Paläste in privatem Besitz sind, kann man die Höfe in der Regel nicht betreten, oft lässt sich aber ein Blick durch das Gittertor werfen.

In der Carrer de Sant Pere Nolasc lohnt der **Jardí del Bisbe** 6, der Bischofsgarten, einen kleinen Abstecher. Die historische Anlage ist nicht sehr groß, mit ihrer wohlgeordneten Intimität aber sehr hübsch. Der Eintritt ist frei, wenn das Tor offen ist, sollten Sie in jedem Fall hineinschauen!

Mitten im engsten und dunkelsten Teil Sa Portellas, in der Carrer de Can Serra, stößt man auf ein einzigartiges Relikt der islamischen Kultur: die **Banys Arabs** 7, die „arabischen Bäder". Während der maurischen Epoche Mallorcas waren solche Bäder, die man mit modernen Wellnessbereichen vergleichen kann, wichtige gesellschaftliche Treffpunkte. Der Besuch diente nicht nur der Reinigung und Entspannung, sondern auch der Pflege von Beziehungen und dem Abschluss von Geschäften. Diese Anlage ist nicht nur das einzige Bad, sondern überhaupt das einzige nennenswerte Baudenkmal der maurischen Epoche, das erhalten geblieben ist, und daher ein besonderes Zeugnis der Kultur dieser Zeit. Allzu viel gibt es indessen nicht zu sehen: Ein kleiner Saal wird von einem Gewölbe überspannt, das durch zwölf Säulen gestützt wird. Neben diesem zentralen Heißraum, dem Caldarium, kann man noch einige Nebenräume und einen kleinen Innenhof besichtigen, die Badebecken sind nicht erhalten.

Die Banys Arabs sind ein einzigartiges Zeugnis der maurischen Epoche.

Zeiten und Preise

Jardí del Bisbe: *Carrer de Sant Pere Nicolasc. Tägl. außer So 9:00-13:00 und 15:00-18:00 Uhr, Sa 10:00-15:00 Uhr, im Winter Mo-Sa 9:00-15:00 Uhr. Eintritt frei.*

Banys Arabs: *Carrer Can Serra 7. Tägl. 10:00-18:00 Uhr, Eintritt 2,50 €.*

In der nächsten Gasse zeigt das **Museu de Mallorca** 8 in einem großen Stadtpalast aus dem 16. Jahrhundert eine Ausstellung zur Geschichte der Insel mit zahlreichen archäologischen Funden aus Vorgeschichte und Antike sowie eine Gemäldesammlung mit Werken aus dem 15. bis 18. Jahrhundert – normalerweise, denn bei Redaktionsschluss war das Museum seit Jahren wegen einer Renovierung geschlossen. Die Wiedereröffnung könnte aber jederzeit stattfinden. Nur zwei Häuser weiter präsentiert das private **Museo Can Morey de Santmartí** 9 eine erlesene Sammlung von originalen Grafiken Salvador Dalís in einer sehr schön gestalteten Ausstellung. Früher beherbergte das Gebäude das Museu J. Torrents Lladó, das noch in einigen Reiseführern und Stadtplänen auftaucht.

Wenige Straßen weiter in Richtung Norden befindet sich eines der wichtigsten Sakralgebäude der Stadt, die gotische Klosterkirche **Sant Francesc** 10. Sie wurde 1281 begonnen und rund 100 Jahre später fertiggestellt, im 17. Jahrhundert wurde die Fassade im barocken Stil erneuert. Der Kirche ist ein sehr schöner gotischer Kreuzgang angeschlossen, der in mehreren Etappen im 14. und 15. Jahrhundert entstand. Der prunkvolle Hochaltar ist von einem Chorumgang umgeben, in den Seitenwänden und Bögen befinden sich die Gräber mächtiger Adelsfamilien sowie das des bedeutenden katalanischen Philosophen Ramon Llull. Über Jahrhunderte pflegte der mallorquinische Hochadel eine intensive Verbindung zum Franziskanerorden: Bei vielen Familien war es üblich, dass ein Sohn aus jeder Generation in den Orden eintrat, hinzu kamen erhebliche finanzielle Zuwendungen. 1835 war es mit den Privilegien vorbei: Durch die Säkularisierung verloren die Franziskaner das Kloster. Heute ist hier eine Schule untergebracht, Kirche und Kreuzgang können besichtigt werden.

Der Kirche Sant Francesc ist ein sehenswerter Kreuzgang angeschlossen.

Die Plaça Santa Eulàlia wird von Straßencafés belebt.

Hier befinden wir uns bereits in der **Vila de Dalt**, der Oberstadt. Mit den breiteren Straßen und einigen Plätzen wirkt das Viertel luftiger als das düstere Gassengewirr Sa Portellas, auch geht es hier deutlich lebhafter zu. Die Gebäude sind größtenteils in späteren Epochen entstanden und geben sich offener und weniger abweisend. Geht man von Sant Francesc Richtung Westen, trifft man auf die kleine **Plaça Santa Eulàlia** **11**, die mit ihren Straßencafés ein beliebter Aufenthaltsort ist. Es lohnt sich, auch einen Blick in die mittelalterliche Kirche zu werfen, die den Platz beherrscht: Sie ist eine der drei großen Kirchen Palmas, der dreischiffige Innenraum strahlt eine strenge Schönheit aus.

Die klotzige Fassade des Rathauses beherrscht die Plaça des Cort.

Wenige Schritte durch die Carrer de la Cadena führen zur **Plaça des Cort** **12**, dem Rathausplatz. Der breite Dachvorsprung mit geschnitzten Figuren gibt der pompösen Barockfassade des Ajuntaments eine etwas klotzige Anmutung. Die hier beginnende Carrer Palau Reial stellt, von

Zeiten und Preise

Museu de Mallorca: *Carrer de la Portella 5. Derzeit geschlossen, Wiedereröffnung ist bald zu erwarten.*

Museo Can Morey de Santmartí: *Carrer de la Portella 9. Tägl. 10:00-19:00 Uhr, Eintritt 9,00 €. www.museo-santmarti.es, Tel. 0034 971 724 741.*

Sant Francesc: *Plaça de Sant Francesc. Kreuzgang und Kirche Mo-Sa 9:30-12:30 und 15:30-18:00 Uhr, am So nur Kreuzgang von 9:00-12:30 Uhr. Eintritt 3,00 €, Zugang durch das Nebengebäude rechts, Ticketverkauf gleich hinter dem Eingang links.*

Auf der Plaça Major haben die Straßenkünstler ihre Bühne.

weiteren opulenten Gebäuden gesäumt, die Verbindung zum Almudaina-Palast und zur Kathedrale her.

In der entgegengesetzten Richtung führt die Carrer de Colom weiter in die Vila de Dalt hinein. Ein Umweg nach rechts lohnt sich für die intime **Plaça d'en Coll** 13, die mit mehreren Cafés und Restaurants zu den charmantesten Plätzen des Viertels zählt. Sie leidet jedoch unter der Sogwirkung der **Plaça Major** 14. Der von einheitlichen Häuserzeilen umgebene rechteckige Platz, der im 19. Jahrhundert entstand, ist der größte im Zentrum Palmas und mit seiner ausgedehnten leeren Fläche eigentlich nicht besonders aufregend. Dennoch ist er ein stets belebter Hotspot des Tourismus, im Sommer warten hier zahlreiche Straßenkünstler auf Publikum.

In Richtung Norden führt von hier aus die Fußgängerzone Carrer de Sant Miquel zur **Plaça d'Espanya** 15 an der Ringstraße. Sie ist Palmas Knotenpunkt des öffentlichen Verkehrs mit Bahnhof und zentraler Busstation, abgesehen davon aber uninteressant. Einen Abstecher in

Thema: Stadtrundfahrten

Auch in Palma werden die vielerorts populären Rundfahrten mit Doppeldeckerbussen mit offenem Oberdeck angeboten, bei denen über Kopfhörer ein Audiokommentar abrufbar ist. In anderen Städten mag das Sinn machen, in Palma, wo alle Sehenswürdigkeiten dicht beieinander liegen, bringt es jedoch nicht viel: Der Bus umrundet die Altstadt nur auf der Ringstraße, weil er nicht in die kleinen Gassen fahren kann. Zu Fuß sehen Sie in jedem Fall mehr!

Die auffällig roten Busse fahren täglich von 9:30 Uhr bis gegen 20:00 Uhr etwa alle 20 Minuten. 17,00 €, Kinder 8,50 €. Das Ticket ist 24 Stunden gültig, man kann die Fahrt beliebig oft unterbrechen. Die Haupthaltestelle ist am Hort del Rei.

www.city-sightseeing.com, Tel. 0034 902 101 081

diese Richtung lohnt jedoch das **Museu Fundación Juan March** 16. Es zeigt Werke von Miró, Dalí, Picasso und anderen Meistern des 20. Jahrhunderts, dazu eine Sammlung von Gemälden Miquel Barcelós, der auch die Allerheiligstenkapelle in der Kathedrale gestaltete. Die Ausstellung ist kostenlos, daher lohnt sie sich alleine schon wegen der Gelegenheit, ein Gebäude aus dem 17. Jahrhundert von innen zu sehen.

Zeiten und Preise

Museu Fundación Juan March: *Carrer de Sant Miquel 11. Mo-Fr 10:00-18:30 Uhr, Sa 10:30-14:00 Uhr, Eintritt frei. www.march.es/arte/palma*

Gleich südlich der Plaça Major trifft man auf zwei auffällige Beispiele für eine Anfang des 20. Jahrhunderts ausgesprochen populäre Kunstrichtung: den Modernisme. Diese katalanische Variante des Jugendstils wurde von Antoni Gaudí in Barcelona mit der weltbekannten Kirche Sagrada Família zur Vollendung gebracht, aber auch in Palma finden sich einige sehr interessante Gebäude. Dazu gehören die 1909 fertiggestellte **Can Forteza-Rey** 17 mit ihrer opulenten Mosaikdekoration und das direkt benachbarte ehemalige Kaufhaus **Almacenes El Águila** an der Plaça del Marqués del Palmer. Wenige

In Palma hat der Modernisme zur Blüte gefunden: Can Forteza-Rey (oben), Grand Hotel (links oben) und Edifici Casasayas (links unten).

Schritte Richtung Westen, an der Plaça Weyler, dann das berühmteste Modernisme-Bauwerk Palmas: Das vom katalanischen Architekten Lluis Domènech i Montaner entworfene **Gran Hotel** **18**. Bei seiner Eröffnung 1903 war es das luxuriöseste Hotel Mallorcas, heute beherbergt es das Kulturzentrum CaixaForum mit wechselnden Ausstellungen und einer Sammlung des aus Pollença stammenden Modernisme-Malers Anglada Camarasa. Ein Stück südlich, an der Plaça Mercat, zeigen die beiden bemerkenswerten Gebäude **Edifici Casasayas** **19**, die zwischen 1908 und 1911 nach Entwürfen von Francesc Roca erbaut wurden, mit ihren expressiven Modernisme-Fassaden einen deutlichen Einfluss Gaudís.

Breite Straßen, die dem Verlauf ehemaliger Stadtbefestigungen folgen, führen von hier aus über die mit Springbrunnen geschmückten Plätze Plaça Rei Joan Carles I. und Plaça de la Reina Richtung Hafen. Auf der westlichen Seite erstreckt sich die **Vila de Baix**, die Unterstadt. Dieses Viertel entstand während des 14. Jahrhunderts, als die Stadt über ihre noch aus der maurischen Zeit stammenden Befestigungen hinauswuchs, und wurde zu Palmas Handelszentrum. Heute wirkt diese Gegend nicht ganz so malerisch wie die Viertel jenseits des Almudaina-Palastes, dafür geht es hier deutlich lebhafter zu: Während es drüben abends und nachts doch ziemlich ausgestorben ist, erwacht die Vila de Baix dann erst richtig zum Leben! Vor allem in der **Carrer dels Apuntadors** **20** und an der **Plaça de la Drassana** **21** reihen sich Bars und Restaurants dicht aneinander.

Wie eine Kreuzung aus Kirche und Festung: Sa Llotja.

Bedeutende historische Gebäude gibt es hier kaum noch, nur die ehemalige Handelsbörse **Sa Llotja** **22** fällt auf: Nachdem die erste Börse für die aufstrebende Metropole zu klein geworden war, wurde von 1426 bis 1451 vom Baumeister der Kathedrale, Guillem Sagrera, ein neues Gebäude errichtet. Mit seinem prunkvollen Hauptportal und den gotischen Maßwerkfenstern wirkt es wie eine Kreuzung aus Kirche und Festung. Der Innenraum ist leider nicht zugänglich.

Nach Westen hin wird die Vila de Baix von einer Bastion abgeschlossen, die im 16. Jahrhundert als Teil der nach Westen vorgeschobenen Stadtbefestigung errichtet wurde. Das ziemlich finster wirkende Gebäude wurde 2004 zum **Museu Es Baluard** **23** erweitert: Ein moderner Zusatzbau, der sich dezent in die historische Festung einfügt, beherbergt Mallorcas wichtigstes Museum für moderne und zeitgenössische Kunst. Von der frei zugänglichen Terrasse, auf der sich einige größere Skulpturen befinden, hat man einen schönen Blick aufs Meer.

Die weitläufigen Anlagen des **Hafens** beginnen vor der Kathedrale und ziehen sich kilometerweit nach Süden, für Touristen sind sie größtenteils nicht zugänglich. Aus der Nähe betrachten kann man aber einige private Segeljachten der Superlative gegenüber der Vila de Baix – die Liegeplätze hier zählen zu den teuersten im ganzen Mittelmeer. Weiter im Süden, schon Kilometer vom Zentrum entfernt, liegen die zum Teil bombastischen Motorjachten, dahinter befinden sich die Kais der Kreuzfahrtschiffe und der Fähren. Eine Hafenrundfahrt ist eine nette Abwechslung, aber auch nicht mehr: Der Hafen gehört nicht zu den großen Sehenswürdigkeiten der Stadt.

Im unmittelbaren Zentrum Palmas gibt es keinen Strand, da die Küste von der Altstadt bis an den südlichen Stadtrand durch die Hafenan-

Zeiten und Preise

CaixaForum Palma: *im ehemaligen Gran Hotel. Di-Sa 10:00-21:00 Uhr, So 10:00-14:00 Uhr, Eintritt 4,00 €. Tel. 0034 971 178 500*

Museu Es Baluard: *am südwestlichen Altstadtrand, Eingang auf der Nordseite. Di-Sa 10:00-20:00 Uhr, So 10:00-15:00 Uhr, Mo geschl. Erwachsene 6,00 €, Studenten, Rentner und Senioren ab 65 4,50 €, Kinder bis 12 und Arbeitslose frei. Terrasse tägl. von 8:00-24:00 Uhr frei zugänglich. www.esbaluard.org, Tel. 0034 971 908 200*

Hafenrundfahrten: *am Jachthafen, gegenüber von Sa Lotja. Tägl. außer So stündlich von 11:00-16:00 Uhr, Dauer 60 min, 12,00 €. www.crucerosmarcopolo.com, Tel. 0034 647 843 667*

lagen eingenommen wird. Etwa 800 Meter östlich der Kathedrale bietet aber die **Platja de Can Pere Antoni** 24 die Möglichkeit für ein urbanes Badevergnügen. Der vor allem von der einheimischen Bevölkerung frequentierte Sandstrand ist fast 900 Meter lang, durch die Nähe zur vielbefahrenen Uferstraße aber nicht besonders attraktiv.

Mit zahlreichen Hotels ist Palma auch als Standquartier für den gesamten Urlaub interessant. In viele historische Stadtpaläste im Zentrum sind kleine, luxuriöse Boutiquehotels eingezogen. Ihre Anzahl ist in den letzten Jahren deutlich gestiegen, das Niveau an Komfort und Stil ist hoch – die Preise allerdings auch, abgesehen von einigen wenigen einfachen Hostales ist Palma ein eher teurer Urlaubsort. Günstiger, allerdings weit vom Zentrum entfernt und in einer nicht wirklich charmanten Umgebung wohnt man in den Vierteln am Südende des Hafens.

GPS-Wegpunkte			
Kathedrale	*PAL01*	*39,56775*	*2,64837*
Almudaina-Palast	*PAL02*	*39,56753*	*2,64734*
Hort del Rei	*PAL03*	*39,56803*	*2,64640*
Parc de la Mar	*PAL04*	*39,56593*	*2,64759*
Palau March	*PAL05*	*39,56856*	*2,64783*
Jardí del Bisbe	*PAL06*	*39,56759*	*2,64976*
Banys Arabs	*PAL07*	*39,56685*	*2,65100*
Museu de Mallorca	*PAL08*	*39,56711*	*2,65061*
Museo Can Morey	*PAL09*	*39,56664*	*2,65053*
Sant Francesc	*PAL10*	*39,56872*	*2,65278*
Plaça Santa Eulàlia	*PAL11*	*39,56907*	*2,65083*
Plaça des Cort	*PAL12*	*39,56962*	*2,64999*
Plaça d'en Coll	*PAL13*	*39,57053*	*2,65200*
Plaça Major	*PAL14*	*39,57140*	*2,65179*
Plaça d'Espanya (Busbahnhof)	*PAL15*	*39,57612*	*2,65437*
Museu Fund. Juan March	*PAL16*	*39,57216*	*2,65204*
Can Forteza-Rey	*PAL17*	*39,57085*	*2,65131*
Gran Hotel	*PAL18*	*39,57163*	*2,64995*
Edifici Casasayas	*PAL19*	*39,57122*	*2,64917*
Carrer dels Apuntadors	*PAL20*	*39,56903*	*2,64540*
Plaça de la Drassana	*PAL21*	*39,56924*	*2,64365*
Sa Llotja	*PAL22*	*39,56848*	*2,64445*
Museu Es Baluard	*PAL23*	*39,57068*	*2,64160*
Parkhaus Parc de la Mar	*PAL24*	*39,56536*	*2,64758*
Platja de Can Pere Antoni	*PAL25*	*39,56236*	*2,66266*

Wie man hinkommt

Mit dem Auto: *Es gibt mehrere Parkhäuser an der Ringstraße. Für einen Altstadtrundgang ist die Tiefgarage am Parc de la Mar unterhalb der Kathedrale am besten geeignet (Zufahrt von der Uferstraße). In die kleinen Straßen im Zentrum zu fahren hat wenig Sinn.*

Mit dem Bus: *Zentrale Busstation ist die Estació Intermodal an der Plaça d'Espanya. Alle Überlandbusse halten hier, auch der Flughafenbus (Linie 1). Aus Richtung Platja de Palma ist aber die Plaça de la Reina (direkt mit Linie 15) der bessere Ausgangspunkt.*

Thema: Mallorcas Sprache

Mallorca gehört zwar zu Spanien, ist aber ein Teil der Region Katalonien. Deshalb ist die eigentliche Sprache der Insel auch nicht Spanisch, sondern Katalanisch – oder genauer: die regionale Variante *mallorquí*. Im Mittelalter zunächst auch im Königshaus gesprochen, verlor das Katalanische in den folgenden Jahrhunderten mehr und mehr an Bedeutung. 1716 wurde das Kastilische (das wir als „Spanisch" kennen) als alleinige Amtssprache im gesamten Reich eingeführt. Das Katalanische wurde zur Sprache der einfachen Leute und war immer wieder Diskriminierungen und Verboten ausgesetzt. Zuletzt wurde die Sprache während der Franco-Diktatur von 1936 bis 1975 massiv unterdrückt. Erst seit der Demokratisierung Spaniens wird das Katalanische mit seinen regionalen Varianten wie dem Mallorquí wieder gefördert und erlebte dadurch einen enormen Aufschwung. Seit 1983 ist es erste Amtssprache und hat sich zu einem wichtigen Teil des regionalen Selbstverständnisses der Mallorquiner entwickelt.

Den Touristen begegnet die Sprache vor allem in den manchmal unterschiedlichen Ortsnamen: So heißt der Strand auf Spanisch *playa*, auf Mallorca ist die katalanische Bezeichnung *platja* üblich. Auch die Artikel sind unterschiedlich, daher beginnen viele Ortsnamen mal mit *Sa* (Mallorquí) und mal mit *La* (Spanisch), oft existieren beide Varianten nebeneinander. Für die Aussprache gibt es nur wenige Sonderfälle: Ein *X* wird als *sch* gesprochen, ein *J* wie im Englischen (als weiches *sch*). Ein *Ç* (mit Häkchen) wird als scharfes *S* gesprochen, ein *C* (ohne Häkchen) wie ein *K*. Ein doppeltes *L* wird zu einem *J*, daher heißt es auch „Majorca" und nicht „Malorca".

Castell de Bellver

Einige Kilometer südlich des Stadtzentrums erhebt sich auf einem 112 Meter hohen Hügel eines der interessantesten historischen Bauwerke Mallorcas: das Castell de Bellver. Die 1300 vom ersten mallorquinischen König, Jaume II., in Auftrag gegebene und 1311 fertiggestellte Festung war als Verteidigungsanlage gegen die häufigen Überfälle maurischer Piraten auf Palma gedacht, daneben aber auch als Sommerresidenz der Königsfamilie geplant. Tatsächlich hielten sich die Könige während der nur wenige Jahrzehnte dauernden Zeit des eigenständigen Königreiches Mallorca (➤ Seite 16) aber nicht allzu oft hier auf. Zumindest nicht freiwillig: 1349 wurden Witwe und Kinder von Jaume III. im Castell de Bellver eingekerkert, nachdem der König Opfer eines Krieges gegen das verfeindete Aragon geworden war. Damit war die finstere Karriere des Kastells als Staatsgefängnis eröffnet: Über Jahrhunderte verschwanden immer wieder politisch missliebige oder anderweitig unerwünschte Personen in den finsteren Verliesen, meistens für immer. Wie viele Todesurteile hier vollstreckt wurden, lässt sich nicht mehr nachvollziehen.

Pflicht oder nicht?

- •••• *top, unbedingt machen!*
- ••• *sollte man erlebt haben*
- •• *nette Abwechslung*
- • *man versäumt nicht viel*

Das Castell de Bellver ist ein ganz außergewöhnliches und dabei sehr schönes Bauwerk.

Der kreisrunde Innenhof ist von zwei Arkadengängen umgeben.

Von dieser düsteren Vergangenheit ist heute nichts mehr zu spüren, das Castell de Bellver ist ein beliebtes Ausflugsziel und sehr begehrt als Veranstaltungsort für Hochzeiten. Die Burg strahlt mit ihrer perfekten, simplen Kreisform eine außergewöhnliche Ästhetik aus. Der Innenhof wird von zwei offenen Arkadengängen umringt: Der untere ist mit romanischen Rundbögen ausgestattet, der obere mit gotischen Spitzbögen. Auf der Außenseite sind drei halbkreisförmige Türme mit der Mauer verbunden. Ein vierter, der runde Torre de Homanatje (der „Ehrenturm"), steht ein Stück von der Mauer entfernt und ist nur durch einen Brückenbogen mit ihr verbunden. Darunter befindet sich der einzige Eingang.

Der Torre de Homanatje bewacht den Eingang.

Die Anlage beeindruckt von außen wie innen durch ihre schlichte, sehr einheitlich und geschlossen wirkende Harmonie. Von der Dachplattform bietet sich ein großartiger Blick auf Palma und die umgebende Küste. Im Inneren befindet sich das stadthistorische Museum mit einer Ausstellung, die die Geschichte Palmas von der Frühzeit bis zur Gegenwart beleuchtet, außerdem kann man den Thronsaal, den Königinnensaal und die Kapelle besichtigen.

Wie man hinkommt

*Zufahrt mit dem Auto über Av. Joan Miró, kostenloser Parkplatz. Buslinie 50 alle 20 min ab Av. d'Antoni Maura (beim Hort del Rei) über Plaça del Mercat und Plaça d'Espanya. Die Busrundfahrten (**Seite 30**) halten auch am Kastell.*

April-September Mo 8:30-13:00 Uhr, Di-Sa 8:30-20:00 Uhr, So 10:00-20:00 Uhr, Oktober bis März nur bis 18:00 Uhr. Letzter Einlass 30 min vor Schließung. Eintrittskarten im Pavillon am Parkplatz: Erwachsene 4,00 €, Jugendliche von 14-18 und Rentner 2,00 €, Kinder bis 13 frei (jeweils inklusive Museum).

castelldebellver.palmademallorca.es, Tel. 0034 971 735 065

GPS-Wegpunkt 01: 39,56384, 2,61935

Fundació Pilar i Joan Miró

Kunstfreunde sollten unbedingt der Fundació Pilar i Joan Miró einen Besuch abstatten: Kaum irgendwo sonst bekommt man einen so intimen Einblick in das Leben und die Arbeit von Joan Miró wie in diesem einzigartigen Museum! Der 1893 in Barcelona geborene Maler war einer der wichtigsten Künstler des 20. Jahrhunderts, seine grafischen, an Comics erinnernden Bilder zählen zu den bekanntesten Werken der modernen Kunst. Von 1956 bis zu seinem Tod im Jahr 1983 lebte er in dem südlich an Palma angrenzenden Vorort Cala Major, zusammen mit seiner aus Sóller stammenden Frau Pilar. Hier ließ er sich von seinem Freund, dem Architekten Josep Lluís Sert, das modernistische Atelierhaus Taller Sert errichten. Später kaufte er noch das benachbarte, aus dem 18. Jahrhundert stammende Haus Son Bóter als zweites Atelier hinzu. Miró verbrachte fast das gesamte letzte Drittel seines Lebens in Cala Major, eine künstlerisch ausgesprochen wichtige und ergiebige Zeit.

Pflicht oder nicht?

- •••• *top, unbedingt machen!*
- ••• *sollte man erlebt haben*
- •• *nette Abwechslung*
- • *man versäumt nicht viel*

Nirgendwo sonst kann man so tief in die Welt des Meisters eintauchen! Dennoch nur für Miró-Fans ein Muss.

Um seinen Besitz für die Nachwelt zu erhalten, hatte der Künstler bereits 1981 eine Stiftung gegründet, die das Anwesen nach seinem Tod zwei Jahre später übernahm. Durch die Versteigerung einiger Werke aus seinem Nachlass konnte seine Witwe den Museumsbau Edifici Mo-

Auch Mirós Atelier ist erhalten geblieben.

neo finanzieren, der neben den beiden älteren Häusern errichtet und 1992 eröffnet wurde. Die hier gezeigten Werke – 118 Leinwandgemälde, 35 Skulpturen, über 1500 Grafiken und zahlreiche weitere Arbeiten – sind eine der wichtigsten Miró-Sammlungen der Welt. Das von Rafael Moneo entworfene sternförmige Gebäude bildet zusammen mit Serts Atelierhaus aber auch ein sehenswertes Architekturensemble. Darüber hinaus bekommt man einen einzigartigen Einblick in Mirós private Welt: Das geräumige Atelier mit vielen Entwürfen und einigen fertigen Bildern ist erhalten geblieben und kann ebenso besichtigt werden wie die Graffiti des Künstlers in Son Bóter.

Taller Sert beeindruckt durch seine expressive Architektur.

Wie man hinkommt

Carrer Joan de Saridakis 29 in Cala Major (Zufahrt beschildert, kostenloser Parkplatz). Buslinien 46 und 50 ab Palma Zentrum.

Mitte Mai-Mitte Sept. Di-Sa 10:00-19:00, im Winter bis 18:00 Uhr, So 10:00-15:00 Uhr. Erwachsene 6,00 €, Kinder bis 15 frei, Samstag frei.

miro.palmademallorca.es,
Tel. 0034 971 701 420

GPS-Wegpunkt 02:
39,55508, 2,60986

Palma Großraum

1: Kathedrale
2: Platja de Can Pere Antoni
3: Plaça d'Espanya
4: Museu Es Baluard
5: Castell Bellver
6: Fundació Miró

Platja de Palma

Die Platja de Palma (oft auch auf Spanisch „Playa de Palma") ist mit einer Länge von mehr als vier Kilometern eine der längsten Strandzonen Mallorcas. Anders als der Name vermuten lässt, befindet sie sich keineswegs in Palma, sondern weit östlich der Stadt jenseits des Flughafens. Der gesamte Strand ist von einer lückenlosen Bebauung eingenommen, in der die Orte S'Arenal, Las Maravillas und Can Pastilla ineinander übergehen. Um den Strand zu strukturieren, wurden in regelmäßigen Abständen von wenigen hundert Metern die sogenannten Balnearios angelegt. Der Begriff bedeutet eigentlich so viel wie „Strandbad", tatsächlich sind es Versorgungsstationen mit Bar, Toiletten, Sonnenschirmvermietung etc. Damit man nicht die Orientierung verliert, sind die durchweg gleich aussehenden Balnearios durchnummeriert: Ganz im Osten, beim Hafen von S'Arenal, ist die Nummer 1, am westlichen Ende, in Can Pastilla, die Nummer 15.

Dass die Platja de Palma und ihre Ferienorte nicht so den besten Ruf haben, liegt an der Art des Urlaubs, die sich hier etabliert hat: Von Mai bis September ist „Party machen" angesagt, und das konsequent und massiv. Das Publikum ist überwiegend deutsch, überwiegend jugendlich und überwiegend männlich – und will „auf Malle" seinen Spaß haben. Man macht mit und findet das auf irgendeine Art toll, oder man macht einen sehr großen

Pflicht oder nicht?

- ●●●● *top, unbedingt machen!*
- ●●● *sollte man erlebt haben*
- ●● *nette Abwechslung*
- ● *man versäumt nicht viel*

Die Stimmung an der Platja de Palma ist speziell – wer das nicht mitmachen will, bleibt besser weg!

Sonne, Strand, Party – für andere Urlaubsideen bleibt wenig Platz.

Bogen um diese Gegend, denn für andere Urlaubskonzepte bleibt hier wenig Raum. Zwar arbeiten Behörden und Gastronomie seit einigen Jahren daran, vom reinen Sauftourismus wegzukommen, ein lebhafter Party-Hotspot wird die Platja de Palma aber in jedem Fall bleiben. Die Kernzone ist die Gegend um das Balneario 6, das als „Ballermann 6" zu einem wichtigen Teil deutscher Urlaubskultur wurde. Die kreative Wortschöpfung erwies sich als so eingängig, dass sie inzwischen ein Synonym nicht nur für die gesamte Platja de Palma, sondern auch für eine bestimmte Art des Urlaubs wurde: Nachmittags ist Abhängen am Strand angesagt, später steppt der Bär im „Megapark", einer Mischung aus Bierzelt und Großdisco, und anderen Hotspots.

Dabei ist der Strand eigentlich nicht schlecht, die Promenade ist gepflegt, die Bebauung langweilig, aber auch nicht schlimmer als in anderen Ferienorten Mallorcas. Dennoch: Wer hierher kommt, muss wissen, worauf er sich einlässt! S'Arenal, das das östliche Ende des Touristenkomplexes bildet, ist als Ferienort der allerersten Stunde inzwischen deutlich in die Jahre gekommen und hat den Charme einer Plattenbausiedlung, in den hinteren Ortsteilen ist man zudem weit vom Strand entfernt. Im zentralen Teil um die Partyzone herum sieht es etwas besser aus, hier haben sich einige schicke, allerdings auch nicht billige Großhotels breitgemacht. In Can Pastilla, am westlichen Ende in einiger Entfernung von der Kernzone um die Balnearios 5 und 6, wird es zwar etwas ruhiger, als Familienferienort taugt die Platja de Palma jedoch auch hier nicht wirklich.

Die Gesellschaft der Platja de Palma hat ihren eigenen Stil.

Wie man hinkommt

Zum Zentrum (Balnearios 5/6) auf der Autobahn Ma-19, Ausfahrt 11, dann geradeaus bis zum Meer und ein Stück nach links. Buslinien 15 und 25 alle 10 min von/nach Palma, ab Flughafen Linie 21.

GPS-Wegpunkt 03: 39,51562 2,74516

Palma Aquarium

Im westlichen Bereich der Platja de Palma befindet sich seit 2007 Mallorcas größtes Aquarium. In den unzähligen kleineren und größeren Becken sind verschiedenste Unterwasserlebensräume von den Korallenmeeren bis Amazonien nachgebildet, neben zahllosen Fischarten werden auch Schildkröten, Krebse, Quallen und andere Meerestiere gezeigt. Die ganze Anlage wirkt hochklassig und gepflegt, es gibt viel zu sehen und viele Informationen.

Der Mittelpunkt ist „Big Blue", das tiefste Haibecken Europas: 33 Meter lang, 25 Meter breit, 8,5 Meter tief, 3,5 Millionen Liter Wasser – die Dimensionen sind in der Tat beeindruckend! Über 1000 Fische füllen diese Wasserwelt, die durch mehrere Fenster betrachtet werden kann. Die Stars der Anlage sind die Haie, von denen einige eindrucksvolle Ausmaße von mehr als zwei Metern Länge erreichen. Die Tiere müssen stets in Bewegung bleiben, um Wasser durch ihre Kiemen strömen zu lassen, und patroullieren daher ständig umher, immer wieder auch direkt an der Scheibe. Selten sind Großhaie so nah zu sehen! Auf den bereitgelegten Sitzkissen kann man die furchterregenden Gebisse entspannt an sich vorüberziehen lassen. Dabei sind die Tiere eigentlich harmlos: Inhaber eines Tauchscheins können sich bei einem geführten Tauchgang selbst davon überzeugen!

Pflicht oder nicht?

- •••• *top, unbedingt machen!*
- ••• *sollte man erlebt haben*
- •• *nette Abwechslung*
- • *man versäumt nicht viel*

Das Haibecken ist sehr beeindruckend, aber auch alles andere kann sich sehen lassen.

Die Haie lassen sich ganz aus der Nähe betrachten.

Schwebende Quallen im „Medusarium“.

Wie man hinkommt

In Can Pastilla, zwischen den Autobahnabfahrten 10 und 11. Buslinien 15, 21, 23, 25 und 31.

April-Okt. tägl. 9:30-18:30 Uhr, Nov-März Mo-Fr 10:00-15:30 Uhr, Sa und So bis 16:30 Uhr, letzter Einlass 90 min vor Schließung. Erwachsene 19,50 €, Kinder von 4-12 14,00 €, Kinder bis 3 frei.

www.palmaaquarium.com, Tel. 0034 902 702 902

GPS-Wegpunkt 04: 39,53136 2,72966

Von Portals Nous bis Magaluf

Südlich von Palma ist die überwiegend felsige Küste dicht bebaut, die Touristenzentren dieser Gegend verfügen über erhebliche Bettenkapazitäten. **Portals Nous** ist eine Villensiedlung mit einem großen Jachthafen und drei winzigen Strandbuchten. In **Palmanova** sind die Bade-

Palmanova hat die größte Strandzone der Region.

Pflicht oder nicht?

•••• top, unbedingt machen!
••• sollte man erlebt haben
•• nette Abwechslung
• man versäumt nicht viel

Wegen der Strände müsste man nicht kommen, aber die Freizeitparks sind eine Option.

möglichkeiten deutlich besser: Drei weitläufige, nur durch zwei kleine Landzungen getrennte Strände bilden mit einer Länge von insgesamt etwa 1,3 Kilometern die ausgedehnteste Strandzone in weitem Umkreis. Südlich des Kaps, das vom Ortsteil Torrenova belegt wird, geht es mit dem rund 900 Meter langen Strand von **Magaluf** weiter. Die beiden ineinander übergehenden Orte werden überwiegend von britischem Publikum frequentiert. Palmanova ist vergleichsweise ruhig, Magaluf ist dagegen einer von Mallorcas Hotspots des Partytourismus und durch Saufexzesse englischer Jugendlicher zu zweifelhaftem Ruhm gekommen.

Mit Freizeitangeboten ist die Gegend immerhin recht gut ausgestattet: Etwas außerhalb von Magaluf bietet der **Western Park** als Wasser-Spaßpark mit Wildwest-Thema adrenalingetränkte Attraktionen auf Wasserrutschenbasis. Das **House of Katmandu** mitten im Ort ist ein interaktives Entertainment-Center auf der Höhe der technischen Möglichkeiten.

In Portals Nous befindet sich mit dem **Marineland** ein Zoo, dessen Hauptattraktion die einzige Delfinshow Mallorcas ist. Die Show, die hier in einem Becken mit großen Unterwasserscheiben vor dem Hintergrund des Mittelmeers stattfindet, ist professionell choreografiert und erfüllt alle Ansprüche, die man an eine solche Veranstaltung stellen kann: Die vorgeführten Kunststücke sind großartig und erge-

Im Marineland gibt es die einzige Delfinshow Mallorcas.

ben in jedem Fall einen schönen Zeitvertreib. Dennoch müssen Delfinshows grundsätzlich kritisch betrachtet werden, weil eine wirklich „artgerechte" Haltung dieser äußerst intelligenten und sensiblen Tiere in Gefangenschaft auch mit dem größten Aufwand nicht möglich sein dürfte. Zusätzlich zu den Delfinen bietet das Marineland Vorführungen mit Seelöwen und Papageien. Das Showprogramm wird ergänzt durch ein Aquarium, ein Tropenhaus und eine Vogelhalle, insgesamt ist das Gelände aber sehr klein.

Wie man hinkommt

Western Park: *Westl. von Magaluf, Autobahnabfahrt 14, dann Richtung Süden. Mo-Fr kostenloser Shuttlebus ab Magaluf, Palmanova, Peguera und Santa Ponça.*

Juli und August tägl. 10:00-18:00 Uhr, Mai, Juni und September nur bis 17:00 Uhr, Mitte September bis Mitte Mai geschlossen. Erwachsene 26,00 €, Kinder nach Größe: bis 90 cm frei, 90-110 cm 10,00 €, 110-140 cm 18,50 €, ab 140 cm wie Erwachsene.

www.westernpark.com, Tel. 0034 971 131 203

GPS-Wegpunkt 05: 39,50583 2,51821

House of Katmandu: *Av. Pedro Ramis 9, zwischen Magaluf und Palmanova. Juli und Aug. tägl. 10:00-1:00 Uhr, Mai, Juni und Sept. bis 22:00 Uhr, Nov-Jan geschl, andere Monate bis 18:00 Uhr, letzter Einlass 1 Std. vor Schließung. Preis abhängig von den Attraktionen, die man in Anspruch nehmen will.*

www.katmandupark.com, Tel. 0034 971 134 660

GPS-Wegpunkt 06: 39,51081 2,53463

Marineland: *In Portals Nous zwischen Palma und Palmanova. Autobahnausfahrt 10, dann Richtung Meer bis zum Kreisverkehr. Buslinien 104, 106 und 107 ab Palma.*

1.4.-31.10. tägl. 9:30-17:30 Uhr, im Winter geschlossen. Erwachsene 24,00 €, Kinder nach Größe: bis 90 cm frei, 90-110 cm 10,00 €, 110-140 cm 14,00 €, ab 140 cm wie Erwachsene.

Shows: Seelöwen 11:30 und 15:30 Uhr, Delfine jeweils im Anschluss (15 Minuten später). „Exotic Bird Show" mit Papageien und anderen Exoten um 10:30, 13:00 und 16:30 Uhr.

www.marineland.es, Tel. 0034 971 675 125

GPS-Wegpunkt 07: 39,53307 2,56330

Peguera

Das weit im äußersten Süden Mallorcas gelegene Peguera (manchmal auch auf Spanisch Paguera genannt) ist ein ruhiger, familienfreundlicher Ferienort, der größtenteils von deutschsprachigen Touristen besucht wird und hervorragend auf diese eingestellt ist. Das Ortsbild beeindruckt hier genauso wenig wie in den anderen Urbanisationen, immerhin ist Peguera aber inmitten der buchtenreichen Südküste landschaftlich hübsch gelegen.

Pflicht oder nicht?

- •••• *top, unbedingt machen!*
- ••• *sollte man erlebt haben*
- •• *nette Abwechslung*
- • *man versäumt nicht viel*

Peguera ist eine gute Option, wenn man es gerne ruhig hat und den Urlaub nicht nur am Strand verbringen will.

Wie man hinkommt

Parkmöglichkeiten im Zentrum kostenpflichtig (blau markiert), etwas entfernt kostenlose größere Parkplätze. Buslinien 102 und 104 nach Palma.

GPS-Wegpunkt 08: 39,53738 2,45153

Mit Stränden ist der Ort sogar recht gut ausgestattet: Der Hauptstrand ist die schöne, bogenförmige Platja Palmira. Hinter der ersten Häuserzeile verläuft parallel dazu die zentrale Fußgängerzone. Jenseits einer kleinen Felshalbinsel gibt es noch die etwas kleineren Strände Platja Tora und Platja la Romana.

Peguera ist aber auch eine gute Wahl, wenn man keinen reinen Strandurlaub will: Die Verkehrsverbindungen nach Palma sind gut, die Wandermöglichkeiten im südlichen Tramuntana-Gebirge schnell erreicht.

Die bogenförmige Platja Palmira ist der größte Strand Pegueras.

Port d'Andratx

Port d'Andratx ist der historische Hafenort des einige Kilometer landeinwärts gelegenen Andratx. Von der Atmosphäre eines Fischerdorfes ist hier allerdings nichts mehr zu spüren: Die Hänge rund um die tief eingeschnittene Bucht sind weitgehend mit privaten Villen zugebaut. Unter vermögenden ausländischen Residenten ist die Lage so begehrt, dass die Immobilienpreise zu den höchsten Mallorcas gehören. Das hat Begehrlichkeiten geweckt: Die Auslegung der Bauvorschriften war hier lange eine Geldfrage. 2008 kollabierte das System in einem heftigen Korruptionsskandal, der den Bürgermeister hinter Gitter brachte.

Dabei fragt man sich, was eigentlich so toll sein soll an Port d'Andratx: Die landschaftliche Schönheit der zugebauten Hänge hält sich in Grenzen, einen Strand gibt es ebenso wenig wie einen historischen Ortskern. Der Mittelpunkt ist einer der wichtigsten Jachthäfen im Südwesten Mallorcas. Abgesehen davon gibt es nicht wirklich etwas zu sehen, einzig die auf anspruchsvolle Kundschaft eingestellten Restaurants an der Promenade könnten noch ein Grund für einen Ausflug sein.

Pflicht oder nicht?

- •••• *top, unbedingt machen!*
- ••• *sollte man erlebt haben*
- •• *nette Abwechslung*
- • *man versäumt nicht viel*

Außer einem Hafen mit Luxusjachten gibt es nicht wirklich etwas zu sehen.

Wie man hinkommt

Es gibt einen kostenlosen Parkplatz am Hafen, das Zentrum ist gleich nebenan. Buslinie 102 nach Palma über Peguera, 100 nach Sant Elm.

GPS-Wegpunkt 09: 39,54621 2,39077

Mittelpunkt des Ortes ist der Jachthafen.

Sant Elm und Sa Dragonera

Der kleine Ferienort Sant Elm an der äußersten westlichen Spitze Mallorcas ist fast noch ein Geheimtipp: Zwar ist auch dies eine Retortensiedlung und kein gewachsenes Dorf, durch die geringe Größe hat sich Sant Elm aber eine beschauliche und intime Atmosphäre bewahren können, die vor allem Individualtouristen schätzen. Der Strand am südlichen Ortsrand ist hübsch, allerdings auch ziemlich klein. Darüber hinaus profitiert Sant Elm von der sehr schönen Lage am Fuß der südlichen Ausläufer des Tramuntana-Gebirges mit Blick auf die vorgelagerte Insel Sa Dragonera.

Die gut vier Kilometer lange unbesiedelte Felsinsel, die im Deutschen gerne „Dracheninsel“ genannt wird, liegt wie eine mächtige Bastion vor der Bucht von Sant Elm, nicht einmal zwei Kilometer vom Ort entfernt. Sie ist wie eine Rampe geformt: Auf der Ostseite sanft ansteigend, fällt sie zur offenen See hin mit einem spektakulären Steilhang ab. Der höchste Punkt ist die 352 Meter hohe Gipfelzacke des Na Pòpia. 1851 schien das ein guter Platz zu sein, um einem Leuchtfeuer maximale Sichtbarkeit zu garantieren. Das Gebäude, das in der luftigen Höhe als einer der ersten Leuchttürme der Balearen errichtet wurde, hatte Platz für drei Familien. Einmal pro Woche

Pflicht oder nicht?

- •••• *top, unbedingt machen!*
- ••• *sollte man erlebt haben*
- •• *nette Abwechslung*
- • *man versäumt nicht viel*

Sa Dragonera ist ein schönes Ziel für einen Ausflug, der sich jedoch nur lohnt, wenn man auch ein Stück laufen möchte.

Der Strand von Sant Elm ist hübsch, aber nicht besonders groß.

wurden sie durch einen Maultiertransport mit Lebensmitteln und anderen Notwendigkeiten versorgt. Darunter war auch der Brennstoff: In den ersten Jahrzehnten wurde das Signal mit Olivenöl befeuert. 1910 kamen dann die beiden moderneren Leuchttürme an der Süd- und Nordspitze hinzu, die heute noch in Betrieb sind. Das Far vell, der „alte Leuchtturm“, wurde aufgegeben und verfiel. Größere Siedlungen hat es nie gegeben, nur in der Nähe des Naturhafens Cala Lladó wurde zeitweise von wenigen Bewohnern etwas bescheidene Landwirtschaft betrieben. Heute ist die Insel abgesehen von einer Rangerstation am Schiffsanleger, die auch ein kleines Museum bereithält, unbewohnt.

Strände oder andere Bademöglichkeiten gibt es auf Sa Dragonera nicht. Das hat die Insel vor der touristischen Vereinnahmung bewahrt, der Ausflugsverkehr hält sich in erfreulichen Grenzen. Von Sant Elm aus gibt es einen regelmäßigen Bootsverkehr, der die karge, wilde Einsamkeit zu einem schönen Ausflugsziel für Entdecker macht. Sa Dragonera lohnt sich am meisten, wenn man auch ein Stück zu Fuß gehen will: Der Serpentinenweg zum Far vell (➤ Seite 184) ist eine großartige Wanderung! Wer nicht so weit laufen möchte, kann in etwa 25 Minuten (1,8 km) zum Leuchtturm Far de Tramuntana an der Nordspitze gehen. Der Weg zum Far de Llebeig an der Südspitze ist mit 4,5 Kilometern (einfache Strecke) dagegen ziemlich weit und nicht wirklich lohnend. Ein guter Tipp für einen kurzen Spaziergang ist aber der Mirador des

Die karge Einsamkeit Sa Dragoneras ist ein Ausflugsziel für Entdecker.

Wanderungen

1 **Zum Kloster Sa Trapa**
Technik ●●●○○
Kondition ●●●○○
➤ *Seite 180*

2 **Auf die Spitze der Dracheninsel**
Technik ●●○○○
Kondition ●●○○○
➤ *Seite 184*

Coll Roig, der in etwa 20 Minuten erreicht ist und einen schönen Blick auf die Nordseite der Insel bietet (1,4 km vom Landungsplatz Richtung Far vell, Weg 4).

An diesem beliebten Rastplatz begegnet man auch regelmäßig der Dragonera-Eidechse *(Podarcis lilfordi giglioli)*. Sie ist eine Unterart der Balearen-Eidechse, die auf Sa Dragonera endemisch ist, also nur auf dieser Insel vorkommt. Die Tiere sind zahlreich und überhaupt nicht scheu – im Gegenteil, sie werden sogar ziemlich aufdringlich, sobald man Proviant auspackt! Dennoch sollte man sie nicht füttern, weil sie dadurch von ihrer natürlichen Nahrungssuche abgehalten werden. Auch einige endemische Pflanzenarten gibt es auf Sa Dragonera, hinzu kommt eine Kolonie der seltenen Eleonorenfalken und Nistplätze von Sturmtauchern und Korallenmöwen. Trotz dieser erheblichen ökologischen Bedeutung gab es in den Siebzigerjahren konkrete Pläne, die Insel mit einer Feriensiedlung zu verbauen, die nur knapp verhindert werden konnten. 1995 wurde Sa Dragonera endlich unter Naturschutz gestellt.

Die Dragonera-Eidechse ist eine endemische Unterart.

Wie man hinkommt

Gebührenpflichtiger Parkplatz in Sant Elm beim Strand am Ortseingang (3,50 € pro Tag). Von hier aus wenige Minuten nach rechts zum Hafen. Buslinie 100 ab Andratx, dort Anschluss an Linie 102 von Palma über Peguera.

Boot nach Sa Dragonera: *1.4.-30.9. tägl. 9:45-13:15 Uhr alle 30 min, dann 14:40, 15:15, 15:45 Uhr, letzte Rückfahrt 16:50 Uhr. Im Oktober, Februar und März tägl. außer So 10:15-13:15 Uhr alle 30 min, letzte Rückfahrt 15:00 Uhr. November-Januar kein Betrieb. 12,00 €, Fahrtdauer etwa 15 min. Bei der Abfahrt muss man sich auf eine bestimmte Rückfahrtszeit festlegen. Außerdem werden tägliche Fahrten von Peguera aus angeboten, bei denen man aber nur eine Stunde Aufenthalt auf der Insel hat. www.crucerosmargarita.com, Tel. 0034 639 617 545*

Detailkarte *auf Seite 186.*

GPS-Wegpunkt 10 (Strand Sant Elm): 39,57817 2,35402

Die Tramuntana-Region

Die Bergkette der Serra de Tramuntana nimmt den gesamten nordwestlichen Teil Mallorcas ein. Mit zahlreichen über 1000 Meter hohen Gipfeln ist sie die eindrucksvollste Landschaft und das beste Wandergebiet der Insel, hinzu kommt eine große Zahl an historischen Sehenswürdigkeiten. Da das Meer hier nur an wenigen Stellen zugänglich ist, wurde die Region nie in großem Stil durch den Tourismus vereinnahmt und konnte viel von ihrer Ursprünglichkeit bewahren.

Von Andratx nach Banyalbufar

Die von Andratx nach Nordosten führende Hauptstraße verläuft auf einem langen Abschnitt hoch oben an der Steilküste des südlichen Tramuntana-Gebirges. Immer wieder gibt es Aussichtspunkte mit überwältigenden Ausblicken – der Titel „schönste Straße Mallorcas" ist damit wohl angebracht! Die Landschaft ist hier kaum besiedelt, nur hin und wieder sieht man einzelne, abgelegene Häuser. Die Straße drückt sich an den Hängen von Esclop und Galatzó vorbei, den südlichsten der großen Tramuntana-Berge. Kurz vor einem Tunnel bietet der **Mirador de Ricardo Roca** neben dem Restaurant Es Grau eine erste Gelegenheit zum Schauen, Staunen und Fotografieren – doch es wird noch besser kommen!

Pflicht oder nicht?

- ●●●● *top, unbedingt machen!*
- ●●● *sollte man erlebt haben*
- ●● *nette Abwechslung*
- ● *man versäumt nicht viel*

Eine Fahrt über Mallorcas schönste Straße ist ein Erlebnis, das man nicht versäumen sollte!

Auf den ersten 17 Kilometern ab Andratx durchquert man keine einzige Siedlung. Erst dann ist das nächste Dorf erreicht, **Estellencs**. In historischen Zeiten waren die Ortschaften der Serra de Tramuntana ärmliche, nur schwer erreichbare Bauerndörfer, deren wenige Bewohner der unwegsamen Landschaft mühsam ihr Existenzminimum abrangen. Eine größere wirtschaftliche Entwicklung hat es hier auch in späteren Zeiten nie gegeben, so dass sich die rustikale, erdige Atmosphäre bis heute erhalten hat. Estellencs gilt als eines der schönsten Tramuntana-Dörfer: Wie auf einer Aussichtsterrasse thront es rund 150 Meter über dem Meer. Die Häuser im alten Ortskern unterhalb der Kirche drängen sich dicht aneinander, durch steile Pflaster-

In Estellencs scheint die Zeit stehen geblieben zu sein.

gassen miteinander verbunden, die wenigen Neubauten an der Peripherie fügen sich dezent ins Ortsbild ein. Allzu viel gibt es allerdings nicht zu sehen: Das Dorf macht einen ziemlich verschlafenen Eindruck, auch der Weg über die steile Straße hinunter zur kleinen, steinigen Bucht Cala d'Estellencs lohnt sich nur, wenn man viel Zeit übrig hat. Ein Kaffee in einer der wenigen Bars ist aber ein schönes und wirkungsvolles Entschleunigungsprogramm.

Sechs Kilometer hinter Estellencs verrät ein stets gut gefüllter Parkplatz die nächste Attraktion: Der Wachturm **Torre des Verger** (auch Talaia de Ses Ànimes) wurde 1579 am Rand einer fast senkrechten Felswand errichtet. Das kleine, archaisch wirkende Bauwerk ist ein Relikt aus einer fernen, gewalttätigen Zeit, als Mallorca stets und ständig vor feindlichen Überfällen bewacht werden musste (➤ Seite 56). Über eine steile Leiter kann man auf die Plattform steigen und ein überwältigendes Panorama genießen: Der Blick auf die umgebende Küstenlandschaft ist eines der schönsten Postkartenmotive Mallorcas!

Der Torre des Verger steht direkt am Steilhang.

Der Blick vom Turm ist eines der schönsten Motive Mallorcas.

Mit seiner aussichtsreichen Lage am Hang und der verschlafenen Atmosphäre mutet das kurz danach folgende Dorf **Banyalbufar** ganz ähnlich an wie Estellencs, das Zentrum ist allerdings nicht ganz so attraktiv wie dort. Berühmt ist Banyalbufar aus einem anderen Grund: Der gesamte steile Hang bis hinunter zum Meer wurde in mühsamer Arbeit in zahllose Terrassenfelder verwandelt, um den Boden landwirtschaftlich nutzen zu können. Zwar gibt es diese Anbaumethode auch in anderen bergigen Gegenden Mallorcas, doch ist sie kaum irgendwo anders so gut zu sehen wie hier. Hinzu kam eine ausgeklügelte Wasserwirtschaft: Regenwasser wurde in großen Zisternen gespeichert und bei Bedarf über ein System von kleinen Kanälen auf den Feldern verteilt. Diese hoch entwickelten Methoden wurden während des frühen Mittelalters von den maurischen Siedlern auf Mallorca eingeführt und gehören damit zu den wenigen kulturellen Hinterlassenschaften dieser Epoche.

Im weiteren Verlauf entfernt sich die Straße von der Küste, der aussichtsreiche Abschnitt ist hier zu Ende. Die kurze Wanderung über den Camí de sa Volta des General (➤ Seite 191) ist eine schöne Möglichkeit, das Erlebnis zu verlängern! Kurz vor Esporles bietet das schmale Sträßchen zur Siedlung **Port d'es Canonge** einen der wenigen Zugänge zum Meer. Die grobkiesige Strandbucht ist mit ihren alten Bootshäusern recht malerisch, zum Baden allerdings weniger geeignet.

Wanderungen

3 Die Westroute auf den Puig de Galatzó

Technik ●●●●○
Kondition ●●●○○

➤ *Seite 187*

4 Die „Runde des Generals“

Technik ●●○○○
Kondition ●●○○○

➤ *Seite 191*

Die Hänge um Banyalbufar sind vollständig terrassiert.

Wie man hinkommt

*In **Estellencs** gibt es einen Parkplatz am südlichen Ortsrand etwas unterhalb der Durchgangsstraße. Zur Cala d'Estellencs mit dem Auto am Parkplatz vorbei und gleich danach rechts, zu Fuß durch das historische Zentrum unterhalb der Kirche.*

*In **Banyalbufar** gibt es einen großen Parkplatz etwa 500 m südlich des Ortes und ein kleines Parkhaus im Zentrum.*

Die Buslinie 200 fährt alle 1-2 h von Palma über Banyalbufar bis Estellencs (mit Halt am Torre des Verger). Im Abschnitt von Estellencs nach Andratx kein Busverkehr.

GPS-Wegpunkte:

11 (Mirador de Ricardo Roca):	*39,64561*	*2,45177*
12 (Parkplatz Estellencs):	*39,65225*	*2,47880*
13 (Torre des Verger):	*39,68365*	*2,50017*
14 (Parkplatz Banyalbufar):	*39,68702*	*2,51037*

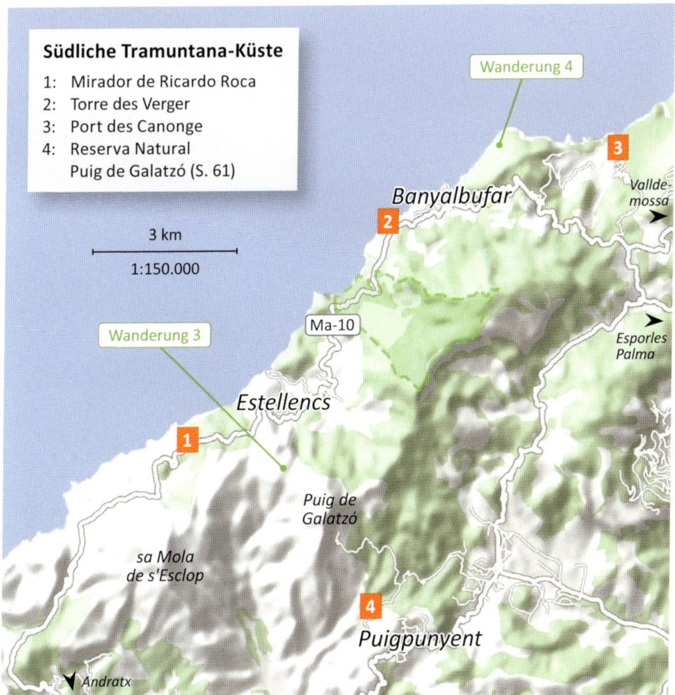

Thema: Wachtürme

Mit der exponierten Lage im Mittelmeer und dem erheblichen Wohlstand war Mallorca lange Zeit ein verlockendes Ziel für Raubüberfälle aus den muslimischen Ländern Nordafrikas: Große, gut organisierte Heere plünderten die Städte und verschleppten die Bevölkerung in die Sklaverei. Besonders schlimm war es in der ersten Hälfte des 16. Jahrhunderts, als es im Abstand weniger Jahre Pollença, Alcúdia, Valldemossa und Andratx erwischte.

Um diese Plage zu stoppen, begann man kurz darauf mit dem Aufbau eines aufwendigen Frühwarnsystems: Um die gesamte Insel herum wurden kleine Wachtürme errichtet. Jeder Turm befand sich in Sichtweite der beiden nächsten und war ständig bemannt, sodass optische Signale sofort in beide Richtungen weitergereicht werden konnten. Tauchten feindliche Schiffe am Horizont auf, wurde eine Signalkette von einem Turm zu nächsten in Gang gesetzt, nachts mit Feuern und bei Tag mit Rauch. Innerhalb kurzer Zeit erreichte das Signal Palma, wo man umgehend Truppen zur Abwehr in Marsch setzen konnte. Durch eine Kodierung der Signale wusste man bereits, mit wie vielen feindlichen Schiffen man es zu tun hatte. Geheime Wachposten, die in Hütten und Höhlen an den Küsten postiert waren, warnten unterdessen die Siedlungen in der Nähe. Das System erwies sich als wirkungsvoll, die Zahl der Überfälle ging nach den ersten erfolgreich abgewehrten Angriffen erheblich zurück.

Historischen Quellen zufolge soll es 85 Türme gegeben haben. Etwa 50 davon sind bis heute erhalten geblieben, so dass man ihnen bei Wanderungen oder Rundfahrten im Küstenbereich immer wieder begegnet.

Die Wachtürme sind kleine, einfache Gebäude.

La Granja

Das in üppig grüne Hänge eingebettete historische Landgut La Granja ist das bekannteste und meistbesuchte Volkskundemuseum Mallorcas und bietet einen schönen und vollständigen Einblick in diese besondere Facette der Inselgeschichte (➤ Thema Seite 59). Das fruchtbare, wasserreiche Tal ermöglichte eine ergiebige Landwirtschaft und war daher schon in der maurischen Epoche besiedelt. In den folgenden Jahrhunderten wurde das Anwesen zunächst vom Zisterzienserorden und später von verschiedenen Adelsfamilien zu einem der bedeutendsten Landgüter Mallorcas erweitert. Vor allem die Produktion von Olivenöl machte die Besitzer reich. Das heutige Hauptgebäude mit seiner schlossähnlichen Erscheinung stammt aus dem frühen 18. Jahrhundert.

Pflicht oder nicht?

- •••• *top, unbedingt machen!*
- ••• *sollte man erlebt haben*
- •• *nette Abwechslung*
- • *man versäumt nicht viel*

Das größte Volkskundemuseum Mallorcas bietet trotz einer gewissen Verkitschung einen guten Eindruck von einem historischen Landgut.

Im Außenbereich gibt es neben dem sehr schönen Garten auch einige Gehege mit traditionellen Nutztierrassen. Das Hauptgebäude ist ohne Führung zugänglich. Der Rundgang führt durch die herrschaftlichen Wohn- und Repräsentationsräume, aber auch zu den Quartieren der Knechte und Mägde. Interessant sind die verschiedenen Werkstätten: Neben der Ölmühle gab es auch einen Weinkeller, außerdem wurden

La Granja ist eines der prächtigsten Landgüter Mallorcas.

viele handwerkliche Berufe und eine umfangreiche Textilverarbeitung ausgeführt. Die Informationen sind etwas knapp gehalten, daher lohnt es sich, an der Kasse das Büchlein mit ausführlichen Texten auf Deutsch mitzunehmen.

Auch wenn einiges an folkloristischer Behübschung im Spiel sein mag, ist die Ausstellung interessant und informativ und ermöglicht einen guten Eindruck von der Funktion eines solchen Landguts. Der ausgedehnte Waldweg durch den oberen Teil des Grundstücks ist dagegen eher weniger interessant. Nach dem Abschluss des Rundgangs kann man lokale Spezialitäten verkosten – eine kleine Entschädigung für den doch ziemlich üppigen Eintrittspreis. Natürlich kann man die Erzeugnisse auch kaufen, man wird aber nicht dazu gedrängt.

Zweimal pro Woche werden beim „mallorquinischen Volksfest" Handwerkstechniken, eine Pferdedressur, Trachten und Volkstänze vorgeführt. Dies ist natürlich keine gelebte Tradition, sondern eine professionelle Show, trotzdem aber eine gute Gelegenheit, das immaterielle Kulturerbe zu erleben. Allerdings muss man sich dabei auf etwas Trubel einstellen: La Granja ist das bekannteste und meistbesuchte Museumsgut Mallorcas und Ziel vieler Busausflüge. Vor allem beim „Volksfest" am Mittwoch und Freitag herrscht ziemliches Gedränge. Wenn man nur das Gebäude und die Ausstellung sehen möchte, sollte man diese Tage daher meiden.

Die Werkstätten zeigen die Vielfalt der hergestellten Produkte.

Wie man hinkommt

Von Esporles 1,5 km Richtung Banyalbufar, dort beschildert. Buslinie 200 Palma-Estellencs bis „sa Granja". Erwachsene 14,80 €, Kinder von 3-12 8,00 € (inkl. Verkostung). Tägl. 10:00-19:00 Uhr, im Winter bis 18:00 Uhr. Mi und Fr (nur Februar bis Oktober) 15:00-16:30 Uhr „Volksfest" mit Vorführungen.

www.lagranja.net, Tel. 0034 971 610 032

GPS-Wegpunkt 15: 39,66927 2,55873

Thema: Historische Landgüter

Die großen Landgüter, *Possessions* genannt, sind ein entscheidender Bestandteil der Geschichte des ländlichen Raums auf Mallorca. Sie waren weit mehr als einfache Bauernhöfe; sie waren gesellschaftliche Mikrokosmen mit Dutzenden ständiger Bewohner, die hier in einer strengen gesellschaftlichen Hierarchie lebten. Ganz oben stand der Besitzer des Guts mit seiner Familie. Sie gehörten fast immer der städtischen Oberschicht an und wohnten in der Regel nicht ständig auf ihrem Gut. Für ihre gelegentlichen Aufenthalte waren prunkvolle Repräsentationsräume und aufwendige Gartenanlagen vorgesehen; das Herrenhaus war stets der zentrale Teil der ganzen Anlage und glich oft einem kleinen Schloss. Der Nächste in der Hierarchie war der Pächter: Üblicherweise bewirtschafteten die Eigentümer das Gut und seine Ländereien nicht selbst, es wurde verpachtet. Dadurch stand der Pächter in der Hierarchie gleich unter den Eigentümern, er war der stets anwesende Manager, der für das Funktionieren des Betriebes verantwortlich war und die Befehle erteilte.

Darunter folgten weitere Schichten wie die *Amitjers*, die als Kleinbauern einzelne Parzellen pachteten, dann die Knechte und Mägde und schließlich die einfachsten Arbeiter, die Tagelöhner. Da die Landgüter nicht nur Agrarerzeugnisse, sondern auch handwerkliche Güter herstellten, waren auch zahlreiche Handwerksberufe vertreten. Große Possessions konnten eine Bevölkerung von

Während viele Possessions wie Raixa (oben) oder Els Calderers (rechts) wie Schlösser anmuten...

über hundert Menschen haben, von denen jeder seine spezielle Aufgabe und seinen Platz in einem komplexen Gefüge hatte. Sie funktionierten wie wirtschaftlich autarke Dörfer, die die meisten Güter des eigenen Bedarfs selbst herstellten. Mit „Exportartikeln" wie Getreide, Wein, Obst oder Olivenöl wurde der Gewinn erwirtschaftet. Da die Anwesen recht abgelegen waren, verließen die Bewohner der unteren Schichten oft ihr ganzes Leben nicht ein einziges Mal das Grundstück: Sie starben dort, wo sie geboren wurden.

Die meisten Possessions lassen sich bis ins Mittelalter zurückverfolgen, viele waren auch schon in der maurischen Epoche oder sogar schon in vorgeschichtlicher Zeit besiedelt. Die prestigeträchtige schlossartige Bauweise der Herrenhäuser setzte sich jedoch erst im 17. und 18. Jahrhundert durch. Einige dieser Anwesen sind als Museen öffentlich zugänglich und vermitteln einen Eindruck von diesem besonderen Kapitel der Geschichte Mallorcas.

... wirken andere wie Son Real eher bescheiden.

La Granja: *Im südlichen Tramuntana-Gebiet bei Esporles (Seite 57). Mallorcas bekanntestes und meistbesuchtes Museumsgut mit originaler Einrichtung und zahlreichen Werkstätten.*

Alfàbia: *Am Ostrand des Tramuntana-Gebirges bei Bunyola (Seite 72). Das Herrenhaus ist vergleichsweise klein, vollständig eingerichtet und von einem schönen Garten umgeben.*

Raixa: *In der Nähe on Alfàbia (Seite 73). Nur das großzügige Gebäude und der Garten sind original erhalten, innen befindet sich eine moderne Ausstellung.*

Son Real: *Im Norden bei Can Picafort (Seite 123). Ein eher bescheidenes Haus ohne Einrichtung, dafür mit einem großartigen Museum.*

Els Calderers: *Im Inselzentrum zwischen Sineu und Manacor (Seite 171). Schön gelegenes, prunkvolles Haus mit Einrichtung und Garten.*

Reserva Natural Puig de Galatzó

Anders als der Name vermuten lässt, ist das Reserva Natural am Galatzó kein Naturschutzgebiet, sondern ein naturnaher Freizeit- und Erlebnispark in einem kleinen, abgelegenen Bergtal im südlichen Tramuntana-Gebirge. Der größte Teil des Geländes, das man auf einem 3,7 Kilometer langen Rundweg durchwandert, blieb völlig naturbelassen. Nur die vielen kleinen Wasserfälle sind künstlich – da es hier wie auch sonst auf Mallorca keine ständig wasserführenden Bäche gibt, musste man der Idylle in dieser Hinsicht etwas nachhelfen. Immerhin werden die Wasserfälle ausschließlich aus natürlichen Quellen gespeist. Es gibt dichte, üppige Vegetation, Felswände mit eindrucksvollen Halbhöhlen sowie Spuren historischer Bewirtschaftung wie Köhlerplätze und Kalköfen. Im Stil eines Lehrpfads werden alle Besonderheiten, die es am Weg zu sehen gibt, mit Informationstafeln erklärt (auch auf Deutsch). Da es keine Abkürzungsmöglichkeiten gibt, muss man den Rundweg komplett durchlaufen.

Pflicht oder nicht?

- •••• *top, unbedingt machen!*
- ••• *sollte man erlebt haben*
- •• *nette Abwechslung*
- • *man versäumt nicht viel*

Eine leider überteuerte Option für Abenteuerlustige, die sich nur bei Nutzung der Bade- und Kletteranlagen lohnt.

Dabei sieht man auch einige Gehege mit traditionellen Haustierrassen und Volieren mit Greifvögeln, die ihre Fähigkeiten in einer täglichen Flugshow zeigen; insgesamt wirkt die Tierhaltung allerdings ein wenig trostlos. Eine bessere Idee sind die Badebecken mit den kleinen Wasserfällen. Abenteuerlustige können in einem Klettergarten mit Hochseilanlage und „Tirolinas“ (Seilrutschen) unter professioneller Anleitung ihren Mut beweisen.

Das Gelände wird durch mehrere Wasserfälle belebt.

Eine Verbindung aus einem schönen Stück Natur und einem Freizeitpark – dieses Konzept ist auf Mallorca einzigartig und scheint hier durchaus gelungen. Die künstlichen Einbauten bleiben sehr zurückhaltend, in erster Linie wurde das Gelände einfach so gelassen, wie man es vorfand. Der sonst in solchen Parks übliche Trubel fehlt, andererseits sind die Betätigungsmöglichkeiten auch nicht besonders vielfältig. Zudem leidet die Sache an einem typischen Mallorca-Problem: den doch sehr großzügig bemessenen Preisen! Der Weg zu dem abgelegenen Park lohnt sich jedenfalls nur, wenn man Badeanlage und Klettergarten in Anspruch nehmen möchte; nur für einen Spaziergang ist es zu teuer, denn das Naturerlebnis bekommt man bei einer Wanderung im freien Gelände kostenlos und viel besser.

Wie man hinkommt

Anfahrt von Puigpunyent aus beschildert (ca. 4 km vom Ort). Busse nur bis Puigpunyent (Linie 140 ab Palma). 1.4.-31.10. tägl. 10:00-18:00 Uhr, letzter Einlass 16:00 Uhr. Badeanlage ab 12:00 Uhr. Erwachsene 16,00 €, Kinder 7,00 €. Tirolinas 14,00 €, gesamte Kletteranlage 28,00 € zusätzl. (mit Betreuung, tägl. 12:30 und 15:30 Uhr).

www.lareservamallorca.com, Tel. 0034 971 616 622

Wegpunkt 16: 39,61585 2,49549

Valldemossa

Valldemossa ist eine der größeren Ortschaften des Tramuntana-Gebirges und eines der meistbesuchten Ausflugsziele Mallorcas. Der Grund dafür ist jedoch nicht der ausgedehnte historische Ortskern oder die sehr schöne landschaftliche Lage, sondern ein berühmter Gast: Der polnische Komponist Frédéric Chopin (1810-1849) lebte hier im Winter 1838/39 für kurze Zeit zusammen mit seiner Geliebten, der französischen Schriftstellerin George Sand. Die feministisch eingestellte Rebellin trug ihren Protest gegen die gesellschaftlichen Normen, die ihre Zeit den Frauen zugestand, demonstrativ zur Schau. Dazu gehörte auch ihre ehelose Beziehung mit dem Komponis-

Pflicht oder nicht?

- •••• *top, unbedingt machen!*
- ••• *sollte man erlebt haben*
- •• *nette Abwechslung*
- • *man versäumt nicht viel*

Auch ohne den „Mythos Chopin" wäre Valldemossa ein lohnendes Ziel, wobei der Ort interessanter ist als die Kartause.

ten. Die beiden blieben allerdings nicht lang: Chopin litt an Tuberkulose, und sein Zustand verschlechterte sich im feuchtkalten Klima dieses Winters so sehr, dass sie ihren Aufenthalt nach nur drei Monaten abbrechen und nach Paris zurückkehren mussten. Zum Arbeiten kam er trotzdem: Mehrere bedeutende Klavierwerke entstanden in Valldemossa. Dass diese kurze Episode überhaupt zu solcher Bedeutung kam, ist aber vor allem George Sand zu verdanken, die sie mit ihrem Buch *Ein Winter auf Mallorca* literarisch verewigte. Darin schildert sie, wie das regnerische und kalte Wetter sie zur Verzweiflung trieb. Auch mit der einheimischen Bevölkerung wurden die beiden Nonkonformisten nicht warm, die Mallorquiner werden als ungebildet, intolerant und abweisend beschrieben.

Sie werden es ihr verziehen haben: Heute ist es nämlich vor allem diese Geschichte, die Unmengen von Besuchern anzieht. Dabei gäbe es auch sonst genug Gründe, denn mit dem großen Bestand an historischen Gebäuden ist Valldemossa einer der schönsten Orte Mallorcas! Die privilegierte Lage in dem fruchtbaren Tal in einer Höhe von rund 400 Metern wurde schon früh geschätzt: Auf den Mauern einer maurischen Festung ließ König Jaume II. einen Palast für seinen Sohn Sanxo errichten, der hier von 1311 bis 1324 residierte. Wenige Jahrzehnte später wurde die Anlage dem Kartäuserorden übereignet, der den Palast nach und nach zu einem weitläufigen Klosterkomplex erweiterte, der **Kartause**. Die Kirche wurde 1751 begonnen, auch der größte Teil der übrigen Gebäude stammt aus dem 18. Jahrhundert.

Die Kartause ist von einem blühenden Garten umgeben.

Als Chopin und Sand 1838 hierherkamen, war das Kloster wenige Jahre zuvor aufgelöst worden, die Zellen wurden als Gästezimmer vermietet. Allzu reizvoll war das Gebäude zu dieser Zeit wohl nicht, denn das finanziell etwas klamme Paar, das von zwei Kindern George Sands aus früherer Ehe und einer Zofe begleitet wurde, quartierte sich nur mangels einer bezahlbaren besseren Alternative hier ein.

Die Zellen, die die Patchwork-Familie bewohnte, sind heute die Wallfahrtsstätte des Chopin-Tourismus. Das Klavier, das der Komponist aus Paris nachschicken ließ, ist noch immer an seinem Platz. Auch die Klosterkirche und der größte Teil des übrigen Komplexes sind zugänglich. Dazu gehören neben den Zellen des Priors und der Klosterapotheke auch das Gemeindemuseum mit einer Druckerpresse aus dem 17. Jahrhundert, einer Ausstellung über Erzherzog Ludwig Salvator (➤ Seite 68) und einer kleinen Sammlung von Gemälden spanischer Maler, die von Mallorca inspiriert wurden. Der Rundgang führt weiter zum angrenzenden **Palau del Rei Sanç**. Der Königspalast geht auf das frühe 14. Jahrhundert zurück und ist damit der älteste Teil der Anlage. Nach der Auflösung des Klosters 1835 wurde das Gebäude von vermögenden Privatleuten bewohnt, die heutige prunkvolle Einrichtung stammt aus dieser Zeit. Hier findet mehrmals täglich ein 15-minütiges Klavierkonzert mit Werken Chopins statt, das als Bonus dem Besichtigungsprogramm beigepackt ist. Der schöne Garten auf der Westseite des Klosterkomplexes ist dagegen frei zugänglich.

Die meisten der zahlreichen Ausflugsgäste belassen es bei einer Besichtigung der Kartause und einer kurzen Runde um das Gebäude,

Die Gassen sind üppig mit Pflanzen geschmückt.

dessen Umgebung dementsprechend von Souvenirläden und Touristenrestaurants dominiert wird. Es lohnt sich aber, einen etwas größeren Streifzug durch die steilen Gassen zu machen, die bergab zum eigentlichen alten Ortskern um die Pfarrkirche Sant Bartomeu aus dem 15. Jahrhundert führen: Valldemossas **Unterstadt** ist eines der schönsten historischen Zentren Mallorcas, trotzdem ist es hier oft erstaunlich einsam. Die Häuser sind opulent mit blühenden Topfflanzen geschmückt, dazwischen sieht man immer wieder bunt bemalte Wandfliesen. Sie zeigen Motive aus dem Leben der Heiligen Catalina, die aus Valldemossa stammt. Das Haus in der Carrer Rectoria 5, in der die später Heiliggesprochene 1531 zur Welt kam, wurde zu einer kleinen Kapelle ausgebaut.

Das **Kulturzentrum Costa Nord** an der Hauptstraße wurde im Jahr 2000 auf Initiative und mit Kapital des amerikanischen Schauspielers Michael Douglas eröffnet, einige Jahre später aber an die Inselregierung verkauft. Hier finden regelmäßig Tanzvorführungen, Dinnershows und andere Veranstaltungen statt. Zu den übrigen Zeiten kann man sich einen Kurzfilm ansehen, in dem Michael Douglas seine Liebe zu Mallorca erklärt, und eine Art Multimedia-Installation über die „Nixe“, das Schiff Ludwig Salvators (➤ Seite 68). Beides ist jedoch enttäuschend und lohnt den üppigen Eintrittspreis auf keinen Fall.

Wanderungen

5 **Über den Reitweg des Erzherzogs**

Technik ●●○○○
Kondition ●●●○○

➤ *Seite 194*

Valldemossas Unterstadt gehört zu den schönsten Ortszentren Mallorcas.

Wie man hinkommt

Es gibt zwei große Parkplätze an der Durchgangsstraße. Alle Parkmöglichkeiten im Zentrum (blau markiert) sind gebührenpflichtig (mit Parkschein). Buslinie 210 von Palma nach Port de Sóller.

Kartause und Königspalast: *April-September Mo-Sa 9:30-18:30 Uhr, Dez. und Jan. bis 15:00 Uhr, Feb. und Nov. bis 17:00 Uhr, März und Okt. bis 17:30 Uhr, So ganzjährig 10:00-13:00 Uhr. Erwachsene 8,50 €, Kinder von 10-14 4,00 €.*
www.cartujadevalldemossa.com, Tel. 0034 971 612 106

Die ***Chopin-Zellen*** *sind ein eigenständiges Museum und nicht im Preis für die Kartause enthalten. Juli und Aug. Mo-Sa 9:30-19:00 Uhr, März-Juni und Sept./Okt. 10:00-18:00 Uhr, März-Okt. auch So 10:00-14:00 Uhr. Im Winter nur Mo-Sa 10:00-15:30 Uhr. Eintritt 3,50 €. www.celdadechopin.es, Tel. 0034 971 612 616*

Kulturzentrum Costa Nord: *Tägl. 9:00-1:00 Uhr, Film und Installation 6,00 €. www.costanord.es, Tel. 0034 971 612 425*

GPS-Wegpunkt 17 (Kartause): 39,70970 2,62231

Son Marroig und Miramar

Das herrschaftliche Landgut Son Marroig, das sich an der Steilküste zwischen Valldemossa und Deià befindet, war ab 1872 der Hauptwohnsitz von Erzherzog Ludwig Salvator (➤ nächste Doppelseite) und der Heimatstützpunkt für seine Forschungsreisen. Das Anwesen geht auf das 16. Jahrhundert zurück, der Erzherzog ließ es allerdings erheblich umbauen und erweitern. Einige der original eingerichteten Räume mit zahlreichen Erinnerungsstücken aus seinem privaten Besitz können besichtigt werden. Sehr schön ist auch der angrenzende Garten mit dem kleinen Pavillon, die Aussicht auf das Meer ist eine der schönsten Mallorcas. Unten sieht man die kleine Halbinsel Sa Foradada, die ihren Namen „die Durchlöcherte" einem natürlichen Loch im Fels verdankt.

Pflicht oder nicht?

- •••• *top, unbedingt machen!*
- ••• *sollte man erlebt haben*
- •• *nette Abwechslung*
- • *man versäumt nicht viel*

Son Marroig bietet eine der schönsten Aussichten Mallorcas und die Begegnung mit einer faszinierenden historischen Person.

Vom Herrenhaus kann man auf einer breiten Fahrpiste zur felsigen Halbinsel hinuntergehen, der Weg darf allerdings nur mit einer Eintrittskarte für das Museum benutzt werden. Unten gibt es eine kleine steinige Bucht mit Badegelegenheit und eine hübsch gelegene Bar. Der doch recht weite Weg (gut drei Kilometer, hin und zurück 1,5-2 Stunden) lohnt sich dafür aber nicht wirklich.

Der Erzherzog sicherte sich einen Wohnsitz in bester Lage.

Das einige Kilometer südlich von Son Marroig gelegene Anwesen **Miramar** geht auf ein 1276 durch den bedeutenden Gelehrten und Missionar Ramon Llull gegründetes Kloster zurück. Später entstand in der Nachbarschaft ein Landgut. 1872 kaufte Ludwig Salvator das verlassene Grundstück. Er ließ die weitgehend verfallenen historischen Gebäude restaurieren und ein neues Palais auf dem Gelände errichten. Auch hier können einige Räume und der Garten besichtigt werden.

Wie man hinkommt

Son Marroig: *Zwischen Valldemossa und Deià, beschildert. Buslinie 210 von Palma nach Port de Sóller. April-September Mo-Sa 10:00-19:00 Uhr, Oktober-März 10:00-17:00 Uhr. Eintritt 4,00 €. www.sonmarroig.com*

GPS-Wegpunkt 18: 39,75152 2,62921

Miramar: *2 km südlich von Son Marroig. Di-Sa 10:00-18:00 Uhr, im Winter nur bis 17:00 Uhr. Eintritt 3,00 €.*

GPS-Wegpunkt 19: 39,73926 2,61807

Thema: Erzherzog Ludwig Salvator

Zu den interessantesten Persönlichkeiten in der Geschichte Mallorcas gehört ein Mitglied des habsburgischen Herrscherhauses: Ludwig Salvator, Erzherzog von Österreich (1847-1915). Der Cousin des österreichischen Kaisers Franz Josef I. war, anders als bei den Aristokraten seiner Zeit üblich, überzeugter Pazifist. Politik interessierte ihn nicht, er war stattdessen ein leidenschaftlicher Entdecker und Wissenschaftler mit Ideen, die seiner Zeit sehr weit voraus waren.

1867, gerade zwanzig geworden, besuchte er zum ersten Mal die Balearen. Die Inseln faszinierten den jungen Mann so sehr, dass er damit begann, eine außerordentlich umfassende und genaue Dokumentation von Geografie, Flora, Fauna, aber auch der Bevölkerung und ihrer Kultur zu verfassen. 1869 veröffentlichte er den ersten Teil des Monumentalwerks *Die Balearen. In Wort und Bild geschildert*, das in den folgenden zwei Jahrzehnten auf einen Gesamtumfang von sieben Bänden mit rund 6000 Seiten anwachsen sollte. Es blieb für lange Zeit das Standardwerk über die bis dahin in Mitteleuropa kaum wahrgenommenen Inseln.

Thema: Erzherzog Ludwig Salvator

1872 ließ sich *Arxiduc Lluis Salvador*, wie er hier bis heute genannt wird, auf Mallorca nieder und erwarb dazu im zentralen Tramuntana-Gebiet große Ländereien. Son Marroig wurde zu seinem Hauptwohnsitz, hinzu kamen das ehemalige Kloster Miramar und weitere Landgüter. Im Lauf von 30 Jahren kaufte er einen rund 16 Kilometer langen Küstenabschnitt zusammen. Seinen Privatbesitz stellte er quasi unter Naturschutz: Es durften keine neuen Häuser gebaut werden, Holzeinschlag war ebenso verboten wie die Jagd. Er ließ historische Gebäude restaurieren und nach traditionellen Techniken ein ausgedehntes Wegenetz mit zahlreichen Aussichtspunkten anlegen, eine Wander-Infrastruktur, die heute noch genutzt wird (➤ Tour 5, Seite 194).

Ludwig Salvator verabscheute den Standesdünkel der Aristokraten seiner Zeit und fühlte sich der einfachen Bevölkerung weitaus mehr zugehörig. Selbstredend beherrschte er – neben zahlreichen weiteren Sprachen – auch Mallorquí. Seine Kleidung war weit davon entfernt, standesgemäß zu sein, und wenn er von Unbekannten für einen Bauern gehalten wurde, empfand er das als Kompliment. Auch sonst pfiff er auf die gesellschaftlichen Konventionen: Er heiratete nie, pflegte aber zahlreiche Liebschaften.

Doch war auch Mallorca nur ein Stützpunkt für den rastlosen Entdecker: Mit der Dampfjacht „Nixe" bereiste er jahrzehntelang das Mittelmeer und die Ozeane bis nach Kalifornien und Australien. Auch in anderen Ländern verfasste er genaue Beschreibungen von Natur und Kultur, seine zahlreichen Veröffentlichungen füllen eine ganze Bibliothek. Erst der Ausbruch des Ersten Weltkriegs 1914 zwang ihn dazu, diese Tätigkeit aufzugeben und Mallorca zu verlassen. Er sollte seine geliebte Wahlheimat nicht mehr wiedersehen: Im Oktober 1915 verstarb er auf Schloss Brandeis bei Prag.

Ausführliche Informationen auf www.ludwig-salvator.com.

Ludwig Salvator war seiner Zeit weit voraus.

Deià

Das als „Künstlerdorf" bekannte Deià hat eine privilegierte Lage an der Steilküste des Tramuntana-Gebirges: Der alte Ortskern gruppiert sich um einen kleinen Hügel mit der Kirche am höchsten Punkt. Die engen Gassen zwischen den einfachen, uralten Bauernhäusern vermitteln ein Gefühl kuscheliger Intimität. Es war wohl diese Ausstrahlung ländlicher Einfachheit, die im 20. Jahrhundert zahlreiche Künstler nach Deià zog. Der erste war der britische Schriftsteller Robert Graves (1895-1985), der sich 1929 hier niederließ und viele bedeutende Werke wie den historischen Roman *Ich, Claudius, Kaiser und Gott* verfasste. Sein etwas außerhalb gelegenes Haus mit originaler Einrichtung ist heute ein Museum. Auf Graves folgten viele weitere wie Andrew Lloyd Webber, Peter Ustinov und Anaïs Nin, später Hollywoodstars wie Michael Douglas und Pierce Brosnan. Heute ist die Künstlerszene allerdings nicht mehr allzu groß, was vor allem am Preisniveau liegt: Deià ist beliebt bei vermögenden Residenten, die für einen Ausländeranteil von über einem Drittel und entsprechende Immobilienpreise sorgen.

Pflicht oder nicht?

- •••• *top, unbedingt machen!*
- ••• *sollte man erlebt haben*
- •• *nette Abwechslung*
- • *man versäumt nicht viel*

Der Hype um Deià ist übertrieben: Das Dorf ist nett, aber nichts, was man unbedingt gesehen haben muss.

Die Atmosphäre des Ortes verlangt Zeit, um sich darauf einzulassen. Als Ausflugsziel für flüchtige Besucher bietet Deià nicht sonderlich viel:

Das Dorf strahlt ländliche Einfachheit aus.

Es gibt keine wirklichen Sehenswürdigkeiten, das Zentrum um die Pfarrkirche ist winzig. Immerhin sind die alten Häuser durchweg perfekt restauriert, es gibt kaum störende Neubauten, und auch der aufwendige Blumenschmuck trägt zum Bild eines Musterdorfes bei. Die Gastronomie ist vielfältig und auf anspruchsvolle Gäste eingestellt.

Die Cala de Deià gilt als eine der schönsten Buchten im Tramuntana-Gebiet.

Die tief eingeschnittene Felsbucht Cala de Deià unterhalb des Ortes gilt als eine der schönsten Buchten der Tramuntana-Region, obwohl es auch hier keinen Sandstrand, sondern nur grobe Kiesel gibt. Mit der entspannten Intimität und dem klaren, blitzblauen Wasser ist die Bucht allerdings so schön, dass man diesen Nachteil tolerieren kann. Die Fincas in der Umgebung fügen sich dezent in die Landschaft ein, am Wasser stehen einige nostalgische Bootshäuser. Wer etwas zu sich nehmen möchte, hat die Wahl zwischen zwei Restaurants. Verschwiegene Pfade führen oberhalb an der Bucht vorbei und die Steilküste entlang bis nach Lluc Alcari – die Landschaft hier ist so schön, dass sie es auf den Titel dieses Buches geschafft hat.

Wie man hinkommt

Es gibt nur wenige Parkplätze an der Durchgangsstraße. Buslinie 210 von Palma nach Port de Sóller.

GPS-Wegpunkt 20: 39,74884 2,64865

Cala de Deià: *Zufahrt 800 m nördlich von Deià (am Graves-Museum vorbei), wenige, gebührenpflichtige Parkplätze. Zu Fuß 30-40 min (2,5 km) durch die Carrer d'es Clot am südlichen Ortsrand.*

GPS-Wegpunkt 21: 39,76018 2,64134

Casa de Robert Graves: *600 m nördl. von Deià, eigener Parkplatz. Apr.-Okt. Mo-Fr 10:00-17:00 Uhr, Sa 10:00-15:00 Uhr, im Winter nur Mo-Fr 10:30-13:30 Uhr. Einlass bis 40 min vor Schließung. Eintritt 7,00 €, Studenten 5,00 €, Kinder bis 12 3,50 €.*
www.lacasaderobertgraves.com, Tel. 0034 971 636 185

Jardines d'Alfàbia

Alfàbia ist eines der herrschaftlichen Landgüter, die das ländliche Mallorca über Jahrhunderte bestimmten (➤ Seite 59). Es ist vor allem für seine Gartenanlage bekannt, die hier außergewöhnlich raffiniert und vielfältig gestaltet ist. Alfàbia geht auf den Landsitz eines Wesirs aus der maurischen Epoche zurück, das heutige Herrenhaus ist jedoch weitaus weniger alt: Es entstand im 18. Jahrhundert mit barocken Einflüssen. Die Anlage ist nicht allzu groß und wirkt im Vergleich zu anderen Gütern wie La Granja (➤ Seite 57) oder Raixa (➤ nächste Seite) intim und bescheiden.

Der Rundgang führt zunächst durch den Garten, der Mitte des 19. Jahrhunderts mit Wasserspielen im maurischen Stil gestaltet wurde. Der Star ist eine Fontänenallee, die man selbst mit einem Knopfdruck auslöst. Der untere Teil ist eher naturnah gestaltet, üppige Vegetati-

Pflicht oder nicht?

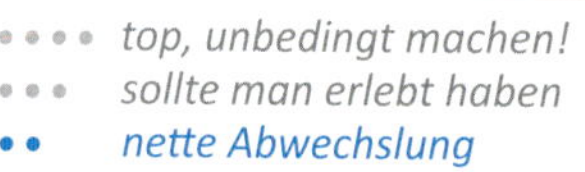

- •••• *top, unbedingt machen!*
- ••• *sollte man erlebt haben*
- •• *nette Abwechslung*
- • *man versäumt nicht viel*

Alfàbia ist sehenswert, aber auch recht klein. Leider steht der Preis nicht wirklich in Relation dazu.

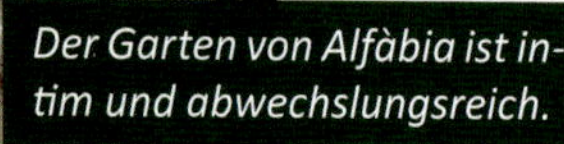

Der Garten von Alfàbia ist intim und abwechslungsreich.

on umgibt einen kleinen Teich. Schließlich bekommt man noch das Herrenhaus zu sehen, das mit kostbaren Möbeln aus verschiedenen Jahrhunderten eingerichtet ist. Vom Innenhof hat man Zugang zu einer historischen Ölmühle und den Stallanlagen.

Wanderungen

6 Von Bunyola auf den Penyal d'Honor

Technik ●●○○○
Kondition ●●●○○

➤ *Seite 198*

Wie man hinkommt

An der Ma-11 Palma-Sóller direkt vor dem Tunnel. Buslinie 211 Palma-Port de Sóller. April-Oktober Mo-Sa 9:30-18:30 Uhr, im Winter Mo-Fr 9:30-17:30 Uhr, Sa 9:30-13:00 Uhr. Eintritt im Sommer 6,50 €, im Winter 5,50 €

www.jardinesdealfabia.com, Tel. 0034 971 613 123

GPS-Wegpunkt 22: 39,71663 2,69168

Raixa

Nur wenige Kilometer von Alfàbia entfernt liegt ein weiteres historisches Landgut, das herrschaftliche Raixa (gesprochen „Rascha"). Auch dieses Anwesen geht auf die maurische Zeit zurück. Das Hauptgebäude entstand im Zuge der großen Umbau- und Erweiterungsarbeiten, die der damalige Besitzer, Kardinal Despuig, ab 1797 ausführen ließ.

Das Herrenhaus von Raixa ist eines der größten Mallorcas.

Pflicht oder nicht?

- •••• top, unbedingt machen!
- ••• sollte man erlebt haben
- •• nette Abwechslung
- • man versäumt nicht viel

Auch wenn alles etwas überrestauriert wirkt, hat Raixa noch immer eine der schönsten Gartenanlagen Mallorcas!

Der hintere Teil des Gartens ist nach italienischem Vorbild in Terrassen angelegt.

Es hat das Format eines kleinen Schlosses und wirkt um einiges protziger als Alfàbia – alleine dieser Unterschied lohnt schon eine vergleichende Besichtigung beider Häuser. Besonders interessant ist auch hier der Garten: Der vordere Teil ist als geometrische, flache Parterre-Anlage gestaltet, während sich der hintere Teil mit Terrassen, Freitreppen und opulentem Skulpturenschmuck einen steilen Hang hinaufzieht. Hier wird am deutlichsten, dass sich der Besitzer in Italien inspirieren ließ. Das auffällige große Wasserbecken war kein Swimmingpool, sondern die damals größte Zisterne Mallorcas.

Die Anlage befindet sich inzwischen in öffentlichem Besitz und wurde erst 2014 nach umfangreichen Restaurierungsarbeiten wiedereröffnet. Vielleicht hat man dabei ein wenig übertrieben: Haus und Garten wirken überrestauriert und kalt. Zu diesem Eindruck trägt auch die Tatsache bei, dass die historische Originaleinrichtung nicht mehr existiert. Die Räume wurden mit einer aufwendig und modern konzipierten Ausstellung über die Geschichte des Landguts gefüllt.

Wie man hinkommt

An der Ma-11 Palma-Sóller, 4,3 km südlich von Alfàbia. Buslinie 220 Palma-Bunyola. Jeweils Di und Do 10:00-14:00 Uhr, Eintritt frei (bei Redaktionsschluss vorläufig).
Tel. 0034 971 219 741

GPS-Wegpunkt 23:
39,68044 2,67318

Castell d'Alaró

Am östlichen Rand des Tramuntana-Gebirges, über der Ortschaft Alaró, befindet sich eine der historisch bedeutendsten Festungsanlagen Mallorcas. Das flache, um die 750 Meter hohe Plateau des Puig de Alaró drängte sich für den Bau einer Burg auf: Von hier aus kann man die zentrale Ebene und das umgebende Bergland weithin überblicken, und es ist reichlich Platz vorhanden. Die Araber errichteten hier eine Festung, die den christlichen Eroberern jahrelang widerstehen konnte. Später wurde sie von diesen übernommen und weiter ausgebaut. 1285, während einem der zahlreichen Kriege gegen Aragon, hielten königstreue Truppen in der Burg einer langen Belagerung stand. Nach der Eroberung wurden die beiden Kommandanten lebendig verbrannt. Seit 1622 ist das Castell d'Alaró ein Wallfahrtsziel, die Opfer des Willküraktes werden als Märtyrer verehrt.

Pflicht oder nicht?

- •••• *top, unbedingt machen!*
- ••• *sollte man erlebt haben*
- •• *nette Abwechslung*
- • *man versäumt nicht viel*

Die historische Bedeutung steht außer Frage, aber die paar Mauerreste und die Aussicht lohnen den Weg eher nicht.

Für Reisende ohne religiöse Motivation gibt es dagegen nicht allzu viel zu sehen: Von der einst weitläufigen Anlage sind nur wenige Reste um das Eingangstor herum erhalten. Um die Wallfahrtskapelle aus dem 17. Jahrhundert gibt es einen Gebäudekomplex, der auch eine kleine Bar enthält. Die Aussicht ist selbstredend imposant, abgesehen davon

Der Blick reicht weit in die zentrale Ebene hinein.

Von der Festungsanlage ist nur ein kleiner Teil erhalten.

Wie man hinkommt

Beschilderte Abzweigung etwa 500 m nördlich von Alaró (Richtung Orient). Die einspurige Straße führt zu einem Parkplatz beim Restaurant Es Verger; von dort etwa 500 m zurück, dann dem Fußweg bergauf folgen. Keine Busverbindung. Ständig zugänglich, Eintritt frei.

GPS-Wegpunkt 24: 39,73374 2,79198

lohnt sich der doch recht aufwendige Weg hierher jedoch nicht wirklich: Von Alaró führt eine einspurige Straße hinauf, immerhin asphaltiert, aber ziemlich löchrig. Vom Parkplatz aus ist es dann noch ein Fußweg von 40-50 Minuten bis zur Ruine.

Sóller

Das kleine Städtchen Sóller liegt in einem weiten Tal, das sich ungefähr in der Mitte der Serra de Tramuntana zum Meer hin öffnet. Die Gegend war lange Zeit hindurch eine der isoliertesten der Insel und nur mit dem Schiff oder über steile Bergpfade erreichbar. Erst Mitte des 19. Jahrhunderts wurde die kurvenreiche Straße über den Coll de Sóller gebaut, 1912 war mit der Eisenbahnverbindung nach Palma erstmals eine komfortable Transportmöglichkeit gegeben (➤ Seite 80). Die mautpflichtige Schnellstraße durch den Tunnel gibt es seit 1995.

Mit seinem günstigen Klima, mild und wasserreich, wurde das Tal von Sóller schon zu maurischer Zeit als eines der besten Anbaugebiete Mallorcas geschätzt. Im 18. Jahrhundert brachte die Kultivierung von

Die Plaça von Sóller hat eine französische Anmutung.

Orangen, die mit Schiffen direkt nach Frankreich exportiert wurden, einigen Wohlstand nach Sóller. Eine Krise durch einen Schädlingsbefall um 1860 zwang viele Bewohner zur Emigration. Einige kehrten später wohlhabend und welterfahren zurück und brachten Geld und neue Ideen in ihre Heimatstadt. Noch heute ist das Tal von Sóller voll von Orangenbäumen, allerdings sind die Früchte der Gegend auf dem Weltmarkt nicht mehr konkurrenzfähig und werden nur noch für den Eigenbedarf angebaut. Dennoch sind sie das Wahrzeichen des „Orangentals", jedes Café bietet frisch gepressten Saft oder die großartige Orangeneiscreme des lokalen Erzeugers *Sa Fàbrica de Gelats* an.

Pflicht oder nicht?

- •••• *top, unbedingt machen!*
- ••• *sollte man erlebt haben*
- •• *nette Abwechslung*
- • *man versäumt nicht viel*

Sóller hat seine ganz eigene Atmosphäre. Die außergewöhnlichen Baudenkmäler und die vielen Museen sind weitere gute Gründe für einen Besuch.

Das Zentrum bildet die hübsche **Plaça de la Constitució**, die eine für Mallorca untypische, eher französisch anmutende Atmosphäre hat. Die Straßencafés belegen große Teile des Platzes, nur der Brunnen im oberen Teil hat etwas mehr Luft. Durch eine schmale Gasse zwischen den Tischen fährt die Straßenbahn vom etwas oberhalb gelegenen Bahnhof bis nach Port de Sóller (➤ Seite 84). Mit ihren nostalgischen Wagen, die in regelmäßigen Abständen über die Plaça rumpeln, ist sie nicht nur ein Verkehrsmittel, sondern auch ein wichtiger Teil des Stadtbilds. Die Fassade der Kirche **Sant Bartolomeu** bildet die prächtige Kulisse des Platzes. Das Gebäude geht auf das 13. Jahrhundert zurück, wurde aber mehrfach umgebaut. Die heute sichtbare Hauptfassade

Die Straßenbahn ist ein Teil des Stadtbilds.

mit dem großartigen Rosettenfenster wurde erst 1904 gebaut und ist eines der schönsten Beispiele für den Modernisme auf Mallorca. Die katalanische Variante des Jugendstils war Anfang des 20. Jahrhunderts in Palma groß in Mode (➤ Seite 31), fand aber auch unter den weltoffenen Bürgern von Sóller ihre Anhänger. Der Architekt der Kirchenfassade war Joan Rubió i Bellver, ein Schüler des künstlerischen Revolutionärs Antoni Gaudí. Auch das Gebäude der **Banco Central Hispano** links daneben wurde von ihm entworfen.

Sant Bartolomeu und die Banco Central Hispano (links im Bild) sind Bekenntnisse zum Modernisme.

Auch der wenige Minuten entfernte **Bahnhof** zeigt die typische Verspieltheit dieser Stilrichtung. Hier drückt sie sich allerdings in Details aus, insgesamt wirkt die Architektur eher gemütlich als gewagt. Deutlich expressiver ist das Privathaus Can Prunera von 1911. Es zeigt als **Museu Modernista** eine Sammlung von Einrichtungsgegenständen und Gemälden dieser Epoche. Die eigentliche Attraktion ist aber das Gebäude selbst mit seiner üppigen Innenausstattung: Fantasievoll verzierte Fensterscheiben, opulente Leuchten, ein außerordentlich elegantes Treppenhaus und viele weitere Details machen das Museum zum interessantesten Gebäude der Stadt!

Mit so viel Prunk kann das **Museu del Casal de Cultura** nicht mithalten. Es gibt als heimatkundliches Museum mit eingerichteten Räumen einen Einblick in die mallorquinische Wohnkultur in historischer Zeit, wirkt aber etwas angestaubt. Spannender ist der nach wissenschaftlichen Maßstäben eingerichtete **botanische Garten**. Er zeigt über 400 Pflanzenarten, vor allem die auf Mallorca heimische Flora, aber auch Zier- und Nutzpflanzen, die eine Rolle in der Kultur der Insel spielen. Angeschlossen ist ein kleines naturkundliches Museum.

Wanderungen

7 **Von Sóller nach Port de Sóller**

Technik ●●○○○

Kondition ●●○○○

➤ *Seite 203*

Der Glamour der Jahrhundertwende: Can Prunera.

Der botanische Garten zeigt vor allem heimische Arten.

Wie man hinkommt

Die Hauptverbindung nach Sóller ist die Ma-11 durch den Tunnel (gebührenpflichtig, 5,05 Euro pro PKW). Die alte Passstraße ist kostenlos (unauffällige Abzweigung direkt vor der Mautstelle am Tunnelportal). Parkplätze im Zentrum gebührenpflichtig, kostenlose Stellplätze an der Durchgangsstraße. Details zu Buslinien auf S. 85.

GPS-Wegpunkt 25 (Plaça): 39,76641 2,71490

***Kirche Sant Bartolomeu:** Mo-Do 11:00-13:30 und 15:00-17:30, Fr und Sa nur vormittags, So 12:00-13:00 Uhr.*

***Museu Modernista Can Prunera:** Carrer de la Lluna 86-90 (Ecke Carrer de Pons). März-Okt. tägl. 10:30-18:30 Uhr, Nov.-Feb. tägl. außer Mo 10:30-18:00 Uhr. Erwachsene 5,00 €, Kinder bis 12 frei. www.canprunera.com, Tel. 0034 971 638 973*

***Museu del Casal de Cultura:** Car. de la Mar 13. Di-Fr 11:00-13:00 und 17:00-20:00 Uhr (Winter 16:00-19:00 Uhr), Sa 11:00-13:00 Uhr, Eintritt 3,00 €. www.sollernet.com/casal, Tel. 0034 971 631 465*

***Sa Fàbrica de Gelats:** Av. Cristòfol Colom (von der Plaça 100 m der Straßenbahn folgen). www.gelatsoller.com, Tel. 0034 971 631 708*

***Botanischer Garten und Naturkundemuseum:** An der Hauptstraße knapp 300 m oberhalb der Tankstelle. März-Okt. Mo-Sa 10:00-18:00 Uhr, Nov., Jan. und Feb. Di-Sa 10:00-14:00 Uhr, Dez. geschlossen. Eintritt 8,00 € (mit Museum), Kinder bis 6 frei. www.jardibotanicdesoller.org, Tel. 0034 971 634 014*

Tren de Sóller

Das Tal von Sóller war in früheren Zeiten eines der wichtigsten landwirtschaftlichen Produktionsgebiete Mallorcas, doch die geografische Lage war ein Problem: Außer zum Meer hin von hohen Bergen abgeriegelt, war die Gegend nur schwer zu erreichen, die schnellste Verbindung nach Palma war das Schiff. Die Isolation war ein ernsthaftes Hindernis für die wirtschaftliche Entwicklung. Daher setzten wohlhabende Bürger

Pflicht oder nicht?

- •••• *top, unbedingt machen!*
- ••• *sollte man erlebt haben*
- •• *nette Abwechslung*
- • *man versäumt nicht viel*

Eines der schönsten Kulturdenkmäler Mallorcas und die stilvollste Art, nach Sóller zu gelangen!

Sóllers Anfang des 20. Jahrhunderts auf die damals modernste Technik und investierten in eine Eisenbahnlinie nach Palma. Der Bau der Strecke war eine erhebliche technische Herausforderung, musste doch die Bergkette Serra d'Alfàbia überwunden werden. Im April 1912 war das Meisterstück fertig, die ersten Züge verkehrten auf einer 27,3 Kilometer langen Strecke zwischen Sóller und Palma und brachten der Kleinstadt einen enormen Aufschwung. Denn es ging natürlich nicht nur um den Personentransport, sondern vor allem um die sensible Orangenernte, was dem Zug rasch den Namen „Orangenexpress" einbrachte. Der damals schon populäre Ferienort Port de Sóller (➤ Seite 84) wurde im folgenden Jahr, 1913, durch die erste und bis heute einzige Straßenbahnlinie Mallorcas angebunden.

Anfangs fuhr die Eisenbahn noch mit Dampf, aber schon 1929 wurde die Strecke elektrifiziert. Seitdem hat sich nichts Wesentliches mehr verändert: Bis heute ist die Tren de Sóller weitgehend im Zustand der Dreißigerjahre in Betrieb, eingleisig und kurvenreich. Selbst die Loks und Waggons sind seitdem nicht mehr ausgetauscht worden und werden liebevoll und mit einigem Aufwand in Schuss gehalten. Es lohnt sich allerdings, denn die Sóller-Bahn ist inzwischen eine der wichtigsten Touristenattraktionen Mallorcas und stets gut gefüllt! Das ist wohl auch der Grund dafür, dass dieses einzigartige technische Denkmal überhaupt noch existiert: Als Alltagsverkehrsmittel der einheimischen Bevölkerung hat es ausgedient, der Bus ist schneller und praktischer.

Auf schmalem Gleis geht es über die Serra d'Alfàbia.

Das kleine, original erhaltene Bahnhofsgebäude, das im Großstadtgewühl der Plaça d'Espanya in Palma etwas verloren wirkt, ist eine schöne Einstimmung auf die Tour. Schon hier kann man die Holzkarrosserie der Elektroloks aus den frühen Dreißigerjahren und die historischen Waggons mit ihren hübschen Details bewundern. „Roter Blitz" wird der Zug auch genannt, obwohl er eher braun ist und ganz sicher kein Blitz: Auch die Gleise sind weitgehend im Originalzustand geblieben und machen die Fahrt zu einer herrlich nostalgischen Schaukelei – man muss sich Mühe geben, um nicht vom Sitz zu fallen. Sehr schön ist aber auch ein Stehplatz auf einer der offenen Plattformen. Kenner steigen in den letzten Waggon, der freie Sicht nach hinten bietet!

Die Fahrt führt zunächst wenig spektakulär durch die Vororte Palmas und die flache Gegend nördlich der Hauptstadt. Nach einem Zwischenhalt in Bunyola wird die Strecke interessanter: Der Zug windet sich nun mit engen Kurven die Serra d'Alfabia hinauf und rattert von einem Tunnel zum nächsten. Insgesamt dreizehn davon werden durchquert, der längste ist der fast drei Kilometer lange Scheiteltunnel. Direkt dahinter, an der Ausweichstelle am Mirador del Pujol d'en Banya, legt der Zug in Richtung Sóller einen Halt ein, um den Gegenzug passieren zu lassen – zur Freude der Touristen, die so ein paar Minuten Zeit haben, um die Aussicht zu genießen und Fotos zu machen. Bei der Überquerung des Viaducte de Monreals kommt bereits das Tal von Sóller in Sicht, doch muss der Zug erst noch einen erheblichen Höhenunterschied mit einem weiten Schwung nach Westen überwinden. Die Ankunft in Sóller nach der knapp einstündigen Fahrt ist angemessen: Auch dieser Bahnhof ist im Originalzustand von 1912 geblieben und – der damaligen Bedeutung der Strecke entsprechend – eines der repräsentativsten Gebäude der Stadt.

Eine Lok wie ein Möbelstück: Es werden ausschließlich historische Fahrzeuge eingesetzt.

Das eisenbahntechnische Vergnügen ist damit aber noch nicht zu Ende: Direkt am Bahnhof beginnt die 1913 eingeweihte Straßenbahnlinie, die die 4,9 Kilometer bis zum Hafenort Port de Sóller überbrückt. Die Straßenbahn fuhr von Anfang an elektrisch; drei der Originaltriebwagen, erkennbar an ihrer kantigen Form, sind noch im Einsatz, die runderen Modelle sind nicht ganz so alt und stammen aus Lissabon. Die roten Züge rumpeln zunächst über die Plaça von Sóller, um dann, vorbei an Gärten mit Orangenbäumen, nach Port de Sóller hinunter zu fahren. Dort geht es noch einige hundert Meter am Strand entlang bis zur Endhaltestelle am Hafen.

Die Waggons wurden mit der typischen Detailverliebtheit ihrer Epoche gestaltet.

Wie man hinkommt

Abfahrt in Palma am historischen Bahnhof an der Plaça d'Espanya. Alle Überlandbuslinien halten am benachbarten Busbahnhof, es gibt ein Parkhaus. Für Autofahrer ist es eine Option, nur die Teilstrecke Bunyola-Sóller zu befahren: In Bunyola kann man kostenlos parken, und der Abschnitt Palma-Bunyola ist ohnehin nicht sehr interessant.

April-September: Abfahrten Palma 10:10, 10:50, 12:15, 13:30, 15:10 und 19:30 Uhr. Abfahrten Sóller 9:00, 10:50, 12:15, 14:00, 18:30 Uhr. November-März: Palma 10:30, 12:50, 15:10 und 18:00 Uhr, Sóller 9:00, 11:40, 14:00 und 17:00 Uhr.

Palma-Sóller einfache Fahrt 14,00 €, hin und zurück 19,50 €, mit Straßenbahn 28,00 €. Bunyola-Sóller einfach 6,25 €, hin und zurück 12,50 €. Kinder von 3-6 jeweils die Hälfte. Tickets an den Bahnhöfen.

Die Straßenbahn fährt von etwa 7:00-20:00 Uhr mehrmals pro Stunde mit direktem Anschluss an die Züge. Einfache Fahrt Sóller-Port de Sóller 5,00 €, Tickets beim Schaffner.

www.trendesoller.com, Tel. 0034 971 630 130

Port de Sóller

Einige Kilometer unterhalb von Sóller befindet sich der Hafenort Port de Sóller. Die weite, durch die enge Einfahrt aber gut geschützte Bucht ist ein idealer Naturhafen. Bis zur Inbetriebnahme der Eisenbahn 1912 war er unverzichtbar für das Tal von Sóller, denn nur mit dem Schiff konnten Waren und Menschen in vernünftiger Zeit transportiert werden. Heute hat Port de Sóller vor allem touristische Bedeutung: Es ist der einzige nennenswerte Küstenort der Tramuntana-Region und verfügt über den einzigen Sandstrand der gesamten Nordwestküste. Dennoch hält sich der Trubel in Grenzen, Port de Sóller wirkt stilvoll, beschaulich und ein wenig nostalgisch. Dazu trägt auch die Straßenbahn bei, die, von Sóller kommend, ein ganzes Stück am Strand entlangfährt.

Pflicht oder nicht?

- •••• *top, unbedingt machen!*
- ••• *sollte man erlebt haben*
- •• *nette Abwechslung*
- • *man versäumt nicht viel*

Port de Sóller gehört zu den schönsten Ferienorten Mallorcas und lässt sich gut im Paket mit Sóller erkunden. Als Standquartier für einen Wanderurlaub ist es optimal!

Der Ort genießt eine großartige Lage an der weit geschwungenen Bucht, der Strand zieht sich fast die gesamte Küstenlinie entlang. Auf der Nordseite befindet sich der Hafen mit Jachten und Fischerbooten und einem regelmäßigen Bootsverkehr nach Sa Calobra und Cala Tuent (➤ Seite 90). 2007 wurde durch einen Umgehungstunnel eine effektive

Die Sonnenuntergänge in Port de Sóller sind außergewöhnlich!

Verkehrsberuhigung geschaffen, die Uferstraße ist seitdem eine angenehme Promenade. Das Zentrum gruppiert sich um die Endhaltestelle der Straßenbahn am Beginn des Hafens. Auch hier ist die Orange bestimmendes Thema, in den Bars und Restaurants begegnet man ihr als Tischdekoration, als Cocktailgrundlage und natürlich als Saft. Im etwa 1,5 Kilometer entfernten südlichen Ortsteil D'en Repic ist das gastronomische Angebot eher dürftig, dafür ist der Strand hier etwas breiter.

Mit dem recht großen Angebot an Unterkünften und der zentralen Lage im Tramuntana-Gebirge ist Port de Sóller definitiv die beste Möglichkeit, auf Mallorca einen Strand- und Wanderurlaub miteinander zu verbinden! Die Ausgangspunkte der interessantesten Touren sind von hier aus mit dem Auto in einer halben bis ganzen Stunde zu erreichen, und auch mit dem Bus hat man viele Möglichkeiten.

Wanderungen

8 Vom Mirador de Ses Barques zur Cala Tuent

Technik ●●○○○
Kondition ●●●○○

➤ *Seite 207*

Der Strand zieht sich fast die ganze Bucht entlang.

Die Straßenbahn trägt zur stilvollen Atmosphäre bei.

Wie man hinkommt

Die Straße führt durch einen Tunnel hinter dem Ort vorbei. Zum Parkhaus: Am ersten Kreisverkehr links, am zweiten geradeaus, dann die zweite Straße (Carrer de Lepanto) links. Andere Parkmöglichkeiten sind knapp. Zum südlichen Ortsteil muss man schon vor Erreichen der Küste links abbiegen. Buslinie 211 von Palma direkt, 210 von Palma über Valldemossa, 354 von Can Picafort (1.4.-31.10.).

GPS-Wegpunkte:	26 (Parkhaus)	39,79578	2,69835
	27 (Zentrum)	39,79760	2,69549

Fornalutx

Das in ein enges Tal zwischen steilen Berghängen eingebettete Fornalutx (gesprochen „Fornalutsch") gilt als eines der Vorzeigedörfer Mallorcas und ist neben Deià (➤ Seite 70) der Inbegriff der perfektionierten ländlichen Einfachheit. Das historische Ortsbild wird kaum durch moderne Bauten beeinträchtigt, alles ist außerordentlich gepflegt und perfekt restauriert. Dass das Dorf dabei ein wenig museal wirkt, liegt sicherlich daran, dass viele der Häuser selten genutzte Zweitwohnsitze sind. Einen Abstecher bei einer Rundfahrt ist Fornalutx dennoch wert, denn kaum irgendwo sonst auf Mallorca findet man ein historisches Bergdorf so perfekt konserviert vor! Abgesehen von der Durchgangsstraße ist der Ort praktisch autofrei. Auf der Plaça gruppieren sich die Tische der Straßencafés um eine mächtige Platane. Üppiger Pflanzenschmuck kontrastiert das einheitliche Hellbraun der alten Steinhäuser, die sich den Hang hinaufziehen und durch gepflasterte Gassen und kleine Treppen miteinander verbunden sind.

Pflicht oder nicht?

- ●●●● *top, unbedingt machen!*
- ●●● *sollte man erlebt haben*
- **●● *nette Abwechslung***
- ● *man versäumt nicht viel*

Auch wenn es etwas museal wirkt, gilt Fornalutx zu Recht als eines der schönsten Dörfer Mallorcas.

Wanderungen

9 Durch den Barranc de Biniaraix

Technik ●●●○○

Kondition ●●●●○

➤ *Seite 212*

Fornalutx ist eines der schönsten Dörfer Mallorcas.

Parkraum ist knapp. Im Ortszentrum gibt es zwei Parkplätze, die aber nicht besonders groß und außerdem gebührenpflichtig sind, ebenso die blau markierten Stellplätze an den Straßen. Kostenlos parkt man (mit etwas Glück) an der Durchgangsstraße etwa 1-1,5 km außerhalb des Zentrums Richtung Norden (weiße Markierung oder ohne Markierung). Buslinie 212 ab Port de Sóller über Sóller.

GPS-Wegpunkt 28: 39,78144 2,74015

Wie man hinkommt

Von Sóller nach Pollença

Am Stadtrand von Sóller zweigt die Hauptstraße Richtung Pollença ab, um sogleich mit vielen Serpentinen bergauf zu führen. Der **Mirador de Ses Barques** bietet einen letzten Blick auf das Tal. Dann geht es weiter und weiter nach oben, bis die Straße mit einem kurzen Tunnel die Bergkette Serra de Torrella durchquert. Dahinter, in einer Höhe von über 800 Metern, ist das Herz der Serra de Tramuntana erreicht: Unten liegt der Stausee **Embassament de Cúber**, auf der linken Seite baut sich der **Puig Major** auf. Der mit 1447 Metern höchste Berg Mallorcas ist an der

Pflicht oder nicht?

●●●● *top, unbedingt machen!*
●●● *sollte man erlebt haben*
●● *nette Abwechslung*
● *man versäumt nicht viel*

Der nördliche Tramuntana-Abschnitt ist Mallorcas bestes Wandergebiet, aber auch eine Rundfahrt ist ein großartiges Erlebnis!

Vom Mirador del Torrent de Pareis sieht man in die größte Schlucht der Insel.

Wanderungen

10 Runde um den Tossals Verds

Technik ●●●●●
Kondition ●●●●●

➤ *Seite 218*

Radaranlage auf dem Gipfel zu erkennen. Sie ist auch der Grund dafür, dass der Berg lange Zeit als militärisches Sperrgebiet nicht öffentlich zugänglich war. Inzwischen ist der Aufstieg teilweise gestattet, allerdings sind die Wege anspruchsvoll und für Uneingeweihte kaum zu finden. Für Wanderer hält die Gegend bessere Optionen bereit: Die umgebenden Berge haben einige der absoluten Top-Touren der Insel zu bieten! Nicht weit vom Cúber-Stausee führt die Straße an einem weiteren See entlang, dem **Embassament des Gorg Blau**. So verlockend es auch wäre: Das Baden ist in beiden Gewässern verboten, weil sie als Trinkwasserspeicher dienen.

Die Nordhälfte der Serra de Tramuntana ist Mallorcas größte Wildnis. Das Gebiet ist kaum bewohnt, auf der über 50 Kilometern langen Strecke zwischen Sóller und Pollença passiert man kein einziges Dorf, es gibt nur einige verstreute Häuser. Die steile Felsküste ist vom Land aus nahezu unzugänglich; die einzige Straße, die nördlich von Sóller zum Meer hinunter führt, ist die nach Cala Tuent und Sa Calobra (➤ nächste Doppelseite), wo man den unteren Abschnitt des Torrent de Pareis erreicht. Von einem Aussichtspunkt knapp drei Kilometer nördlich der Abzweigung hat man einen eindrucksvollen Blick auf den oberen Teil dieser Schlucht. Nach dem Kloster Lluc (➤ Seite 95) wird die Landschaft sanfter, abgesehen vom Puig Tomir erreicht hier kein Gipfel mehr die 1000-Meter-Marke.

Spiegelglatte Seen liegen im Herzen der Tramuntana.

Gastronomie gibt es zwischen Sóller und Pollença nur in Lluc und der näheren Umgebung sowie in Sa Calobra und Cala Tuent. Die einzige Tankstelle befindet sich bei Lluc an der Ma-2130 Richtung Inca, kurz nach der Abzweigung nach Pollença. Buslinie 354 zweimal tägl. Port de Sóller-Can Picafort über Pollença und Alcúdia (9:00 und 15:00 Uhr ab Port de Sóller, 10:15 und 16:15 Uhr ab Pollença), die Linie 355 einmal tägl. von Can Picafort über Pollença nach Sa Calobra und zurück. Beide Linien verkehren nicht am Sonntag und nur vom 1.4.-31.10.

GPS-Wegpunkte:
29 (Mirador de Ses Barques): 39,79082 2,72506
30 (Mirador del Torrent de Pareis): 39,82870 2,83718

Wie man hinkommt

Thema: Mönchsgeier

Bei Wanderungen im Tramuntana-Gebiet sieht man mit etwas Glück große Greifvögel am Himmel ihre Kreise ziehen. Es sind Mönchsgeier, die mit einer Flügelspannweite von 2,50-2,90 Metern zu den größten Vögeln Europas zählen. Ihre Art war einst über ganz Südeuropa verbreitet, heute gibt es nur noch geringe Bestände in kleinen, weit auseinander liegenden Gebieten. Zu Beginn der Achtzigerjahre waren die Vögel auch auf Mallorca fast ausgestorben. Inzwischen konnte ihre Zahl durch intensive Schutzbemühungen wieder auf einen stabilen Bestand von etwa 120 Tieren erhöht werden, die in den steilen Hängen der zentralen Tramuntana horsten.

Mönchsgeier gehören zu den größten Vögeln Europas.

Cala de Sa Calobra und Torrent de Pareis

Von den Höhen des Tramuntana-Gebirges führt eine der außergewöhnlichsten und spektakulärsten Straßen Mallorcas zur kleinen Bucht Sa Calobra hinunter. Im Jahr 1932 erhielt der italienische Ingenieur Antonio Paretti den Auftrag, eine Straße zu den wenigen Häusern in der Bucht zu bauen, die bis dahin nur mit dem Boot oder über halsbrecherische Fußpfade erreichbar waren. Die Aufgabe, einen Höhenunterschied von fast 700 Metern auf einer Strecke von nur vier Kilometern Luftlinie zu überwinden, löste er mit dem weitgehend manuellen Abbau von mehr als 30.000 Kubikmetern Fels durch ein Heer von Arbeitern. Mit etlichen Haarnadelkurven steigt das schmale Asphaltband durch die Felswildnis zum Meer hinunter. Der Höhepunkt ist der berühmte „Krawattenknoten", eine Kehre, bei der die Straße sich mit einer Unterführung selbst umrundet. Die Befahrung der 12,5 Kilometer langen Strecke ist ein kleines Abenteuer, das einige Souveränität am Lenkrad verlangt: Im Sommer quälen sich Tag für Tag endlose Kolonnen von Mietautos und etliche Busse die schmale, kurvenreiche Straße hinunter, die mit dem üppigen Verkehr überlastet ist.

Pflicht oder nicht?

- •••• *top, unbedingt machen!*
- ••• *sollte man erlebt haben*
- •• *nette Abwechslung*
- • *man versäumt nicht viel*

Auch wenn es überlaufen ist: Sa Calobra und der Torrent de Pareis gehören zu den großen Sehenswürdigkeiten Mallorcas!

Das Ende ist an der kleinen Bucht **Cala de Sa Calobra** erreicht. Mit ihrem von hohen Felsen eingefassten Kiesstrand und den alten Fischerhütten könnte sie recht charmant sein, wenn sie nicht im Ausflugsverkehr ersticken würde. Die Restaurants haben Kapazitäten für ganze Busladungen und mieses Essen zu überhöhten Preisen. Der Grund für den zeitweise enormen Andrang ist einer

Eine verwegen angelegte Straße führt zum Meer hinunter.

der außergewöhnlichsten Strände Mallorcas: Auf einem gut ausgebauten Fußweg, der durch einen kurzen Tunnel führt, erreicht man in wenigen Minuten das untere Ende des **Torrent de Pareis**. Diese großartige Schlucht mündet hier mit einem nur 25 Meter langen Kiesstrand ins Meer. Die enge Mündung ist von steilen Felswänden eingefasst, direkt dahinter wird das Tal etwas weiter. Die spektakuläre Szenerie ist Motiv zahlloser Fotos und in jedem Fall sehenswert, der Strand ist allerdings in der Regel überfüllt.

Der Torrent de Pareis ist mit einer Länge von etwa 3,3 Kilometern und einer Tiefe von bis zu 200 Metern die größte Schlucht Mallorcas. Übrigens bedeutet der Name nicht „Paradiesschlucht", wie man oft hört, sondern – nicht ganz so romantisch – „Doppelbach", weil sie aus der Vereinigung von Torrent de Lluc und Torrent de Gorg Blau entsteht. Die komplette Durchsteigung ist eine anspruchsvolle Tour mit Klettereinlagen (➤ übernächste Seite). Vom Strand aus kann man aber ganz unkompliziert auf dem ebenen Kiesbett einige hundert Meter weit in die Schlucht hineingehen. Bei sehr starken Regenfällen rauschen hier für kurze Zeit heftige Sturzbäche hindurch; sie hinterlassen flache Tümpel, die man meistens trockenen Fußes umgehen kann. Die Schlucht ist hier recht breit, die Felswände um die 200 Meter hoch. Zahlreiche seltene Tier- und Pflanzenarten leben in diesem außergewöhnlichen Naturraum, regelmäßig zu sehen sind allerdings nur die auf Mallorca häufigen verwilderten Hausziegen. Nach gut 800 Metern endet

Der Torrent endet mit einem schmalen Felsportal.

der leicht begehbare Schluchtteil an einem Tümpel vor großen Felsblöcken. Wer geschickt ist, kann den Tümpel links umgehen und auf diese Art noch ein Stück in den engeren Teil vordringen, je nach Können und Mut stößt man aber mehr oder weniger bald an eine Grenze, an der man besser umkehrt.

Sa Calobra und der Torrent de Pareis sind während der Hauptsaison tagsüber oft ungemütlich überlaufen. Ein guter Tipp ist es daher, erst am späten Nachmittag oder am Abend zu kommen – die Restaurants schließen um 17 Uhr, spätestens dann sind die Massen inklusive der Busse wieder weg, und das Abendlicht strahlt sehr schön in die Mündung der Schlucht hinein. Wer sich die Fahrt über die schmale Straße sparen will, kann Sa Calobra auch von Port de Sóller aus mit den mehrmals täglich verkehrenden Linienschiffen erreichen (➤ Seite 84).

Zwei Kilometer vor Sa Calobra zweigt eine ähnlich enge und kurvige Straße zur Nachbarbucht **Cala Tuent** ab. Hier geht es deutlich ruhiger zu als in Sa Calobra, davon abgesehen ist das Bild ähnlich: Eine enge Bucht mit einem kleinen Kiesstrand und einigen Häusern, darunter auch ein Restaurant – nett, aber kein Muss. Immerhin aber gibt es hier keine Massenabfertigung, die Stimmung ist intim und ziemlich verschlafen. Auf dem Weg dorthin passiert man die einsam in der Landschaft stehende Kirche Església Sant Llorenç, die von den Bewohnern von Sa Calobra und Cala Tuent gemeinsam genutzt wurde und daher auf halbem Weg zwischen den beiden Siedlungen gebaut wurde.

Der untere Teil der Schlucht ist leicht begehbar.

Wie man hinkommt

Vom großen Parkplatz in Sa Calobra (gebührenpflichtig) führt ein 600 Meter langer, gut befestigter Fußweg zur Mündung des Torrent de Pareis. Der Tunnel ist ausreichend beleuchtet. Die Buslinie 355 fährt einmal täglich (außer So, nur 1.4.-31.10.) von Can Picafort über Alcúdia und Pollença nach Sa Calobra und wieder zurück: Can Picafort 9:00 Uhr, Pollença 10:20 Uhr, Ankunft Sa Calobra 12:50 Uhr, zurück um 15:00 Uhr. Mit dem Boot mehrmals täglich ab Port de Sóller.

GPS-Wegpunkt 31: 39,85225 2,80578

Tipp: Durch den Torrent de Pareis

Der Abstieg durch den Torrent de Pareis von der Tramuntana-Straße bis nach Sa Calobra ist eines der großartigsten Abenteuer, die man auf Mallorca erleben kann! Aber eben auch ein Unternehmen, das weit über eine normale Wanderung hinausgeht: Über Stunden müssen große Felsblöcke überklettert werden. Die Oberflächen sind glattpoliert und bieten wenig Halt, oft geht es nur weiter, indem man auf dem Hosenboden hinunterrutscht oder einen bis zwei Meter abwärts springt. Umkehren und zurückgehen ist schon bald nicht mehr möglich. Hinzu kommen weitere Herausforderungen: Im Schluchtgrund gibt es nicht wirklich einen Weg, dem man folgen könnte. Hier und da vorhandene Markierungen helfen zwar ein wenig, trotzdem ist der optimale Verlauf oft nicht erkennbar. Wenn man sich nicht auskennt, findet man sich schnell in einer ungemütlichen Situation wieder. An einigen

Der Abstieg ist eine abenteuerliche Kletterei über große Felsbrocken.

Stellen ist es dringend geraten, ein Seil in die vorhandenen Befestigungen einzuhängen, um sich daran einige Meter nach unten zu hangeln. Darüber hinaus sind die zahlreichen Gumpen nach längeren Regenfällen im Winter oft mit Wasser gefüllt; wenn man Pech hat, muss man hindurchwaten oder sogar schwimmen. Bei sehr starkem Regen kann die Schlucht sogar von gefährlichen Sturzbächen durchströmt werden; auf diese Art sind hier schon einige Menschen ums Leben gekommen. Dass es kein Handysignal gibt, mit dem man einen Notruf absetzen könnte, trägt auch nicht zur Entschärfung der Situation bei.

Es ist durchaus üblich, dass Touristen den Torrent auf eigene Faust durchsteigen, aber davon wird hier abgeraten. Besser und sicherer ist es, sich einer geführten Tour anzuschließen: Es gibt viele Stellen, die eigentlich nicht besonders schwierig sind – wenn man weiß, wie es geht. Der Führer hat ein Seil dabei, er weiß, wo man es einhängen muss und kennt auch sonst alle Tricks, um sicher nach unten zu kommen. Außerdem ist bei den organisierten Touren der Rücktransport von Sa Calobra zum Ausgangspunkt beim Restaurant Escorca an der Ma-10 inkludiert, was vieles einfacher macht.

Auch mit einer Führung ist der Abstieg durch den Torrent de Pareis eine wilde Nummer, die sich nur geländegewandte und abenteuerlustige Menschen zutrauen sollten. Absolute Trittsicherheit ist unbedingt nötig. Am Anfang steigt man etwa eine Stunde lang auf einem steilen, steinigen Pfad abwärts, ehe die eigentliche Schlucht beginnt. Die gesamte Tour dauert mit einigen Pausen normalerweise um die fünf Stunden, ist konditionell aber nicht besonders fordernd, da es ja nur nach unten geht. Achten Sie auf die richtigen Schuhe: Manche schwören auf Turnschuhe, andere fühlen sich mit Wanderstiefeln wohler. Entscheidend ist eine Sohle mit guter Felsgriffigkeit! Wanderstöcke sind nicht hilfreich und wären an vielen Stellen hinderlich. Im Sommer kann es in der Schlucht sehr heiß werden, nehmen Sie dann unbedingt reichlich Wasser mit!

Deutschsprachig geführte Touren (mit eigener Anreise oder Transfer ab Peguera) veranstalten u.a. Patrick John und Britt Weykam von Mar y Roc. www.maryroc.de, Tel. 0034 971 940 941

Santuari de Lluc

Das Santuari de Lluc (gesprochen „Juk“) ist eines der religiösen Zentren Mallorcas und ein historisches Gebäude von hohem Rang. Im Deutschen wird es meistens als Kloster bezeichnet, was aber nicht ganz richtig ist, denn hier haben niemals Mönche oder Nonnen gelebt – im Katalanischen nennt man es „Santuari“, also „Heiligtum“. Die Geschichte von Lluc reicht weit zurück: Archäologische Funde aus der näheren Umgebung deuten darauf hin, dass es hier bereits in vorgeschichtlicher Zeit eine Kultstätte gegeben hat. 1230, im Jahr nach der Eroberung Mallorcas durch den christlichen König Jaume I., stand hier bereits eine Kapelle, aus der sich eine Einsiedelei entwickelte. Erste Belege für Wallfahrten gibt es aus dem Jahr 1273.

Pflicht oder nicht?

- •••• *top, unbedingt machen!*
- ••• *sollte man erlebt haben*
- •• *nette Abwechslung*
- • *man versäumt nicht viel*

Lluc ist ein besonderer Ort, an dem Geschichte spürbar wird. Ein Besuch ist in jedem Fall ein Erlebnis!

Zentrum der Verehrung ist die Madre de Déu de Lluc, die Gottesmutter von Lluc. Die Gründungslegende besagt, dass diese Marienstatue aus schwarzem Stein kurz nach der Reconquista hier von einem Hirtenjungen gefunden wurde und den Ausschlag für die Wahl des Ortes gab. Über Jahrhunderte machte sie Lluc zum wichtigsten Wallfahrtsziel Mallorcas. Doch ist das Kloster nicht nur der religiöse Mittelpunkt der

Die Kirche von Lluc ist das wichtigste Wallfahrtsziel Mallorcas.

Insel, es ist auch ein wichtiges Element der regionalen Identität der Mallorquiner und heute ein beliebtes Ausflugsziel. Das liegt natürlich auch an der einzigartigen Lage in der Einsamkeit des nördlichen Tramuntana-Gebirges, umgeben von hohen Bergen. Die Umgebung von Lluc ist eines der besten Wandergebiete Mallorcas, daher haben gleich vier der in diesem Buch beschriebenen Wanderungen hier ihren Ausgangspunkt haben.

Das Santuari ist ein geschlossener Gebäudekomplex mit der Wallfahrtskirche als Mittelpunkt. Darüber hinaus gibt es ein Internat, eine Herberge und ein Museum. Man betritt das Gelände auf der weitläufigen **Plaça dels Peregrins**, dem Pilgerplatz. Der Blick fällt auf das eher schlichte Hauptgebäude, die Kirche ist von hier aus noch nicht zu sehen. Der sternförmige Brunnen in der Mitte wurde 1589 als Tränke für die Reit- und Lasttiere erbaut. Aus derselben Zeit stammt das langgestreckte Gebäude mit dem offenen Laubengang auf der rechten Seite, das „Els Porxets“ genannt wird: Es diente der Unterbringung der Pilger und ihrer Reittiere. Durch den Haupteingang betritt

Die Pilgerquartiere aus dem 16. Jahrhundert sind erhalten geblieben.

Der Brunnen auf der Plaça diente als Tränke.

man den Innenhof, der von der 1920 aufgestellten Statue des Bischofs Pere-Joan Campins beherrscht wird. Erst hier sieht man die Fassade der in den Komplex integrierten **Kirche**, die von 1622 bis 1691 erbaut wurde. Auch der barocke Hochaltar stammt aus dem 17. Jahrhundert, der größte Teil der Innenausstattung mit verschwenderischen Vergoldungen kam aber erst Anfang des 20. Jahrhunderts nach einem Entwurf von Antoni Gaudí hinzu. Das Altarbild zeigt die Gottesmutter von Lluc, deren Statue aus dunklem Gestein in einer Kapelle hinter dem Altar zu sehen ist.

Das **Museum** im Hauptgebäude hält eine kleine archäologische Sammlung mit Funden der Umgebung bereit, dazu religiöse und kunsthandwerkliche Gegenstände sowie Gemälde mit regionalem Bezug aus vier Jahrhunderten. Da die Exponate kaum erklärt werden, lohnt es sich aber nicht wirklich. Im Eintrittspreis ist auch ein als „3D-Audio-Erlebnis" angepriesener Kurzfilm enthalten, der die Eindrücke einer historischen Pilgerreise darzustellen versucht, aber ebenfalls nicht wirklich überzeugen kann. Nur das Museum und diese Filmvorführung kosten Eintritt, Innenhof und Kirche sind frei zugänglich.

Der botanische Garten ist im Stil eines Klostergartens angelegt.

Wanderungen

11 Runde um den Puig Roig
Technik ●●●○○
Kondition ●●●●○
➤ *Seite 222*

12 Kleine Rundwanderung um Lluc
Technik ●●○○○
Kondition ●●○○○
➤ *Seite 228*

13 Überschreitung der Massanella
Technik ●●●●○
Kondition ●●●●○
➤ *Seite 233*

14 Auf den Puig Tomir
Technik ●●●●○
Kondition ●●●○○
➤ *Seite 239*

Verlässt man die Plaça dels Peregins nach rechts, findet man den **botanischen Garten**. Die hübsche, allerdings ziemlich kleine Anlage im Stil eines Klostergartens zeigt mehr als 200 Pflanzenarten, darunter auf Mallorca heimische Heilpflanzen und traditionelle Obstbäume. Auf der gegenüberliegenden Seite führt ein gepflasterter Treppenweg in wenigen Minuten zu der von einem Kreuz gekrönten Anhöhe **Pujol del la Trobada**, die einen schönen Blick von oben auf den Komplex erlaubt.

Neben den Baudenkmälern hat Lluc noch eine immaterielle Besonderheit zu bieten: den Kinderchor **„els Blauets"**. Der Chor existiert seit mindestens 1531 und war die meiste Zeit hindurch ein Knabenchor. Heute setzt er sich aus Schülern des hiesigen Internats zusammen und besteht mehrheitlich aus Mädchen. „Die Blauen", wie sie nach ihrer Tracht genannt werden, singen täglich von Montag bis Freitag im Rahmen einer etwa 20 Minuten dauernden Zeremonie, am Sonntag während der Messe. Doch hier ist es keine Touristenshow, sondern eine lebendige, seit Jahrhunderten gepflegte Tradition – und eine Gelegenheit für eine kleine, besinnliche Auszeit aus dem touristischen Alltag.

Die lange Tradition der Gastlichkeit wird bis heute fortgeführt: Die Hostatgeria vermietet schlichte Hotelzimmer, ein Café und drei Restaurants (eins im Gebäude und zwei am Parkplatz) sorgen für das leibliche Wohl. Außerdem gibt es einen winzigen Lebensmittelladen, den einzigen zwischen Sóller und Pollença. Die Übernachtung im Kloster ist eine großartige Option für Wanderer, weil man von hier aus viele Unternehmungen ohne Anreise und Verzögerung starten kann. Wenn man ohne Auto unterwegs ist, werden die großen Touren in der Umgebung dadurch überhaupt erst möglich: Die Linienbusse fahren nur zweimal täglich, das Zeitfenster dazwischen ist für eine ausgedehnte Wanderung nicht ausreichend.

Die Kirche erstrahlt in opulentem Goldschmuck.

Parkgebühr 6,00 € für den ganzen Tag, bei Besuch des Museums kostenlos. Mit dem Bus: Linie 354 zweimal tägl. von Port de Sóller und Can Picafort (über Port d'Alcúdia und Pollença) nach Lluc (9:00 und 15:00 Uhr ab Port de Sóller und Can Picafort, Rückfahrt um 16:00 Uhr nach Can Picafort und 16:45 Uhr nach Port de Sóller). Linie 355 einmal tägl. von Can Picafort über Pollença nach Lluc, weiter nach Sa Calobra und zurück (S. 93). Beide Linien verkehren nicht am Sonntag und nur vom 1.4.-31.10. Linie 330 von Palma über Inca (2-3 Fahrten an allen Tagen, ganzjährig).

Museum: *tägl. 10:00-17:00 Uhr, Eintritt 3,00 €.* ***Botanischer Garten:*** *rechts vom Hauptgebäude. Tägl. 10:00-13:00 und 15:00-18:00 Uhr. Eintritt frei, es wird um eine Spende gebeten.* ***Auftritt des Chors:*** *Mo-Fr 13:15 Uhr (am Ende der um 12:45 Uhr beginnenden Messe), So 11:00 Uhr (außer zur Ferienzeit) in der Kirche.*

Weitere Informationen sowie Online-Buchung für Zimmer unter www.lluc.net, Tel. 0034 971 871 525

GPS-Wegpunkt 32: 39,82151 2,88453

Wie man hinkommt

Coves de Campanet

In der Karstlandschaft Mallorcas gibt es zahllose Höhlen, von denen einige als Schauhöhlen öffentlich zugänglich sind. Die Coves de Campanet sind eine der schönsten davon. Dennoch geht es hier ausgespro-

Faszinierende Tropfsteine bedecken fast jeden Fleck.

Pflicht oder nicht?

- •••• top, unbedingt machen!
- ••• sollte man erlebt haben
- •• nette Abwechslung
- • man versäumt nicht viel

Eine der schönsten Höhlen Mallorcas, dennoch ein angenehm ruhiges Ausflugsziel ohne viel Trubel.

chen ruhig zu, denn anders als die sehr bekannten und entsprechend überlaufenen Höhlen von Portocristo (➤ Seite 138) wird die Höhle von Campanet nicht von Busausflügen angesteuert. Dabei lohnt sich der Besuch in jedem Fall: Mit einer Gesamtlänge von mehreren hundert Metern ist sie recht groß, und die Ausstattung an Tropfsteinen in unterschiedlichsten Formen ist überwältigend! Seit schätzungsweise vier Millionen Jahren löst hier das durch den Fels sickernde Wasser das Kalkgestein, es erschafft Hohlräume und baut die typischen Höhlenerscheinungen wie Stalagmiten, Stalaktiten und Sinterterrassen auf. Nahezu jeder Fleck ist durch die Ergebnisse dieser langwierigen geologischen Aktivität bedeckt, bei genauerem Hinsehen entdeckt man immer neue faszinierende Details.

Die unterirdische Wunderwelt wurde erst 1945 entdeckt, als an dem sehr kleinen natürlichen Eingang ein Luftzug auffiel. Für den Ausbau als Schauhöhle wurde ein größerer künstlicher Eingang geschaffen und ein weitgehend ebener Betonweg gebaut. Die Höhle kann im Rahmen einer Führung (normalerweise auf Englisch, bei Bedarf wird alles auf Deutsch wiederholt) besucht werden. Angenehm fällt auf, dass die Führung recht persönlich ist und man die Höhle ohne kitschige Lichteffekte, Musikbeschallung oder andere Inszenierungen wirken lässt. Draußen gibt es eine kleine Gartenanlage und ein hübsches Café, in dem man mögliche Wartezeiten überbrücken kann.

Wie man hinkommt

Abfahrt 37 von der Autobahn Palma-Alcúdia (ca. 10 km nördlich von Inca), von dort beschildert. Aus Richtung Selva: Am Ortseingang von Campanet links Richtung „Ses Coves“, rechts Richtung Monaber Nou, dann wieder links der Beschilderung folgend. Busse nur bis Campanet (Linie 333 ab Inca), von dort noch 3 km.

Täglich 10:00-19:00 Uhr. Führungen nach Bedarf, normalerweise alle 1-2 Stunden, Dauer um 40 min. Eintritt 13,50 €. Der Weg ist eben und leicht begehbar, die Temperatur beträgt das ganze Jahr über etwa 23 Grad.

www.covesdecampanet.com, Tel. 0034 971 516 130

GPS-Wegpunkt 33: 39,79218 2,96883

Teil 3

Der Norden

Im Norden gibt es die ausgedehntesten Strände Mallorcas und einige der größten Ferienorte. Doch hat die Gegend auch viele Sehenswürdigkeiten zu bieten: Mit Pollença und Alcúdia befinden sich hier die beiden schönsten historischen Kleinstädte, und die weit ins Meer hinausgreifenden Halbinseln von Formentor und Victória gehören mit ihren dramatischen Felsküsten und versteckten Buchten zu den interessantesten Landschaften der Insel.

Península de Formentor
Seite 107

Península de la Victòria
Seite 115

Alcúdia
Seite 111

Pollença
Seite 102

Port d'Alcúdia
Seite 116

Can Picafort
Seite 121

Inca

Artá

Palma

Manacor

S'Albufera de Mallorca
Seite 118

Portocristo

Son Real
Seite 123

Santanyí

Pollença

Die Kleinstadt Pollença (gesprochen „Pojenza“) am nördlichen Ende des Tramuntana-Gebirges gehört zu den schönsten historischen Städten Mallorcas und hat sich ein einzigartiges Flair bewahrt! Vermutlich wurde Pollença im 5. Jahrhundert durch die von den Vandalen vertriebenen Bewohner der bei Alcúdia gelegenen Römersiedlung Pollentia (➤ Seite 111) gegründet, was auch die Namensähnlichkeit erklären würde. 1552 wurde die Stadt bei einem Piratenangriff völlig niedergebrannt und danach im Renaissancestil neu aufgebaut. Das Stadtbild dieser Zeit hat sich bis heute im Wesentlichen erhalten, so dass das Zentrum mit den aus hellbraunem Naturstein erbauten Häusern sehr harmonisch und geschlossen wirkt. Da sich die Entwicklung des Tourismus im einige Kilometer entfernten Küstenort Port de Pollença abspielte, blieb die Altstadt von modernen Bausünden verschont. Im weitläufigen historischen Zentrum gibt es zahllose kleine Gassen, die zu einem ausgedehnten Bummel ein-

Pflicht oder nicht?

- •••• *top, unbedingt machen!*
- ••• *sollte man erlebt haben*
- •• *nette Abwechslung*
- • *man versäumt nicht viel*

Pollença ist die wohl schönste Kleinstadt Mallorcas und hat sich eine außergewöhnliche Atmosphäre bewahren können!

Das historische Zentrum ist weitgehend erhalten geblieben.

laden. Zwischendurch kann man sich in einem der vielen Straßencafés niederlassen. Auch wenn an manchen Stellen derart viele Tische stehen, dass man kaum mehr durchkommt, wirkt Pollença weniger touristisch vereinnahmt als das nahe Alcúdia (➤ Seite 111).

Die Plaça Major ist das lebhafte Herz der Stadt.

In den engen Gassen stößt man immer wieder auf intime Plätze mit einer Atmosphäre südländischer Entspanntheit. Der größte ist die **Plaça Major**, das lebhafte Herz der Stadt. Am Sonntag findet hier ein populärer und sehr hübscher Markt statt, an den übrigen Tagen sind mehrere Straßencafés beliebte Treffpunkte. Die Plaça wird von der mächtigen Fassade der **Església Nostra Senyora dels Àngels** bestimmt, Pollenças Hauptkirche. Sie gehörte ursprünglich zusammen mit dem gesamten Häuserblock dem Templerorden, der im 13. Jahrhundert von König Jaume II. für seine militärische Unterstützung während der Reconquista belohnt wurde. Nach der Zerschlagung des Ordens ging die Kirche 1312 an die Johanniter über. Aus dieser Zeit sind aber höchstens die Grundmauern erhalten, das heutige Gebäude stammt aus dem 18. Jahrhundert. Durch nur wenige, kleine Fenster fällt Licht in den Innenraum, im mystischen Dunkel erstrahlt geheimnisvoll der opulente Barockaltar von 1754. Über dem Hauptportal befindet sich ein eindrucksvolles Rosettenfenster, das Deckengewölbe wurde Anfang des 20. Jahrhunderts mit Darstellungen der Passion Christi versehen.

Der Innenraum der Kirche ist von mystischem Dunkel erfüllt.

Die Straßen in der Nachbarschaft der Kirche sind die lebhaftesten der Stadt. In der südwestlich verlaufenden **Carrer de l'Ombra** findet man weitere gastronomische Angebote, während die nach Nordosten führende **Carrer Costa i Llobera** eher eine Einkaufsstraße ist. Dort kommt man an der winzigen **Plaça de l'Almoina** vorbei, die mit den Tischen eines Straßencafés derart zugestellt ist, dass man ihre Besonderheit leicht übersieht: der skurrile, an eine große Amphore erinnernde Hahnenbrunnen von 1827.

Geht man von der Plaça Major bergauf, steht man bald vor der zweiten großen Kirche Pollenças, der **Església Monti-sion**. Sie wurde Anfang des 18. Jahrhunderts durch den Jesuitenorden erbaut und ist normalerweise nicht zugänglich. Ein Stück links davon befindet sich die **Plaça dels Seglars**, an der Pollenças Schmuckstück beginnt: die Treppe auf den **Puig del Calvari**, den Kalvarienberg. Unten wird sie von alten Häusern flankiert, der obere Teil ist eine von Zypressen gesäumte Allee. Nach 365 Stufen bildet eine kleine Kirche den Abschluss. Die Anlage strahlt eine schlichte Erhabenheit aus, einen schöneren Treppenaufgang wird man auf Mallorca kaum finden!

Etwas außerhalb des Zentrums, am nördlichen Stadtrand, überspannt die **Pont Romá** das meist trockene Bachbett des Torrent de Sant Jordi. Sie heißt „römische Brücke“, weil sie noch aus der Römerzeit stammen soll; sicher ist das jedoch nicht, sie könnte auch aus dem Mittelalter sein. Sehr alt ist die Brücke zweifellos, dennoch lohnt das zwar berühmte, aber doch ziemlich bescheidene Bauwerk nicht wirklich den Weg durch das ansonsten uninteressante Viertel.

Auf den Kalvarienberg führt die vielleicht schönste Treppe Mallorcas.

Die berühmte Pont Romá ist ein eher bescheidenes Bauwerk.

In der ersten Hälfte des 20. Jahrhunderts war Pollença eines von Mallorcas Künstlerzentren: Einheimische und zugezogene Maler ließen sich von Stadt und Landschaft inspirieren und pflegten einen kreativen Austausch. In die Annalen der Kunstgeschichte ist keiner von ihnen eingegangen, dennoch haben einige einen bemerkenswerten Stil entwickelt, wie etwa Dionìs Benàssar (1904-1967). In der **Casa Museu Dionìs Benàssar**, seinem ehemaligen Wohnhaus, wird eine große Sammlung seiner farbkräftigen Werke gezeigt. Das **Museu Municipal** im ehemaligen Dominikanerkloster Convent de Sant Domingo am südlichen Stadtrand verfügt über eine Sammlung des Malers Atilio Boveri, hinzu kommen hier eine größere Abteilung mit zeitgenössischer Malerei und einige prähistorische Funde aus der Umgebung. Außerdem ist durch das Museum der sehr schöne Kreuzgang des Klosters zugänglich. Direkt nebenan befindet sich die kleine Parkanlage **Jardins Joan March Severa** mit dem Wehrturm Torre des Can Desbrull, der als einziger Teil eines mittelalterlichen Herrenhauses erhalten blieb.

Wie man hinkommt

Es gibt einen großen kostenlosen Parkplatz am südlichen Stadtrand (Carrer Cecilio Metelo). Von dort erreicht man das Zentrum durch die Carrer de Sant Domingo (rechts am Spielplatz vorbei) in wenigen Minuten. Das Befahren der Altstadtgassen ist zwar erlaubt, aber nicht sinnvoll. Beim Parkplatz befindet sich auch die zentrale Bushaltestelle (Carrer Cecili Metel 69, Linie 340 alle 1-2 h nach Palma, Linie 345 nach Port de Pollença, dort Anschluss an weitere Linien). Busse nach Lluc (Linien 354 und 355) halten an der Durchgangsstraße Ma-10 am nördlichen Stadtrand.

Església Nostra Senyora dels Àngels: *tägl. 11:00-13:00 und 15:00-17:00 Uhr. Es wird um eine Spende gebeten.*

Museu Dionìs Benàssar: *Carrer Roca 14. Tägl. außer Mo 10:00-14:00 Uhr, Eintritt 2,00 €, Kinder bis 13 frei.*

Museu Municipal: *Im Dominikanerkloster. Juni-Sept. Di-Sa 10:00-13:00 und 17:30-20:30 Uhr, im Winter nur vormittags. Eintritt 3,00 €.*

GPS-Wegpunkte

Plaça Major	*POL01*	*39,87708*	*3,01641*
Església Monti-sion	*POL02*	*39,87857*	*3,01505*
Plaça dels Seglars	*POL03*	*39,87789*	*3,01470*
Kalvarienbergtreppe	*POL04*	*39,87850*	*3,01407*
Römische Brücke	*POL05*	*39,88256*	*3,01505*
Museu Dionìs Benàssar	*POL06*	*39,87923*	*3,01739*
Museu Municipal	*POL07*	*39,87543*	*3,01593*
Jardins Joan March Severa	*POL08*	*39,87584*	*3,01608*
Parkplatz und Bushaltestelle	*POL09*	*39,87418*	*3,01716*

Península de Formentor

Östlich von Pollença liegt der nette und ruhige Ferienort **Port de Pollença** mit schönem Strand im Zentrum und überwiegend britischem Publikum. Dahinter steigt die Straße zur Península de Formentor an. Die von einer eindrucksvollen Felsküste und fast 400 Meter hohen Bergen geprägte Landzunge erstreckt sich etwa 13 Kilometer weit Richtung Nordosten und endet am **Cap de Formentor**, Mallorcas nördlichstem Punkt. Der 1863 in Betrieb genommene Leuchtturm gehörte lange Zeit zu den einsamsten Orten der Insel: Bis zur Fertigstellung der Straße 1951 war er nur über einen gepflasterten Pfad erreichbar, dessen Reste man auf der Fahrt noch an einigen Stellen sehen kann. Heute gehört die Halbinsel zu den beliebtesten und meistbesuchten Ausflugszielen Mallorcas, und natürlich will jeder auch mal am Kap gewesen sein. Mit oft unangenehmen Folgen: Die Parkmöglichkeiten sind dem Ansturm in keinster Weise gewachsen, viele Besucher kommen nicht einmal dazu, ihr Fahrzeug zu verlassen.

Den besten Blick hat man ohnedies bereits am Anfang der Straße, beim **Mirador de Colomer** (auch *Mirador de Creueta*) etwa

Pflicht oder nicht?

- •••• *top, unbedingt machen!*
- ••• *sollte man erlebt haben*
- •• *nette Abwechslung*
- • *man versäumt nicht viel*

Den Blick vom Mirador de Colomer sollte man sich in jedem Fall gönnen! Strände und Kap sind weniger interessant und sehr überlaufen.

Das Cap de Formentor ist der nördlichste Punkt Mallorcas.

3,5 Kilometer hinter Port de Pollença. Die Anlage besteht aus mehreren Aussichtspunkten, die durch einen kurzen gepflasterten Weg miteinander verbunden sind. Neben der Mauer geht es nahezu senkrecht abwärts. Der Blick vom Mirador gehört zu den meistfotografierten Motiven der Insel: Vor allem abends, wenn das Licht der tiefstehenden Sonne auf die Steilküste fällt, ist die Szenerie atemberaubend! Gegenüber führt ein schmales, kurviges Sträßchen hinauf zum Wachturm **Talaia d'Albercuix**, der im 16. Jahrhundert als Teil eines Frühwarnsystems gegen Piratenangriffe erbaut wurde (➤ Seite 56). Der Platz war gut gewählt, bietet er doch einen Rundumblick über den gesamten Nordwesten Mallorcas.

Die Straße führt nun wieder bis auf Meeresniveau abwärts und streift die **Platja Formentor**. Größe und Preisniveau des Parkplatzes deuten bereits darauf hin, dass der Strand ausgesprochen populär ist. Von Port de Pollença und Port d'Alcúdia fahren regelmäßig Schiffe hierher, an der Anlegestelle gibt es eine große, modern gestylte Bar. Der hübsche, von Kiefern beschattete Sandstrand ist mehrere hundert Meter lang, aber ziemlich schmal und oft überfüllt. Ein Stück oberhalb befindet sich das Hotel Formentor, einer der

Einer der schönsten Aussichtspunkte Mallorcas: Mirador de Colomer.

Klassiker Mallorcas: Als das Hotel 1929 fertiggestellt wurde, zählte es zu den besten Häusern der Insel, Charlie Chaplin, Winston Churchill und andere große Namen zieren die historischen Gästelisten.

Von der Platja Formentor aus steigt die Straße wieder an und schlängelt sich durch die Bergwelt der Halbinsel. Zwischendurch bieten sich die hübsch gelegenen Buchten **Cala Figuera** und **Cala Murta** für einen Stopp an. Die nach Norden gerichtete Cala Figuera ist mit einem zehnminütigen Weg über einen steilen Pfad zu erreichen und sehr beliebt, obwohl der grobkiesige Strand inmitten der doch etwas kargen Landschaft nicht wirklich aufregend ist. Zur Cala Murta läuft man etwas länger, aber bequemer auf einem Asphaltsträßchen. Auch hier gibt es nur einen Kiesstrand, dafür ist die nach Osten ausgerichtete und von Kiefernwäldern umgebene kleine Bucht deutlich schöner als die Cala Figuera. Am Strand befindet sich die Finca Cala Murta, ein Zentrum für Jugendfreizeiten. Nach insgesamt etwa 18 Kilometern endet die Straße schließlich am **Leuchtturm**, der noch einmal eine schöne Aussicht bietet – sofern man das Auto irgendwo unterbringen kann: Die Zahl der Stellplätze ist hier sehr knapp und meistens nicht ausreichend.

Die Platja Formentor ist der meistbesuchte Strand der Halbinsel.

Deutlich einsamer ist die abgelegene Cala Murta.

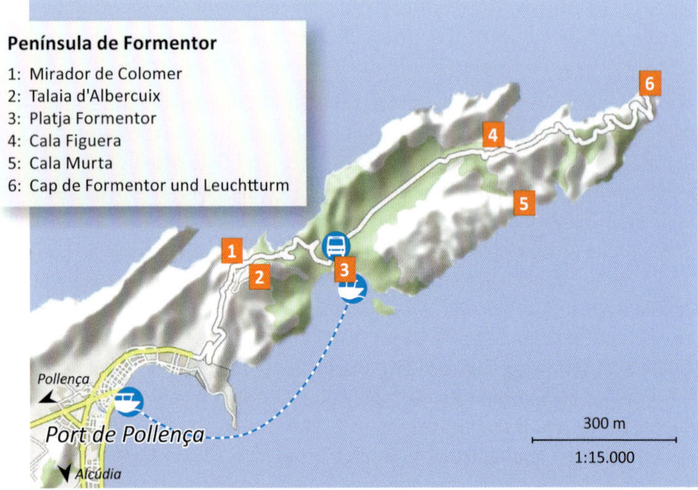

Wie man hinkommt

Ab Port de Pollença beschildert. Parkplatz an der Platja Formentor gebührenpflichtig (5,00 € pro Tag), alle anderen Parkplätze auf der Halbinsel sind kostenfrei. Buslinie 353 4x tägl. (nicht am So und nur 1.4.-31.10.) ab Can Picafort über Port d´Alcúdia bis Platja Formentor. Kein Halt am Aussichtspunkt, keine Busverbindung zum Kap. Regelmäßiger Schiffsverkehr ab Port de Pollença und Port d'Alcúdia zur Platja Formentor.

Cala Figuera: *Einfahrt zum Parkplatz links zwischen zwei Mauern bei km 13. Von dort etwa 10 min auf einem steilen, steinigen Pfad abwärts. Feste Schuhe sind nötig! Benutzen Sie für den Rückweg nicht die von der Bucht wegführende Fahrpiste, sie trifft weit vom Parkplatz entfernt auf die Straße.*

Cala Murta: *Gleicher Parkplatz wie Cala Figuera. Von dort 150 m auf der Straße Richtung Port de Pollença, dann hinter der Häusern links in eine kleine Fahrstraße (beschildert). Ca. 25 min Fußweg.*

GPS-Wegpunkte:

34 (Mirador de Colomer):	39,92891	3,11045
35 (Platja Formentor):	39,92793	3,13446
36 (Cala Figuera):	39,95207	3,17303
37 (Cala Murta):	39,94035	3,18028
38 (Leuchtturm):	39,96115	3,21216

Alcúdia

Das Zentrum von Alcúdia ist ein einzigartiges Denkmal des historischen Mallorca, und zu Recht gilt die kleine Stadt als eine der schönsten der Insel. Alcúdia war über Jahrhunderte eine bedeutende Handelsstadt und Wohnort zahlreicher Aristokraten und Kaufleute, deren prachtvolle Paläste bis heute das Stadtbild bestimmen. Einzigartig auf Mallorca ist die größtenteils erhalten gebliebene mittelalterliche Stadtmauer, die das historische Zentrum wie ein Schutzwall gegen die Veränderungen der Zeit zu umschließen scheint. Selbst die Beeinträchtigung durch umgebende Neubaugebiete ist weitgehend ausgeblieben, weil sich die moderne Stadtentwicklung auf das nahegelegene Port d'Alcúdia konzentrierte. Als ausgesprochen beliebtes Ausflugsziel ist die Stadt natürlich nicht völlig von touristischer Vereinnahmung verschont geblieben; immerhin haben die zahlreichen Geschäfte, Cafés und Restaurants aber ein gewisses Niveau. Mit einigen kleinen Boutiquehotels in historischen Häusern gibt es inzwischen auch hochklassige Übernachtungsmöglichkeiten im Altstadtbereich.

Pflicht oder nicht?

•••• top, unbedingt machen!
••• sollte man erlebt haben
•• nette Abwechslung
• man versäumt nicht viel

Alcúdia gehört zu den schönsten Städten Mallorcas. Das von der Mauer umgebene Zentrum ist einzigartig!

Die Geschichte Alcúdias reicht weit zurück: Schon die Römer errichteten hier kurz nach ihrer Eroberung der Insel im Jahr 123 vor Christus die Siedlung Pollentia. Sie war jahrhundertelang die größte und be-

In den Gassen Alcúdias scheint die Zeit stehen geblieben zu sein.

deutendste Ortschaft Mallorcas, bis sie im 5. Jahrhundert, nach dem Zusammenbruch des Römischen Reiches, aufgegeben wurde. Im 10. Jahrhundert gründeten die Araber neben der inzwischen verfallenen Römerstadt eine neue Siedlung, die sie nach der Lage auf einer Anhöhe *al-kudia* nannten, „der Hügel". Nach der christlichen Eroberung Mallorcas wuchs die Stadt weiter. Um sie vor den häufigen Überfällen maurischer Piraten zu schützen, begann man um 1300 mit dem Bau der Mauer. Die wahre Blütezeit Alcúdias folgte jedoch erst nach der Verleihung der Stadtrechte im Jahr 1523; viele Gebäude, die heute zu sehen sind, stammen noch aus dieser Epoche, in der sich der Reichtum der Kaufleute hier manifestierte.

Die **Porta de Sant Sebastià** ist quasi der Haupteingang, denn hier endete die von Palma kommende Straße. Der mächtige Torbau ist ein schöner Ausgangspunkt für einen Stadtrundgang: Die Hauptstraße Carrer Major führt von hier aus an vielen prachtvollen Palästen vorbei zur Casa Consistorial, dem Rathaus an der kleinen **Plaçeta de les Verdures**, und weiter zum zentralen Hauptplatz, der **Plaça de la Constituciò**. Folgt man der Carrer del Moll geradeaus, erreicht man bald die **Porta del Moll** an der gegenüberliegenden Stadtgrenze. Das historische Osttor steht etwas verloren auf der Plaça de Carles V., weil die Stadtmauer in diesem Bereich nicht mehr existiert. Auf der anschließenden Plaça Mare de Deu de la Victória, die sich als langgestrecktes Rechteck Richtung Südosten zieht, findet jeden Dienstag und Sonntag am Vormittag ein Markt statt. Die **Església de Sant Jaume** ist die einzige Kirche Alcúdias. Anders als man es erwarten sollte befindet sie sich nicht im Zentrum, sondern, in die Mauer integriert, am südlichen Stadtrand.

Die Plaça de la Constituciò wird durch Straßencafès belebt.

Sie wurde 1882-1893 nach dem Einsturz der ursprünglichen Kirche aus dem 14. Jahrhunderts errichtet. Ein kleines Museum mit religiösen Kunstgegenständen ist angeschlossen.

Die Stadtmauer ist ein einzigartiges Zeugnis der Vergangenheit.

Das historische Zentrum ist mit einem Durchmesser von rund 400 Metern nicht sehr groß, so dass man in kurzer Zeit alles ansehen kann. Die schönsten Gassen finden sich im Bereich südlich der Carrer Major, außerdem ist dieses Viertel komplett autofrei. Hier kann man an vielen Häusern die typische Fenstergestaltung der Renaissancezeit erkennen, etwa an der **Can Fondo** in der Carrer d'en Serra 13. In den größeren Straßen gibt es Kunsthandwerksläden, Galerien und Restaurants, so dass die Altstadt auch abends recht belebt ist. Zu einem Rundgang gehört aber natürlich auch ein Bummel über die **Stadtmauer**, die im nordwestlichen Bereich begehbar ist.

Südlich der Stadt, etwas außerhalb auf freiem Feld, befindet sich die archäologische Stätte **Ciutat Romana de Pol·lèntia**. Hier graben Archäologen die römische Siedlung aus, die der Ursprung Alcúdias war. Es ist die wichtigste archäologische Stätte aus römischer Zeit auf Mallorca und die einzige, die für Touristen zugänglich ist. Es gibt drei kleine Ausgrabungszonen, die jeweils einige hundert Meter voneinander entfernt sind: Als erstes erreicht man die ehemalige Wohnsiedlung *La Portella*, in der die Grundmauern dreier Wohnhäuser und die geometrische Straßenanlage erkennbar sind. Ein Stück weiter folgt das Forum, das als zentraler Markt- und Versammlungsplatz

In der römischen Epoche war Pol·lèntia die größte Stadt Mallorcas.

das soziale Zentrum der Siedlung war, und schließlich das Theater, dessen typische Anlage mit bogenförmigen Sitzreihen gut erhalten ist. Eine passende Ergänzung ist der Besuch des kleinen **Museu Monogràfic de Pol·lèntia** neben der Kirche, das einige Fundstücke zeigt. Die Beschriftungen sind katalanisch, man bekommt aber ein Faltblatt mit deutscher Übersetzung.

Wie man hinkommt

Es gibt einen großen, kostenlosen Parkplatz an der Umgehungsstraße bei der Kirche. Von dort aus sind Zentrum und Ausgrabungsgelände leicht zu erreichen. Buslinie 351 ab Palma, zahlreiche weitere Linien nach Port d'Alcúdia und Can Picafort.

Weitere Informationen unter www.alcudiamallorca.com.

***Kirche und Pfarrmuseum**: Mai-Oktober Mo-Sa 10:00-13:00 Uhr, Eintritt 1,00 €.*

*Ausgrabungsgelände **Ciutat Romana de Pol·lèntia:** Eingang am Parkplatz bei der Kirche. Di-Sa 9:30-20:30 Uhr (im Winter nur bis 16:00 Uhr), So 10:00-14:00 Uhr, Mo geschl. Eintritt 3,00 €, gilt auch für das **Museu Monogràfic** gegenüber der Kirche (gleiche Öffnungszeiten). www.pollentia.net, Tel. 0034 971 897 102*

GPS-Wegpunkt 39 (Parkplatz): 39,85091 3,12097

Península de la Victòria

Östlich von Alcúdia erstreckt sich die bergige und locker bewaldete Península de la Victòria als kleineres Gegenstück zur Formentor-Halbinsel in Richtung Nordosten. Der äußere Teil der Halbinsel und das Cap de Pinar sind als militärisches Sperrgebiet nicht öffentlich zugänglich, der landeinwärts gelegene Teil aber ist ein schönes Wandergebiet. Von Alcúdia aus führt eine Straße vorbei an einer kleinen Feriensiedlung und dem Kiesstrand **Platja de s'Illot**, dem malerisch eine winzige Felsinsel vorgelagert ist. Die Strandbar ist eine romantische Option am Abend: Dann ist es hier schön ruhig, und die tiefstehende Sonne scheint direkt auf den Strand.

Die Straße endet an der **Ermita de la Victòria**. Die einsam im Wald oberhalb der Küste gelegene Kirche ist ein beliebtes Ausflugsziel mit Aussichtsterrasse und einem Restaurant. Schon im 13. Jahrhundert befand sich hier eine Einsiedelei. Das heutige Ge-

Pflicht oder nicht?

- •••• *top, unbedingt machen!*
- ••• *sollte man erlebt haben*
- •• *nette Abwechslung*
- • *man versäumt nicht viel*

Die Halbinsel ist ein schönes Ausflugsziel und Wandergebiet.

Wanderungen

15 Zum Mirador de Penya Roja

Technik ••

Kondition •

➤ *Seite 244*

16 Über die Talaia d'Alcúdia zur Platja des Coll Baix

Technik •••

Kondition •••

➤ *Seite 247*

Die intime Platja de s'Illot ist vor allem am Abend schön.

bäude wurde Ende des 17. Jahrhunderts errichtet und ist aufgrund einer Marienlegende ein Wallfahrtsort. Mit den wenigen, kleinen Fenstern wirkt es wie ein Bunker: Nach mehreren Piratenüberfällen wurde der Neubau als leicht zu verteidigende Wehrkirche angelegt. Über einen Pfad erreicht man einen nahen Aussichtspunkt, und auch das oberhalb der Kirche gelegene Restaurant bietet einen schönen Blick aufs Meer. Die Räume im oberen Stockwerk der Ermita sind als exklusives, preislich dennoch moderates Hotel eingerichtet – ein besonderer Tipp für Freunde außergewöhnlicher Unterkünfte!

Einsam im Wald liegt die wehrhafte Ermita de la Victòria.

Wie man hinkommt

Die Zufahrt ist am östlichen Stadtrand Alcúdias nach „La Victòria" beschildert. Nach der Abzweigung zur Ermita weiter geradeaus zu fahren lohnt sich nicht, die Straße endet bald. Keine Busverbindung.

Hotel La Victòria: www.lavictoriahotel.com, Tel. 0034 971 549 912

GPS-Wegpunkte:

40 (Platja de s'Illot):	*39,87288*	*3,16179*
41 (Ermita de la Victòria):	*39,87332*	*3,17035*

Port d'Alcúdia

Das unweit von Alcúdia am Meer gelegene Port d'Alcúdia ist mit rund 30.000 Gästebetten das größte Ferienzentrum der Nordküste. Das ganz große Plus dieser Gegend ist der enorm lange Sandstrand, der sich vom Hafen Port d'Alcúdias bis zum nächsten Ferienort, Can Picafort, erstreckt – mit einer Länge von elf Kilometern ist dies die mit Abstand ausgedehnteste Strandzone der ganzen Insel! Port d'Alcúdia ist eine reine Retortensiedlung und daher keine Sehenswürdigkeit. Immerhin ist

Pflicht oder nicht?

- ●●●● *top, unbedingt machen!*
- ●●● *sollte man erlebt haben*
- **●● *nette Abwechslung***
- ● *man versäumt nicht viel*

Der Strand ist einer der besten Mallorcas! Den Ort muss man dagegen nicht gesehen haben.

es ein angenehmer, entspannter Ferienort mit einem recht lebhaften Zentrum um den Hafen am Nordende der Bucht von Alcúdia. Dort werden Ausflugsfahrten und Wassersportmöglichkeiten angeboten, an der Promenade und in den anschließenden Straßen gibt es ein großes Angebot an Gastronomie und Einkaufsmöglichkeiten. Direkt südlich des Hafens beginnt die Platja d'Alcúdia, die mit ihrer meist geringen Brandung und dem sehr flach abfallenden Wasser ein großartiger Badestrand ist und sich auch für Kinder sehr gut eignet.

Die Bebauung zieht sich vom Hafen noch mehr als sieben Kilometer weit den Strand entlang und geht hier nahtlos in den Ortsteil Las Gaviotas über. Etwas von der Küste entfernt, jenseits der stark befahrenen Durchgangsstraße, liegen einige unattraktive Binnenseen, die über Kanäle mit dem Meer verbunden sind. Sie sind Reste des ausgedehnten Feuchtgebiets, das hier in den Sechzigerjahren zugebaut wurde. Eine architektonische Sehenswürdigkeit ist die Gegend sicherlich nicht, dafür hat man selten mehr als ein paar Minuten zum Strand zu laufen, da der Siedlungsstreifen hier recht schmal ist. Die Infrastruktur an Gastronomie und Geschäften dünnt sich in dieser Richtung allerdings deutlich aus, auch ist die Entfernung zum Zentrum recht groß. Immerhin fährt aber auf der Durchgangsstraße, die ein Stück abseits parallel zum Strand verläuft, mindestens alle 15 Minuten ein Bus, und die Ausflugs-

Die Platja d'Alcúdia ist Mallorcas ausgedehnteste Strandzone.

schiffe legen mehrere Stopps an den Landungsstegen ein, die hier alle paar hundert Meter ins Wasser ragen. Der Strand zieht sich bei gleichbleibender Qualität bis nach Can Picafort, überall gibt es Strandbars, Sonnenschirmvermietungen und Wassersportangebote.

Port d'Alcúdia ist mit seinem eher gemäßigten Nachtleben keine Partydestination, das Publikum ist sehr gemischt. Die Hauptattraktion ist natürlich der großartige Strand, doch ist der Ort auch ein guter Tipp für einen kombinierten Strand- und Wanderurlaub: Die Unterkünfte sind hier deutlich günstiger als beispielsweise in Port de Sóller, und mit dem Auto erreicht man in einer knappen Stunde das nördliche Tramuntana-Gebiet um Lluc (➤ Seite 95). Ohne Auto ist man allerdings weniger gut dran, weil die Buslinien zu den Wanderzielen nur zweimal täglich verkehren und die Zeit dazwischen für eine große Tour nicht ausreicht.

Wie man hinkommt

Großer Parkplatz nördlich des Hafens (kostenlos). Buslinie 352 alle 15 min von Can Picafort nach Port de Pollença (bis gegen 23 Uhr), nach Palma Linie 351 1-2 x pro Std., ins Tramuntana-Gebiet 354 und 355.

GPS-Wegpunkt 42 (Parkplatz beim Hafen): 39,84268 3,13472

Parc natural de s'Albufera de Mallorca

Inmitten des größten Feriengebiets im Norden Mallorcas, zwischen Port d'Alcúdia und Can Picafort, blieb eine außergewöhnliche Naturlandschaft erhalten: Der Parc natural de s'Albufera de Mallorca hat als größtes Feuchtgebiet der Balearen eine unschätzbare ökologische Bedeutung, die weit über die Insel hinausreicht! Meterhohes Schilf bildet großflächige Wälder, die von Feuchtwiesen und Flachwasserzonen durchsetzt sind. Das vom Meer nur durch die Küstenstraße und einen schmalen Siedlungsstreifen getrennte Gebiet ist völlig eben und von zahlreichen Kanälen durchzogen. Ab 1863 versuchte eine britische Firma, die Albufera mithilfe dieser Kanäle trockenzulegen, um Ackerland zu gewinnen und die damals hier noch grassie-

Pflicht oder nicht?

- •••• *top, unbedingt machen!*
- ••• *sollte man erlebt haben*
- •• *nette Abwechslung*
- • *man versäumt nicht viel*

Für Vogelfreunde die beste Beobachtungsmöglichkeit auf Mallorca, ohne Interesse für das Thema eher langweilig.

rende Malaria auszurotten. Technische Probleme und die Pleite der Firma retteten den einzigartigen Naturschatz. Zumindest teilweise, denn ursprünglich war das Feuchtgebiet viel größer: Weite Teile gingen beim Bau der umgebenden Feriensiedlungen in den Sechzigerjahren verloren. Seit 1988 steht der immerhin noch 16 Quadratkilometer große Rest unter strengem Schutz und wird von einem multidisziplinären Team betreut. Doch kann man nicht einfach alles sich selbst überlassen: Zu den Pflegemaßnahmen gehören auch das gelegentliche Ausbaggern der Kanäle und die extensive Beweidung durch einheimische Rinderarten und Camargue-Pferde, die dazu beiträgt, diese spezielle Landschaft vor Veränderungen zu bewahren.

Das ausgedehnte Feuchtgebiet wird von breiten Kanälen durchzogen.

Was auf den ersten Blick wie eine öde Schilfwüste wirkt, ist für Vogelfreunde ein außerordentlich lohnendes Ausflugsziel: Über 300 Vogelarten wurden hier schon beobachtet! Die meisten davon nutzen die Albufera als Rastplatz auf dem Durchzug. Während der Zugzeiten ist es daher am interessantesten, doch gibt es zu jeder Jahreszeit etwas zu sehen: Immerhin 64 Arten brüten hier und sind während des ganzen Jahres oder zumindest im Sommer anzutreffen.

In den Flachwasserzonen suchen Stelzenläufer (links) und Seidenreiher (oben) nach Nahrung.

Die Beobachtungshütten bieten die besten Möglichkeiten.

Man betritt das Gebiet über einen Weg, der am Gran Canal entlangführt. Nach gut einem Kilometer erreicht man das Parkzentrum, wo man sich eine kostenlose Besuchserlaubnis holen muss. Diese besteht aber nur aus einem Informationsblatt mit Tagesstempel und wird ohne Namensregistrierung oder andere Umständlichkeiten herausgegeben. Über den ganzen Park sind Beobachtungsstände verteilt, die oft erstaunlich gut gefüllt sind: Viele Besucher sind echte Experten und rücken mit eindrucksvollen Teleskopen und Objektiven an. Ganz so viel Aufwand muss man nicht treiben, aber zumindest ein einfaches Fernglas sollte man schon mitbringen, sonst sieht man nicht viel. Die Fernglasvermietung, die es früher einmal im Parkzentrum gab, wurde leider vor einiger Zeit aufgegeben.

Die Wege führen meist an den schnurgeraden und mehrere Meter breiten Kanälen entlang. Von den Brücken hat man eine gute Sicht, allerdings spielt sich im tiefen Wasser der Kanäle nicht allzu viel ab. Ornithologisch weitaus interessanter sind die Flachwasserzonen, in denen unterschiedlichste Arten von Wasservögeln Nahrung suchen und brüten. Die geschlossenen Beobachtungshütten, von denen sich fünf Stück in der Nähe des Parkzentrums befinden, bieten die besten Chancen. Hier ist nicht einmal viel Geduld nötig, eine eindrucksvolle Vogelgesellschaft breitet sich fast wie im Zoo vor den Sehschlitzen aus: Die hübschen und filigranen Stelzenläufer mit ihren überdimensioniert wirkenden Beinen sind im Sommer fast immer zu sehen, ebenso die eleganten Seidenreiher mit ihrem vollständig weißen Federkleid. Hinzu kommen Regenpfeifer und Seeschwalben, und wer Glück hat und sich auskennt, sieht vielleicht auch noch Brandenten, Rohrweihen, Purpurreiher und viele andere. Tafeln in den Beobachtungshütten helfen bei der Bestimmung.

Wer vor allem Vögel beobachten will, muss nicht einmal weit laufen, weil die Beobachtungsstände rund um das Informationszentrum (an den grün und violett markierten Wegen) die besten Möglichkeiten bieten. Der weit ausholende Rundweg 3 (rot markiert) ist mit einer Länge von fast 14 Kilometern für eine Wanderung doch recht lang und weder ornithologisch noch landschaftlich besonders lohnend. Dafür ist diese große Runde eine schöne Option für eine Fahrradtour, denn das Radfahren ist im Park ausdrücklich erlaubt.

Wie man hinkommt

Kleiner Parkplatz östlich der Brücke über den Gran Canal zwischen Port d'Alcúdia und Can Picafort (gegenüber dem Hotel Natura Playa). Buslinie 352 Port de Pollença-Can Picafort bis Platja del Muro.

Tägl. 9:00-18:00 Uhr, Oktober bis März nur bis 17:00 Uhr. Eintritt frei, man muss sich aber im Parkzentrum eine Besuchserlaubnis abholen. Tel. 0034 971 892 158

GPS-Wegpunkt 43 (Eingang): 39,80034 3,11890

Can Picafort

Can Picafort ist der zweite große Ferienort der Bucht von Alcúdia und von Port d'Alcúdia nur wenige Kilometer entfernt. Der Strand ist im Prinzip derselbe: Die Platja d'Alcúdia zieht sich unter verschiedenen Namen, aber ohne wirkliche Unterbrechung als Platja de Muro und schließlich als Platja de Can Picafort bis zum Hafen am östlichen Ortsrand. Auch Can Picafort, das einen 2,7 Kilometer langen Küstenstreifen belegt, ist eine reine Retortensiedlung ohne historischen Kern. Während in Port d'Alcúdia das Publikum international gemischt ist, wird Can Picafort überwiegend von deutschen Touristen besucht. Die Infrastruktur ist ganz auf deren Bedürfnisse ausgerichtet, deutsches Essen

Der Strand zieht sich über die gesamte Länge des Ortes.

Pflicht oder nicht?

•••• top, unbedingt machen!
••• sollte man erlebt haben
•• nette Abwechslung
• man versäumt nicht viel

Can Picafort ist ein ruhiger, aber unspektakulärer Ort. Als Urlaubsquartier eine Option, als Ausflugsziel eher nicht.

von Currywurst bis Jägerschnitzel gibt es an jeder Ecke – wer im Urlaub einheimisches Leben sucht und nicht ganz so gerne den Landsleuten begegnen möchte, ist hier falsch. Der Ort ist deutlich kleiner als Port d'Alcúdia und wirkt überschaubarer und familiärer. Das Zentrum liegt in etwa in der Mitte, direkt vor der Promenade mit den etwas uniform anmutenden Cafés und Restaurants breitet sich der sehr schöne, feinsandige Strand aus. In Richtung Osten, um den Hafen herum und im dahinter angrenzenden Ortsteil Son Bauló, wird es deutlich ruhiger.

Die auffälligsten Bauwerke in Can Picafort und der Umgebung sind die großen Obelisken, die in Abständen von exakt 1240 Metern an der Küste aufgereiht sind. Ihr ursprünglicher Zweck ist ähnlich eigenwillig wie ihre Form: Sie wurden Anfang der Vierzigerjahre errichtet und dienten bis 1970 als Peilsignale für U-Boote bei Minen- und Torpedoübungen. Zu jedem an der Küste positionierten *torre d´enfilaciò* gab es einen zweiten, der genau 200 Meter im Landesinneren lag. Ursprünglich existierten 14 Paare, jedoch sind nicht alle erhalten geblieben. Im Ortsbereich wurden einige mit der originalen Bemalung restauriert.

Diese seltsamen Türme dienten U-Boot-Besatzungen zum Üben.

Wie man hinkommt

Parkplätze an den Straßen im Ort. Buslinie 352 alle 15 min nach Port d'Alcúdia und Port de Pollença (bis gegen 23 Uhr), nach Palma Linie 351 1-2 x pro Std., ins Tramuntana-Gebiet 354 und 355.

GPS-Wegpunkt 44 (Zentrum): 39,76934 3,15039

Son Real

Das in der Nähe von Can Picafort gelegene Son Real war in historischer Zeit eines der für Mallorca typischen großen Landgüter (➤ Seite 59). Auf dem Gelände befindet sich aber auch eine der wichtigsten und interessantesten prähistorischen Stätten der Insel. Die Geschichte Son Reals reicht so weit zurück, dass sich hier verschiedenste Epochen überlagern: Funde und Überlieferungen beweisen, dass dieser Ort seit mehr als 4500 Jahren durchgehend besiedelt ist! Von den vorgeschichtlichen Anfängen über die Römerzeit und die arabische Epoche bis in die Gegenwart wurde hier gewohnt und gewirtschaftet.

Das Herrenhaus fällt vergleichsweise bescheiden aus und bleibt weit hinter schlossähnlichen Anwesen wie La Granja (➤ Seite 57) oder Raixa (➤ Seite 73) zurück. Dennoch befand die Regierung der Balearen das Gelände für so bedeutend, dass sie es 2002 als einzigartiges Zeugnis der Geschichte Mallorcas ankaufte und als „Finca publica" öffentlich zugänglich machte. Die Gebäude befinden sich an der Straße von Can Picafort nach Artà, von dort ziehen sich die Ländereien bis zur 1,8 Kilometer entfernten Küste. Das Herrenhaus, dessen originale Einrichtung nicht erhalten blieb, wurde mit einem aufwendig und sehr zeitgemäß konzipierten Museum ausgestattet, das über Geschichte und Funktion der Landgüter am Beispiel von Son Real informiert. Die multimediale Ausstellung ist eindrucksvoll und kurzweilig, sie kommt ohne

Pflicht oder nicht?

- •••• *top, unbedingt machen!*
- ••• *sollte man erlebt haben*
- •• *nette Abwechslung*
- • *man versäumt nicht viel*

Die Nekropolis ist für archäologisch Interessierte ein Muss, auch das Museum ist in jedem Fall einen Besuch wert.

Die Nekropolis von Son Real ist eine der eindrucksvollsten prähistorischen Stätten der Insel.

Effekthascherei aus und hat einen hohen Informationsgehalt. Alle Texte stehen auch auf Deutsch zur Verfügung. Hier wurden nicht einfach nur irgendwelche alten Gegenstände zusammengetragen, man hat sich wirklich Gedanken darüber gemacht, wie man ein regionaltypisches Thema zeitgemäß und ansprechend vermitteln kann. Dennoch ist das Museum kaum besucht und noch ein echter Geheimtipp. Vom Eingang beim Herrenhaus aus kann man das gesamte Gelände auf verschiedenen Spazierwegen durchstreifen, die flache, locker bewaldete Küstenlandschaft ist aber nur mäßig interessant.

Auf dem Gelände von Son Real befinden sich mehrere archäologische Stätten, bei denen meistens jedoch nur einige unauffällige Steine zu sehen sind. Ganz anders bei der **Nekropolis**: Dieses vorgeschichtliche Gräberfeld aus der talayotischen Epoche (➤ Seite 14), das am Rand des Finca-Geländes auf einer kleinen Landzunge am Meer liegt, gehört zu den eindrucksvollsten archäologischen Stätten Mallorcas und ist unbedingt einen Besuch wert! Hier wurden Grabanlagen gefunden, in denen zwischen dem 7. und dem 3. vorchristlichen Jahrhundert über 400 Menschen bestattet wurden. Die in Anbetracht der langen Nutzungsdauer geringe Personenzahl und die reichen Grabbeigaben deuten darauf hin, dass hier nur Angehörige einer gesellschaftlichen Oberschicht ihre letzte Ruhe fanden. Bei den Ausgrabungen wurden zahlreiche menschliche Knochen und andere Funde gesichert, die viel zum Verständnis dieser Epoche beigetragen haben. Geblieben sind die kleinen, auf einer Fläche von etwa 800 Quadratmetern wie Bienenwaben dicht an dicht gebauten Grabanlagen, die aus rechteckigen oder ovalen Mauern bestehen. Über den archäologischen Wert hinaus ist die Nekropolis ein Ort, der die Vergangenheit auf besondere Art greifbar macht und seine ganz eigene Stimmung ausstrahlt.

Wie man hinkommt

Museum: *An der Straße nach Artà gut 3 km östl. von Can Picafort. Keine Busverbindung. April-Sept. tägl. 10:00-19:00 Uhr, im Winter nur bis 17:00 Uhr. Eintritt 5,00 €, Kinder 2,50 €. Tel. 0034 971 185 363.*

Nekropolis: *Jederzeit zugänglich, kostenlos. Nur zu Fuß erreichbar: Vom östl. Ortsrand Can Picaforts (Son Baulò) ca. 15 min am Strand entlang, von Zentrum ca. 40 min. Alternativ vom Museum ca. 30 min zur Küste (beschildert).*

GPS-Wegpunkte:

45 (Museum):	*39,73707*	*3,18239*
46 (Nekropolis):	*39,75496*	*3,18221*

Teil 4

Der Osten

Die Ostküste Mallorcas steht ganz im Zeichen des Strandurlaubs: Im nördlichen Abschnitt gibt es einige größere Strände, südlich von Cala Millor bestimmen dagegen tief ins Land eingeschnittene Buchten mit kleinen, intimen Stränden das Bild. Eine Reihe unterschiedlich großer Ferienzentren zieht sich die gesamte Küste entlang. In Artà und Capdepera wird dagegen die Geschichte greifbar, und die drei größten Schauhöhlen Mallorcas bieten ein außergewöhnliches Erlebnis.

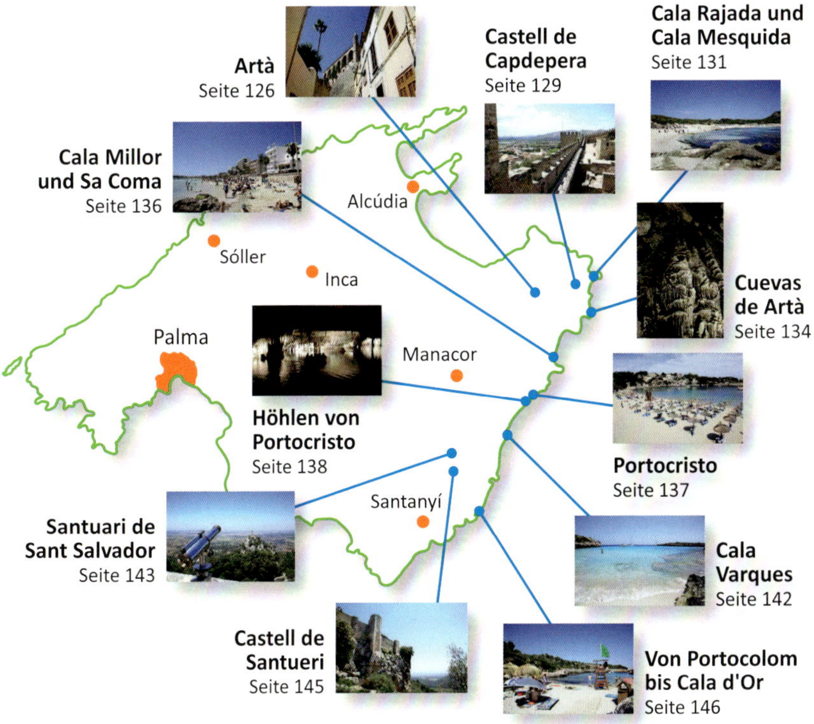

Alcúdia

Sóller

Inca

Palma

Manacor

Santanyí

Artà

Artà ist eine der größeren Ortschaften im dünn besiedelten Nordosten Mallorcas. Eine lebhafte Atmosphäre sollte man dennoch nicht erwarten: Das Städtchen ist außerordentlich verschlafen, Gastronomie und Einkaufsmöglichkeiten bleiben ziemlich dürftig. Lebhaft und voll wird es nur am Dienstagvormittag während des Wochenmarktes, der viele Besucher aus den Feriensiedlungen anzieht. Einige historische Sehenswürdigkeiten machen Artà aber auch an den anderen Tagen zu einem interessanten Ausflugsziel.

Die Stadt zieht sich den Südhang eines Hügels hinauf, der vom Wallfahrtsheiligtum Santuari de Sant Salvador gekrönt wird. Die Carrer Ciutat führt als Fußgängerzone von der südlich verlaufenden Umgehungsstraße schnurgerade durch das gesamte Zentrum bis zur **Plaça de l'Ajuntament**, dem Rathausplatz. Das hübsche Rathaus ist ein beliebtes Fotomotiv, obwohl es längst nicht so alt ist, wie es scheint: Es wurde erst 1941 fertiggestellt. In einem weiteren Gebäude am Platz befindet sich das **Museu Regional d'Artà** mit einer sehenswerten archäologischen Abteilung. Ein kleines Stück oberhalb des Rathausplatzes trifft man auf die **Església Transfiguració del Senyor.** Mit dem Bau der mächtigen Kirche, die die Stadt

Pflicht oder nicht?

- •••• *top, unbedingt machen!*
- ••• *sollte man erlebt haben*
- •• *nette Abwechslung*
- • *man versäumt nicht viel*

Die historischen Sehenswürdigkeiten lohnen einen Besuch, die Stadt selbst ist jedoch alles andere als lebhaft.

Die Kirche beeindruckt durch ihre mächtige Arkadenfassade.

Weithin sichtbar nimmt das Santuari die Spitze des Hügels ein.

mit einer eindrucksvollen Arkadenfassade überragt, wurde 1563 begonnen. Im Vergleich zur imposanten Außenansicht wirkt der luftige Innenraum überraschend schlicht. Rund um Rathaus und Kirche befindet sich der älteste Teil der Stadt mit engen Gassen, die normalerweise ziemlich ausgestorben sind.

Von der Kirche führt eine breite Treppe zum nahegelegenen **Santuari de Sant Salvador** hinauf, das die Kuppe des Hügels einnimmt und von einer zinnengekrönten Mauer umschlossen wird. Schon die Mauren hatten hier eine Wehranlage errichtet, im 14. Jahrhundert wurde inmitten der Mauern eine erste Kirche gebaut. Über Jahrhunderte war der umfriedete Bereich eine wichtige Zufluchtsstätte für die Bewohner der Stadt. Die heutige Wallfahrtskirche wurde im 19. Jahrhundert errichtet, nachdem der Vorgängerbau wegen hygienischer Bedenken niedergebrannt worden war: Er hatte während einer Pestepidemie im Jahr 1820 als Lazarett gedient. Heute ist das Santuari ein angenehm ruhiger, fast schon idyllischer Ort. Von der begehbaren Mauer aus hat man einen schönen Blick auf die Stadt und die umgebende Landschaft, auch eine kleine Bar ist vorhanden.

Am südöstlichen Stadtrand haben Archäologen eine Siedlung der prähistorischen talayotischen Kultur (➤ Seite 14) ausgegraben. **Ses Païsses** ist eine der am besten erhaltenen Siedlungen dieser Epoche und gehört daher neben Capocorb Vell (➤ Seite 170) zu den wichtigsten Ausgrabungsstätten Mallorcas. Das Dorf ist von einer Mauer aus großen Steinblöcken umgeben, den Mittelpunkt bildet ein Talayot. Diese niedrigen, runden Türme finden sich in allen Siedlungen dieser Epoche, ihre Funktion ist jedoch nicht eindeutig geklärt: Beobachtungsturm, Kultstätte, Herrscherwohnhaus, Vorratskammer – die Deutungsversuche der Archäologen gehen weit auseinander. Diese Siedlung wurde vermutlich um 1000 v. Chr. gegründet und hat wohl bis zur römischen Eroberung Mallorcas im Jahr 123 v. Chr. bestanden, möglicherweise haben hier mehr als 300 Menschen gelebt. Allzu viel gibt es dennoch nicht zu sehen, der Besuch lohnt sich nur bei besonderem Interesse für das Thema. Funde aus dieser Ausgrabung sind im Regionalmuseum am Rathausplatz ausgestellt.

Ses Païsses war eine der größten talayotischen Siedlungen Mallorcas.

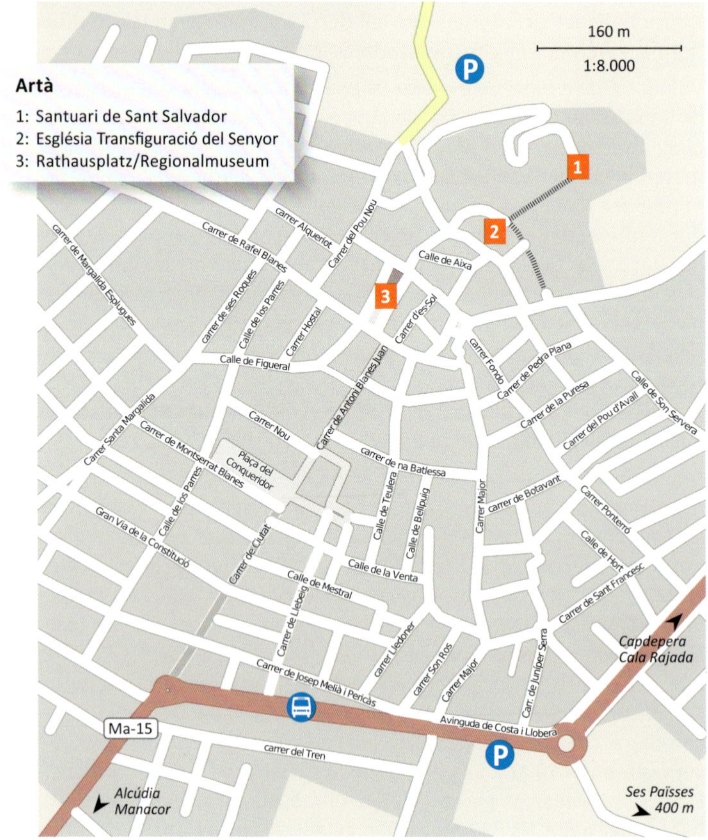

Artà

1: Santuari de Sant Salvador
2: Església Transfiguració del Senyor
3: Rathausplatz/Regionalmuseum

160 m
1:8.000

Ma-15

Capdepera Cala Rajada

Alcúdia Manacor

Ses Païsses 400 m

Es gibt einen Parkplatz an der Umgehungsstraße am südl. Stadtrand (Av. die Costa i Llobera) und Parkplätze am Santuari de Sant Salvador (Zufahrt beschildert). Buslinie 446 nach Port de Pollença und Cala Rajada, Linie 411 nach Cala Rajada und Palma.

Wochenmarkt: *jeden Dienstag von 10:00-14:00 Uhr.*

Kirche: *Di-Sa 10:00-14:00 und 15:00-17:00 Uhr. Eintritt 2,00 €, Kombiticket „Artà Card" für Museum, Kirche und Ses Païsses.*

Museu Regional d'Artà: *Di-Fr 10:00-17:00 Uhr, Sa und So 10:00-14:00 Uhr. Eintritt 2,00 € oder mit der „Artà Card".*

Ses Païsses: *Etwas außerhalb südöstlich der Stadt (Zufahrt beschildert). Von der Bushaltestelle ca. 10 min zu Fuß. Mo-Fr 10:00-17:00, Sa 10:00-14:00 Uhr, Eintritt 1,55 Euro. www.sespaisses.es, Tel. 0034 619 070 010*

GPS-Wegpunkte:

47 (Parkplatz):	39,69065	3,35211
48 (Santuari):	39,69629	3,35354
49 (Ses Païsses):	39,68736	3,35527

Wie man hinkommt

Castell de Capdepera

Auf einem Hügel oberhalb der kleinen Ortschaft Capdepera befindet sich die größte Festungsanlage Mallorcas: Eine vollständig erhaltene Mauer umschließt einen etwa 100 Meter langen dreieckigen Bereich. Das Castell de Capdepera war aber ursprünglich keine Burg, sondern

Das Castell de Capdepera war keine Burg, sondern eine Stadtmauer.

Pflicht oder nicht?

- •••• *top, unbedingt machen!*
- ••• *sollte man erlebt haben*
- •• *nette Abwechslung*
- • *man versäumt nicht viel*

Für historisch Interessierte ist die Anlage ein Tipp, für alle anderen ist sie eher langweilig.

eine Stadtmauer: Auf königlichen Befehl wurde hier um 1300 inmitten der dünn besiedelten Landschaft eine neue Siedlung angelegt und mit der Mauer umgeben, um im Fall einer Invasion sofort wehrfähige Männer vor Ort zu haben. Im 16. Jahrhundert befand sich hier ein größeres Dorf mit etwa 150 Häusern. In den folgenden Jahrhunderten verließen die Bewohner jedoch nach und nach den umfriedeten Bereich und siedelten sich unterhalb davon in der heute existierenden Ortschaft an. Im 18. und 19. Jahrhundert war die Anlage dann eine mit Berufssoldaten besetzte militärische Festung, die Häuser innerhalb der Mauern wurden größtenteils abgerissen. Das weitläufige Gelände wirkt daher ziemlich leer, nur wenige Gebäude blieben erhalten.

Im zentral gelegenen „Haus des Gouverneurs“ aus dem 18. Jahrhundert ist ein kleines Museum über die Geschichte der Verteidigungsanlagen Mallorcas und die früher hier übliche Palmblattflechterei untergebracht. Am höchsten Punkt, neben dem archaisch wirkenden Festungsturm Torre d'en Miquel Nunes, befindet sich die im 16. Jahrhundert errichtete Capella de la Esperança. Ihr Dach ist begehbar und bietet eine schöne Aussicht. Das Eindrucksvollste an der ganzen Anlage ist jedoch die mächtige, zinnengekrönte Mauer. Im unteren Abschnitt kann man ein Stück auf dem Wehrgang entlanggehen und die Wachtürme besteigen.

Nur wenige Gebäude innerhalb der Mauern blieben erhalten.

Mehrere Parkplätze im Ortszentrum unterhalb der Burg (vom Kreisverkehr am westl. Ortsrand Richtung Zentrum in die Carrer Ciutat), von dort zu Fuß 10-15 Minuten. Benutzen Sie nicht die beschilderte Zufahrt von der Umgehungsstraße, sie wird im oberen Bereich sehr eng und endet ohne Parkmöglichkeiten! Buslinien 411, 441 und 472 ab Cala Rajada, 441 ab Cala Millor, 411 ab Palma.

Mitte März bis Mitte Okt. tägl. 9:00-20:00 Uhr, im Winter nur bis 17:00 Uhr, Eintritt 2,00 €.

www.castellcapdepera.com, Tel. 0034 971 818 746

GPS-Wegpunkte:
50 (Parkplatz): 39,70194 3,43246
51 (Eingang): 39,70399 3,43336

Wie man hinkommt

Cala Rajada und Cala Mesquida

Wenige Kilometer von Capdepera entfernt breiten sich die ineinander übergehenden Orte Cala Rajada (manchmal auch *Cala Ratjada*) und Cala Agulla über eine felsige Halbinsel aus. Diese recht große Tourimuszone muss sich mit zwei Stränden begnügen: Am nördlichen Ende zieht sich die knapp 600 Meter lange **Platja de Cala Agulla** ein Stück ins unbesiedelte Gebiet hinein. Im Süden gibt es die schöne und gepflegte **Platja de Son Moll**. Der Platz an dem nur etwa 200 Meter langen Strand ist in Relation zur Größe des Ortes allerdings sehr knapp,

Die Platja de Cala Agulla ist der größte Strand in Cala Rajada.

Pflicht oder nicht?

- •••• *top, unbedingt machen!*
- ••• *sollte man erlebt haben*
- •• *nette Abwechslung*
- • *man versäumt nicht viel*

Cala Rajada ist ein Party-Hotspot und mit Stränden eher dürftig ausgestattet. Zum Baden fährt man besser zur Cala Torta!

daher wird es oft ziemlich eng. Aber die Strände sind hier auch gar nicht so wichtig: Cala Rajada ist einer der angesagtesten Party-Hotspots Mallorcas! Auf der Promenade, die sich vom Hafen bis zur Platja de Son Moll die Küste entlangzieht, ist es abends ausgesprochen lebhaft. Dabei geht es aber durchaus niveauvoll zu: Die Lokale haben Stil, das Publikum ist altersmäßig sehr durchmischt mit Schwerpunkt auf deutscher Herkunft. „Hier ist richtig viel los, dabei ist es aber nicht so prollig wie am Ballermann" – so oder ähnlich hören sich die Gründe für einen Urlaub in Cala Rajada an. Tatsächlich ist alles eine Nummer gepflegter als an der Platja de Palma (➤ Seite 40), auf ziemlich viel Trubel und „Männerchöre" schon am Nachmittag muss man allerdings auch hier eingestellt sein.

Auch wenn Cala Rajada aus einem Fischerdorf hervorging, kann von baulichen Sehenswürdigkeiten oder dörflicher Ursprünglichkeit nicht die Rede sein. Das einzige hervorstechende Gebäude ist die einsame Villa, die sich auf einem Hügel über dem Hafen erhebt: Der 1911 erbaute Palast heißt eigentlich *Sa Torre Cega*, wird aber üblicherweise **Casa March** genannt nach der Bankiersfamilie, in deren

Eine gepflegte Promenade verbindet Hafen und Strand von Cala Rajada.

Besitz er sich befindet. Das von einem kleinen Park umgebene Gebäude beherbergt heute eine Kunstsammlung der Fundación Bartolomé March und kann mit Führungen besichtigt werden.

Einige Kilometer weiter nördlich liegt der sehr überschaubare und ziemlich abgelegene Ort **Cala Mesquida**. Strandmäßig sieht es hier deutlich besser aus, denn die südöstlich direkt angrenzende Platja de Cala Mesquida ist fast so groß wie die besiedelte Zone! Die Dünenlandschaft, die sich hier weit ins Land hineinzieht, gibt dem Strand einen zusätzlichen Reiz. Richtung Norden folgt auf Cala Mesquida nur noch wilde, unbesiedelte Landschaft. Darin eingebettet zwei Strände, die viele zu den schönsten Mallorcas zählen: **Cala Torta** und **Cala Mitjana**. Zur Cala Torta führt von Artà aus eine kleine Straße, die auf dem letzten Stück zur staubigen Piste wird. Von Cala Mesquida kommt man mit einem kurzen Spaziergang hin. Außer einer kleinen Strandbar an der Cala Torta gibt es keine Serviceeinrichtungen, die benachbarte Cala Mitjana, zu der man nur ein Stück um ein Kap herumgehen muss, ist unbewirtschaftet. Wem das immer noch nicht wild und abgelegen genug ist, der kann mit einer Wanderung (➤ Tour 17, Seite 251) die wirklich einsamen Strände Richtung Cap de Ferrutx erkunden – eine der schönsten und spannendsten Strandwanderungen Mallorcas!

17 Die Strände der Península de Llevant

Technik ●●○○○
Kondition ●●○○○

➤ *Seite 251*

Wanderungen

Die Cala Torta wird oft zu den schönsten Stränden Mallorcas gezählt.

Wie man hinkommt

Buslinie 411 von/nach Palma, weitere Linien zu den umgebenden Ortschaften. Nach Cala Mesquida Linie 471 ab Cala Rajada.

Casa March: *Mai-Nov. Mi, Do und Fr 10:30-12:00 Uhr, Sa und So 11:00-18:00 Uhr. Feb.-April Mi und Sa 11:00-12:30 Uhr, Fr 11:00 Uhr. Erwachsene 4,50 €, Kinder bis 12 frei. Anmeldung unter 0034 689 027 353 erforderlich. www.fundacionbmarch.es*

Cala Torta und Cala Mitjana: *Beschilderte Zufahrt etwa 0,5 km östl. von Artà (bei der Petronor-Tankstelle). 1,3 km vor der Küste teilt sich die Straße: Rechts geht es zur Cala Torta, links zur Cala Mitjana (Karte auf S. 253). Es empfiehlt sich, die Cala Torta anzusteuern, die Straße ist besser und der Parkplatz größer; die beiden Strände sind nur wenige Minuten voneinander entfernt. Keine Busverbindung. Von Cala Mesquida 20-25 Minuten zu Fuß.*

GPS-Wegpunkte:

52 (Platja de Cala Agulla):	*39,72221*	*3,45274*
53 (Platja de Son Moll):	*39,70534*	*3,45650*
54 (Cala Mesquida):	*39,74492*	*3,43207*
55 (Cala Torta):	*39,75060*	*3,41790*
56 (Cala Mitjana):	*39,75235*	*3,41369*

Cuevas de Artá

Die Cuevas de Artá ist neben den beiden Höhlen von Portocristo (➤ Seite 138) die dritte Schauhöhle im Nordosten Mallorcas. Sie ist allerdings weitaus weniger bekannt und daher nicht so überlaufen wie diese. Der mächtige Eingang an der Steilküste oberhalb des kleinen Ortes Canyamel ist nicht zu übersehen, daher ist die Höhle seit langer Zeit bekannt. Bereits vor 200 Jahren fanden hier Führungen statt. Leider mit unschönen Folgen: Damals ging man noch mit Fackeln hinein, die einen hässlichen Rußbelag hinterließen.

Pflicht oder nicht?

- •••• *top, unbedingt machen!*
- ••• *sollte man erlebt haben*
- •• *nette Abwechslung*
- • *man versäumt nicht viel*

Eine der schönsten Schauhöhlen Mallorcas, die dennoch nicht überlaufen ist. Die Führung ist recht persönlich gehalten und kommt ohne kitschige Inszenierungen aus.

Die Höhle zeichnet sich durch außergewöhnlich große Räume aus. Auch die Tropfsteingebilde sind durchweg sehr großformatig und geben ihr eine mächtige Anmutung, die sie von den filigraner ausgestatteten Höhlen von Portocristo oder Campanet (➤ Seite 99) unterscheidet. Es gibt auffallend viele Säulenbildungen, teilweise von beeindruckender Größe. Gleich zu Anfang sieht man im „Saal der Säulenkönigin" den Star, einen 22 Meter hohen Stalagmiten. In der „Hölle" gibt es eine kurze Lichtshow mit bunter Beleuchtung und dramatischer Musik. Durch weitere große Räume mit klangvollen Namen wie „Fegefeuer" und „Gloria" geht es in den „Fahnensaal". Er ist mit einer Höhe von 45 Metern der höchste Raum und erhielt seinen Namen durch die riesigen, an Fahnen erinnernden Sintergebilde. Nach 35-40 Minuten ist man wieder am Tageslicht. Ausgesprochen angenehm fällt auf, dass hier – anders als in Portocristo – weitgehend auf kitschige Inszenierungen verzichtet wurde. Auch gibt es anstelle von computergesteuerten Multimediashows eine echte Führung (normalerweise zweisprachig englisch und deutsch), bei der man auch Fragen stellen kann.

Die Höhle ist von außergewöhnlich großen Tropfsteingebilden geprägt.

Wie man hinkommt

Am Cap Vermell östl. von Canyamel, beschilderte Zufahrt von der Ma-4042. Buslinie 472 ab Cala Rajada, Fußweg ab Canyamel 1,5 km.

Juli-September tägl. 10:00-19:00 Uhr, April-Juni und Oktober bis 18:00 Uhr, November-März bis 17:00 Uhr. Führungen (zweisprachig englisch/deutsch) alle 30 min, Dauer 35-40 min. Eintritt: Erwachsene 14,00 €, Kinder von 7-12 7,00 €, Kinder bis 6 frei. Temperatur ganzjährig um 17 Grad.

www.cuevasdearta.com, Tel. 0034 971 841 293

GPS-Wegpunkt 57: 39,65606 3,45068

Cala Millor und Sa Coma

Die Platja de Cala Millor ist mit einer Länge von fast 1,8 Kilometern die ausgedehnteste Strandzone der gesamten Ostküste. Klar, dass es hier auch einen Ferienort von entsprechender Dimension gibt: Cala Millor. Auch das südlich angrenzende und etwas kleinere Sa Coma hat einen schönen, mit rund 850 Metern aber nicht ganz so langen Strand. Beide Orte sind hässliche Retortensiedlungen, deren mehrstöckige Betonsilos an den Stränden entlang aufgereiht sind. Ähnlich wie Cala Rajada (➤ Seite 131) wird auch Cala Millor gerne von jugendlichen Partygängern gebucht. Allerdings sind deutsche Urlauber hier eine Minderheit, das Publikum ist internationaler mit britischem Schwerpunkt.

Cala Millor und Sa Coma werden durch die von lockerem Kiefernwald bedeckte Landzunge Punta de n'Amer voneinander getrennt. Etwa in der Mitte befindet sich das kleine Castell de n'Amer aus dem 17. Jahrhundert. Die schöne Aussicht von der Dachterrasse und die Bar nebenan machen das Kastell zu einem beliebten Ziel für einen kleinen Spaziergang.

Pflicht oder nicht?

- ●●●● *top, unbedingt machen!*
- ●●● *sollte man erlebt haben*
- ●● *nette Abwechslung*
- ● *man versäumt nicht viel*

Der Strand ist nicht schlecht, doch der Ort ist keine Sehenswürdigkeit.

Wie man hinkommt

In Cala Millor gibt es einen großen Parkplatz etwa 400 m vom Strand entfernt. Dort halten auch die Busse: Linie 441 zu allen Küstenorten von Cala Rajada bis Cala d'Or.

GPS-Wegpunkt 58 (Parkplatz): 39,60208 3,38184

Mehrstöckige Hotelbauten prägen das Bild von Cala Millor.

Portocristo

Portocristo ist eine der wenigen Ortschaften der Ostküste mit historischen Wurzeln: Schon in römischer Zeit gab es hier eine Siedlung. Die heutigen Gebäude reichen immerhin bis ins 19. Jahrhundert zurück, was Portocristo ein gewisses Flair verleiht, das den Retortenstädten in der Umgebung fehlt. Auch gibt es hier ein dörfliches Leben abseits vom Tourismus. Die Anzahl der Hotels und Apartments ist klein, die meisten Anlagen wurden im Ortsteil Portocristo Novo etwa 2,5 Kilometer weiter südlich gebaut. Portocristo wird gerne für einen kleinen Bummel besucht, weil es hier zumindest eine Andeutung urbaner Atmosphäre gibt. Am Abend wird es allerdings ausgesprochen ruhig, die Gastronomie lebt fast nur von Tagesausflüglern.

Pflicht oder nicht?

- •••• *top, unbedingt machen!*
- ••• *sollte man erlebt haben*
- •• *nette Abwechslung*
- • *man versäumt nicht viel*

Mit seinem leicht nostalgischen Flair ist Portocristo eine schöne Abwechslung zu den Retortenorten der Gegend.

Im Zentrum mündet das kleine, normalerweise trockene Bachbett des Torrent d'es Riuet ins Meer. Der untere Teil windet sich S-förmig ein Stück ins Land hinein und bildet den Hafen mit Liegeplätzen für Fischerboote und Jachten. Es ist auch der Heimathafen der Schiffe, die die Orte und Strandbuchten der Ostküste durch einen regelmäßigen Pendelverkehr (Richtung Süden bis Cales de Mallorca, Richtung Norden bis Cala Rajada) miteinander verbinden. Man kann diese Schiffe als „Linienbus“ zum Besuch der anderen Orte oder für eine Rundfahrt benutzen.

Der kleine Strand liegt direkt im Zentrum.

Die nostalgisch anmutende Promenade bietet sich für einen Bummel an, am Hafen gibt es einige gute Fischrestaurants. Neben dem Hafen, unterhalb der Uferstraße, befindet sich der Strand. Er hat die reizvolle Atmosphäre eines Stadtstrandes und ist mit einer Länge von fast 300 Metern auch recht groß.

Die Promenade hat einen gewissen nostalgischen Charme.

Wie man hinkommt

Die blau markierten Parkplätze an der Uferstraße sind kostenpflichtig. Kostenlose Stellplätze (weiß markiert oder ohne Markierungen) in den Gassen landeinwärts. Buslinie 441 zu allen Küstenorten von Cala Rajada bis Cala d'Or, Linien 412 und 454 ab Palma.

Bootsfahrten: Zwischen Cala Bona und Cales de Mallorca 4x täglich, nach Cala Rajada 1x tägl. Je nach Länge 18-25 €. www.crucerosbarcelo.com, Tel. 0034 639 654 848

GPS-Wegpunkt 59: 39,54099 3,33528

Höhlen von Portocristo

In Portocristo befinden sich die beiden bekanntesten Schauhöhlen Mallorcas: Die Cuevas del Drach und die Cuevas dels Hams gehören zu den meistbesuchten Ausflugszielen der Insel und werden von zahlreichen Busausflügen angesteuert. Auf ein gewisses Maß an Massenabfertigung muss man daher in beiden Fällen eingestellt sein.

Der 1700 Meter lange Höhlenraum der **Cuevas del Drach** ist über und über mit fantastischen Stalagmiten, Stalagtiten und anderen Sinterbildungen ausgestattet, die sie zur wohl schönsten Schauhöhle Mallorcas machen. Auf einer langen Rampe geht es hinunter, vorbei an immer neuen großartigen Tropfsteingebilden. Auf eine Musikuntermalung wurde ebenso verzichtet wie auf farbiges Licht, die Natur darf für sich selbst wirken. Erklärungen gibt es allerdings auch nicht; daher ist es eigentlich auch keine Führung, sondern ein Rundgang. Die außergewöhnliche Hauptattraktion ist der große unterirdische See, den man am tiefsten Punkt erreicht. Sobald alle auf der Zuschauertribüne Platz genommen haben, beginnt eine besondere Vorführung: Das Licht wird gelöscht, und ein Boot mit vier Musikern, die drei kurze klassische Stücke spielen, wird langsam über den See gerudert. Diese Inszenierung wurde bereits 1935 entwickelt, als man die Höhle erstmals öffentlich zugänglich machte. Angenehmerweise hat man seitdem offenbar auf größere Modernisierungen verzichtet: Auch wenn das Schauspiel nicht ganz kitschfrei ist, hat es doch eindeutig Stil! Danach kann man sich, wenn man etwas Geduld mitbringt, noch mit dem Boot über den See rudern lassen.

Pflicht oder nicht?

- •••• *top, unbedingt machen!*
- ••• *sollte man erlebt haben*
- •• *nette Abwechslung*
- • *man versäumt nicht viel*

Die Cuevas del Drach punkten mit einem großartigen Höhlenraum und einer nostalgisch angehauchten Inszenierung. Die Cuevas dels Hams sind dagegen zu Tode inszeniert und überteuert.

In der Cuevas del Drach befinden sich Sintergebilde in endloser Formenvielfalt

Die „Drachenhöhle" ist eine der meistbesuchten Sehenswürdigkeiten Mallorcas und schon oft als Negativbeispiel für die übermäßige Kommerzialisierung von Natursehenswürdigkeiten kritisiert worden. Immerhin muss man aber zugestehen, dass die Höhle wirklich großartig ist und die Präsentation, die ohne Lichtshow, Sphärenmusik und modische Multimedia-Showeffekte auskommt, angenehm klassisch und reduziert wirkt.

Nicht weit von den Cuevas del Drac befindet sich eine zweite Tropfsteinhöhle, die **Cuevas dels Hams**. Kommt man aus Richtung Manacor, passiert man diese als erste und muss aufpassen, dass man die beiden Ziele nicht verwechselt. Diese Höhle ist nicht ganz so groß und spektakulär, die Tropfsteingebilde sind aber auch hier sehr eindrucksvoll. Bei einer Besichtigung wird zunächst ein kurzer Film über Jules Verne und seine visionären Ideen vorgeführt. Dann geht weiter zu einem kleinen See, an dem eine Multimedia-Inszenierung stattfindet, Thema ist wiederum Jules Verne. Nachdem der Film immerhin noch recht interessant war, wird es spätestens jetzt einfach nur langweilig. Was Jules Verne überhaupt mit dieser Höhle zu tun hat? Keine Ahnung, es musste wohl irgendein Thema her.

Nach einer halben Stunde geht es in einen zweiten Höhlenteil. Eine Führung mit Erklärungen oder der Gelegenheit, Fragen zu stellen, ist auch dies nicht. Immerhin bekommt man jetzt bei einem recht ausgedehnten Rundgang endlich auch etwas von der Höhle selbst zu sehen: Die filigranen Sintergebilde sind in der Tat fantastisch, vor allem die ganz außergewöhnlichen Hakenformen, die der Grund für den

Der See der Cuevas del Drach wird auf nostalgische Art inszeniert.

Namen „Höhle der Angelhaken" sind. Die farbige Beleuchtung und die esoterisch anmutende Musikuntermalung sorgen jedoch für eine unangenehme Verkitschung. Schließlich der „Höhepunkt": Ein weiterer unterirdischer See, größer als der erste. Die Inszenierung hat man sich offenbar in den Cuevas del Drach abgeschaut. Während dort aber immerhin echte Musiker spielen, gibt es hier die nächste Multimedia-Show mit Videoprojektion und Mozart aus der Konserve, dazu rudert ein gelangweilter Komparse ein beleuchtetes Boot über den See. Der Eindruck ist enttäuschend.

Keine Frage: Auch die Cuevas dels Hams sind ein großartiges Naturwunder. Umso trauriger, dass sie durch einen Overkill an Shows und Effekten so zu Tode inszeniert sind, dass sie wie eine künstliche Plastikwelt wirken. Die Preisgestaltung ist eine Frechheit und gibt der Sache den Rest.

Wie man hinkommt

Cuevas del Drach: *Am südlichen Ortsrand von Portocristo. Achtung: Aus Richtung Manacor kommen Sie zuerst an den auffällig beschilderten Cuevas dels Hams vorbei, zu den Cuevas del Drach geht es am nächsten Kreisverkehr rechts! Buslinien 412 und 454 ab Palma, 441 von allen Küstenorten zwischen Cala Rajada und Cala d'Or.*

Führungen 16.3.-31.10. tägl. 10:00-17:00 zu jeder vollen Stunde außer um 13:00 Uhr, 1.11.-15.3. nur um 10:45, 12:00, 14:00 und 15:30 Uhr. Individualreisenden werden während der Hochsaison im Sommer die erste Führung (10 Uhr) oder eine der beiden letzten Führungen (16 und 17 Uhr) empfohlen. Eintritt: Erwachsene 14,50 €, Kinder von 3-12 7,50 €. Dauer der Führung etwa 1 Stunde. Die Temperatur beträgt konstant 21 Grad bei einer hohen Luftfeuchtigkeit von 80%.

www.cuevasdeldrach.com, Tel. 0034 971 820 753

GPS-Wegpunkt 60: 39,53605 3,33045

Cuevas dels Hams: *An der Straße von Manacor zeigen kurz vor Portocristo große Schilder „Cuevas – Höhlen" nach rechts, auch sonst ist das Ziel reichlich mit „Cuevas" beschildert. Buslinien 412 und 454 ab Palma, Linie 441 nur bis Portocristo.*

Führungen Mitte März bis Oktober tägl. 10:00-17:00 Uhr, im Winter bis 16:00 Uhr mindestens alle 30 Minuten. Eintritt 21,00 €, Kinder von 5-12 10,50 €, Kinder bis 4 kostenlos.

www.cuevas-hams.com, Tel. 0034 971 820 988

GPS-Wegpunkt 61: 39,54614 3,32056

Cala Varques

Unter den wenigen unverbauten Buchten der Ostküste ist die Cala Varques sicherlich die schönste! Die tief eingeschnittene Bucht ist komplett naturbelassen, an dem rund 60 Meter langen Sandstrand gibt es keinerlei Serviceeinrichtungen, und der nächste Ferienort ist kilo-meterweit entfernt – der perfekte wilde, romantische Strand! Da der Weg nicht ganz so einfach zu finden ist, galt dieser Ort lange als einer der heißesten Geheimtipps Mallorcas. Auch wenn das inzwischen nicht mehr zutrifft und es im Hochsommer durchaus recht voll werden kann, lohnt die Cala

Pflicht oder nicht?

- •••• *top, unbedingt machen!*
- ••• *sollte man erlebt haben*
- •• *nette Abwechslung*
- • *man versäumt nicht viel*

Ein echter Traumstrand, unverbaut, wild und pur – das ist wirklich selten auf Mallorca!

Um die Ecke gibt es noch einen schönen Felsbogen zu sehen.

Die Cala Varques ist die schönste Bucht der Ostküste.

Varques in jedem Fall einen Besuch. Denn der Strand ist noch nicht alles: In Richtung Norden erreicht man über unbeschilderte, aber deutliche Pfade in wenigen Minuten eine tiefe Felsbucht mit zwei Höhlen, Abenteuerspielplatz verwegener Klippenspringer. Noch einmal ein Stück um die Ecke öffnet sich der Blick auf ein spektakuläres Felstor.

Wie man hinkommt

Die Bucht befindet sich ca. 6 km (Luftlinie) südlich von Portocristo. Etwa 50 m nördlich der Abzweigung nach Manacor (Ma-4015) führt eine unbeschilderte Piste von der Ma-4014 Richtung Meer. Nach etwa einem Kilometer wird sie etwas breiter, hier kann man parken. Von dort geradeaus weiter, durch ein Stahltor und weitere 700 m auf einem steinigen Pfad zum Strand.

GPS-Wegpunkt 62: 39,49990 3,29594

Santuari de Sant Salvador

Einige Kilometer südöstlich des Städtchens Felanitx erhebt sich weithin sichtbar der Puig de Sant Salvador mehr als 300 Meter hoch über die Ebene. Auf seiner Spitze befindet sich seit dem 14. Jahrhundert das Santuari de Sant Salvador. Das exponierte Bergkloster, dessen großzügige Gebäude direkt an den Hang gerückt sind, war jahrhundertelang ein wichtiges Pilgerziel. Die Klosterkirche von 1716 verfügt daher über einen schönen barocken Hochaltar. Am östlichen Rand des Berges erhebt sich das bombastische Christkönigmonument von 1934, umgeben von einer Aussichtsterrasse. Am Nordwestende, etwas weiter unten, wurde 1957 das bescheidenere Steinkreuz Creu d'es Picot aufgestellt.

Vom Klosterberg überblickt man den gesamten Südosten Mallorcas.

Pflicht oder nicht?

- •••• *top, unbedingt machen!*
- ••• *sollte man erlebt haben*
- •• *nette Abwechslung*
- • *man versäumt nicht viel*

Die beste Aussicht im Südosten Mallorcas macht das Santuari zu einem lohnenden Ausflugsziel.

Das Hauptgebäude ist direkt an den Hang gebaut.

Allerdings sind es nicht diese Bauwerke, die täglich hunderte von Ausflüglern anziehen, sondern die wirklich beeindruckende Aussicht: Von mehreren Terrassen aus hat man einen weiten Blick über die Ebene und auf die Ostküste, dazu gibt es ein Restaurant und eine Cafeteria. Die schmale, kurvige Straße ist dem Verkehr oft nicht gewachsen. Am besten kommt man daher erst gegen Abend, dann hat sich der Trubel gelegt und man kann eine sehr schöne Lichtstimmung genießen.

Unübersehbar: das pompöse Christkönigmonument.

Oder man bleibt gleich über Nacht: Im Klostergebäude sind 18 Zimmer zu einem Hotel ausgebaut worden, das mit seiner exklusiven Lage und der klösterlichen Einfachheit zu den ausgefallensten Unterkünften Mallorcas zählt! Die Hostatgería wird von derselben Firma betrieben wie das Hotel la Victòria bei Alcúdia (➤ Seite 116) und ist erstaunlich preisgünstig.

Wie man hinkommt

Beschilderte Zufahrt von der Ma-4010 ca. 1,2 km östl. von Felanitx (Richtung Portocolom). Großer Parkplatz und Gastronomie am Gipfel. Die Straße ist schmal und kurvig und vor allem an Wochenenden überlastet. Keine Busverbindung.

Petit Hotel Hostatgería Sant Salvador: www.santsalvadorhotel.com, Tel. 0034 971 515 260

GPS-Wegpunkt 65: 39,45551 3,18622

Castell de Santueri

In Sichtweite von Sant Salvador hat sich auf einem weiteren Gipfel die weltliche Macht mit dem Castell de Santueri etabliert: Das flache Plateau des 423 Meter hohen Berges war bereits in prähistorischer Zeit besiedelt, die Römer unterhielten hier eine Militäranlage. Später errichteten die Mauren eine Festung, die so mächtig war, dass sie den christlichen Eroberern ein ganzes Jahr lang standhalten konnte, ehe sie schließlich eingenommen und vollständig zerstört wurde. Im 14. Jahrhundert wurde auf den Grundmauern eine neue Burg gebaut, die zu den größten Mallorcas zählte. Sie wurde bis ins 18. Jahrhundert militärisch genutzt, danach verfiel sie.

Nach einer umfangreichen Restaurierung kann die Ruine seit 2014 wieder besichtigt werden. Im südwestlichen Abschnitt, oberhalb des Eingangs, krönt eine eindrucksvolle Mauer eine senkrechte Felswand. Abgesehen davon sind allerdings nur noch Reste einiger kleinerer Gebäude erhalten, so dass es gar nicht so viel zu sehen gibt. Daher lohnt sich der Weg nur bei speziellem Interesse; um die Aussicht zu genießen, ist das nahegelegene Sant Salvador (➤ vorige Seite) die bessere Wahl.

Pflicht oder nicht?

•••• top, unbedingt machen!
••• sollte man erlebt haben
•• nette Abwechslung
• man versäumt nicht viel

Von der Burg ist wenig erhalten, die Fahrt sich daher nur bei speziellem Interesse.

Wie man hinkommt

Beschilderte Zufahrt von der Ma-14 Felanitx-Santanyí. Keine Busverbindung. Tägl. 10:00-19:00 Uhr, Eintritt 4,00 €. www.santueri.org

GPS-Wegpunkt 66: 39,43145 3,18743

Das Castell de Santueri war eine der mächtigsten Burgen Mallorcas.

Von Portocolom bis Cala d'Or

Das Fischerdorf **Portocolom** gruppiert sich um die größte Bucht der Ostküste, die sich rund 1,5 Kilometer weit ins Land hineinzieht und mehr als einen Kilometer breit ist. Mit diesen Dimensionen, die sie fast wie einen Binnensee erscheinen lassen, bietet sie sich als Hafen natürlich an: Nahezu das gesamte Ufer der Bucht ist eine einzige Reihe von Fischerbooten und kleineren Jachten. Am nördlichen Ende gruppiert sich der alte Ortskern mit einigen hübschen Häusern um die kleine Wehrkirche Nostra Senyora del Carmen, nach Süden hin schließt sich ein ausgedehntes und ziemlich steriles Neubauviertel an.

Pflicht oder nicht?

- •••• *top, unbedingt machen!*
- ••• *sollte man erlebt haben*
- •• *nette Abwechslung*
- • *man versäumt nicht viel*

Die Orte dieser Gegend sind nicht wirklich eine Sehenswürdigkeit. Die Strandbuchten haben Klasse, sind aber meistens recht voll.

Die riesige Bucht bestimmt das Ortsbild so sehr, dass Portocolom nicht mehr als ein Hafen mit ein paar Häusern herum zu sein scheint. Zwar gibt es durchaus einige Straßencafés, aber von Lebhaftigkeit kann keine Rede sein. Auch mit Stränden ist Portocolom nicht gut ausgestattet: Auf der Ostseite der Bucht gibt es einen winzigen, unattraktiven Strand. Größer und schöner ist die **Platja de Cala Marçal** am südlichen Ortsrand. Dieser sehr gepflegte Strand mit allen Serviceeinrichtungen zählt mit einer Länge von rund 100 Metern zu den größeren der Region, ist in Relation zum Ort aber dennoch unterdimensioniert und daher in der Regel überfüllt.

Portocolom wird ganz vom Hafen bestimmt.

Ein besserer Tipp für einen Strandausflug ist die wenige Kilometer südlich – ungefähr auf halbem Weg Richtung Cala d'Or – gelegene **Cala Sa Nau** (manchmal auch *Cala Arsenau*). Die sehr hübsche und weitgehend naturbelassene Bucht ist so tief ins Land eingeschnitten, dass man das offene Meer nicht sehen kann. Der intime Sandstrand ist traumhaft, allerdings wirklich klein. Die Bucht befindet sich zwar in unbebautem Gebiet, ist aber direkt mit dem Auto erreichbar, auch gibt es eine Strandbar und einen Sonnenschirmverleih. Einsamkeit sollte man also besser nicht erwarten, dennoch ist die Cala Sa Nau eine schöne Alternative zu den Buchten in den umgebenden Ferienorten.

Als nächste Ortschaft in Richtung Süden folgt **Cala d'Or**, eines der größten Ferienzentren im Südosten Mallorcas. Die Architektur fällt hier im Vergleich zu anderen Touristenorten durchaus dezent aus: Der Masterplan für diesen Ort wurde bereits in den Dreißigerjahren konzipiert. Damals hat man noch nicht so sehr auf Masse gesetzt, daher sind die durchgehend weißen Häuser im „Ibiza-Stil“ niedrig gebaut und mit viel Grün dazwischen angeordnet. Tatsächlich ist Cala d'Or einer der stilvolleren Ferienorte Mallorcas, und es gibt noch ein weiteres Plus: Im Ortsgebiet befinden sich nicht weniger als sieben schmale Strandbuchten! Sie alle sind von Hotels und Apartments umgeben und daher auch in der Nebensaison gut gefüllt, denn in Relation zur Zahl der Unterkünfte ist die Strandfläche sehr knapp.

Cala d'Or wird durch die weit eingeschnittene Hafenbucht in zwei Teile unterteilt. Im Norden liegt der Hauptort mit fünf Strandbuchten, darunter die größte von ihnen, Cala Gran. In der Nähe, etwas landeinwärts, befindet sich das Zentrum mit Fußgängerzone und einer großen

Die Cala Sa Nau ist klein und intim.

Auswahl an Gastronomie. Der kleinere Teil südlich des Hafens hat noch einmal zwei etwas weiter auseinander liegende Buchten. Die Wege im Ort sind durchaus recht lang, das Straßennetz ist unübersichtlich, direkt an der Küste kann man nicht entlanggehen. Ein Touristenbähnchen, das hier solarbetrieben ist und wie ein Aquarium aussieht, hilft beim Nahverkehr.

Das südlich angrenzende **Portopetro** ist ein winziges Fischerdorf mit einem hübschen Hafen. Die ausufernden Villenviertel, die den alten Ortskern umgeben, haben ihm allerdings viel von seiner Ursprünglichkeit genommen. Als Ausflugsziel ist Portopetro daher eher langweilig, auch als Ferienort hat es keine wirkliche Bedeutung, weil es im Ortsgebiet keine Strände gibt.

In Cala d'Or gibt es nicht weniger als sieben Strandbuchten.

Wie man hinkommt

Die Buslinie 441 pendelt zwischen allen Küstenorten von Cala Rajada bis Cala d'Or (hält auch an der Cala Marçal).

Cala Sa Nau: *Beschilderte Zufahrt von der Straße s'Horta-Cala Serena. Parken 3,50 € pro Tag, keine Busverbindung.*

Cala d'Or: *Die blau markierten Stellplätze nahe den Strandbuchten sind kostenpflichtig. Kostenlose Plätze ein Stück von der Küste entfernt. Die Buslinie 441 fährt durch den ganzen Ort.*

GPS-Wegpunkte:

63 (Portocolom):	39,42221	3,26181
64 (Cala Marçal):	39,40979	3,25843
65 (Cala Sa Nau):	39,39323	3,24731
66 (Cala d'Or Zentrum):	39,37425	3,22937

Teil 5

Der Süden

Mallorcas Südzipfel hat einige der schönsten Strände der Insel zu bieten: Im südöstlichen Bereich befinden sich mehrere der für die Ostküste typischen kleinen Strandbuchten, einige davon unverbaut und naturbelassen. Westlich des Cap de ses Salines dehnen sich weitläufige Dünenstrände aus, darunter die fast schon legendäre Platja d'es Trenc. Mit dem Städtchen Santanyí und den Inseln des Cabrera-Archipels gibt es aber auch attraktive Ausflugsmöglichkeiten.

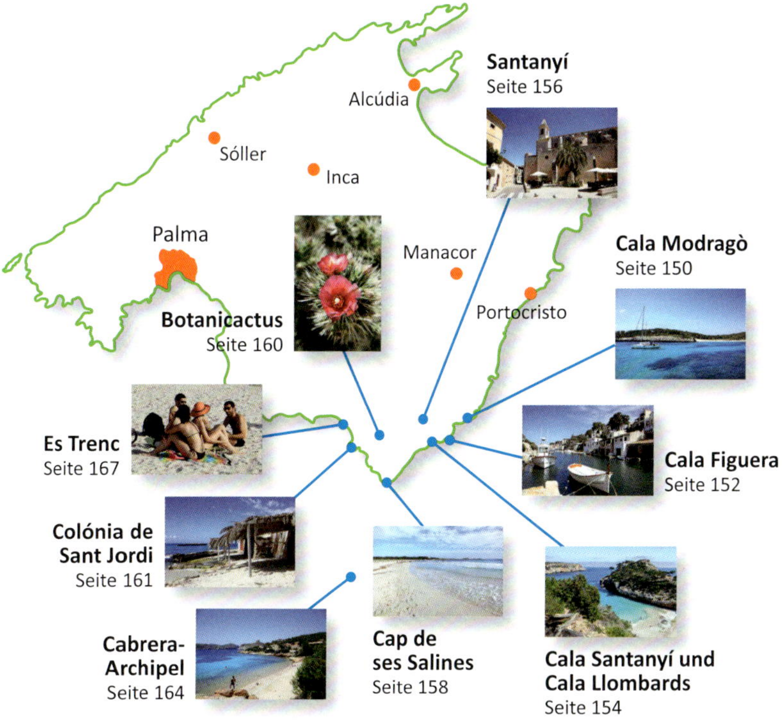

Alcúdia
Sóller
Inca
Palma
Manacor
Portocristo

Santanyí
Seite 156

Cala Modragò
Seite 150

Botanicactus
Seite 160

Es Trenc
Seite 167

Cala Figuera
Seite 152

Colónia de Sant Jordi
Seite 161

Cabrera-Archipel
Seite 164

Cap de ses Salines
Seite 158

Cala Santanyí und Cala Llombards
Seite 154

Cala Mondragó

In einem der wenigen unverbauten Küstenabschnitte im Südosten Mallorcas befindet sich die Cala Mondragó. Mit den beiden wunderschönen, sich direkt gegenüberliegenden Stränden wäre die Bucht in jedem Fall ein begehrenswertes Objekt für die touristische „Entwicklung“. In den Achtzigerjahren ist es auch fast so weit gekommen, die Pläne zur Verbauung waren sehr konkret. Doch diesmal waren die Naturschützer stärker: 1992 wurde das Gebiet um die Bucht, weit ins Land hineinreichend, als Parc Natural de Mondragó unter Schutz gestellt. Nur einige sehr kleine Ferienanlagen am nördlichen Rand, die zu dieser Zeit schon existierten, durften bleiben. Am Parkplatz an der Nordzufahrt gibt es ein Informationszentrum, das auf die ökologische Bedeutung des Gebiets hinweist: Die Pflanzengesellschaft ist außergewöhnlich vielfältig, außerdem ist die Gegend ein wichtiges Brut- und Rastgebiet für zahlreiche Wasser- und Singvogelarten.

Pflicht oder nicht?

- •••• *top, unbedingt machen!*
- ••• *sollte man erlebt haben*
- •• *nette Abwechslung*
- • *man versäumt nicht viel*

Auch wenn sie nicht sonderlich einsam sind, gehören die Strände von Mondragó zu den schönsten Mallorcas!

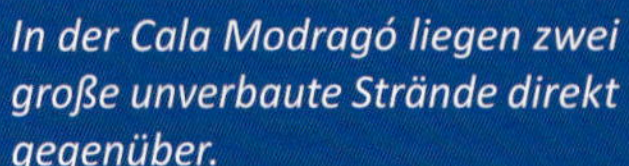

In der Cala Modragó liegen zwei große unverbaute Strände direkt gegenüber.

Das heißt freilich nicht, dass die beiden Strände – die knapp 150 Meter lange **Platja s'Amarador** im Süden und die nördliche und etwas kleinere **Platja ses Fonts de n'Alís** – sonderlich wild und einsam wären: Es gibt zwei Zufahrten mit großen Parkplätzen, von denen man nur wenige Minuten laufen muss, und während der Saison ist durchaus einiges los. Dennoch gehören die tief in die malerische Bucht eingebetteten und von Kiefernwäldern umgebenen Strände zu den schönsten der Ostküste! An der nördlich gelegenen Platja ses Fonts de n'Alís gibt es zwei kleine Hotels und zwei Restaurants sowie einen Sonnenschirm- und Liegenverleih, hier hält auch ein Bus. Die Platja s'Amarador ist unbewirtschaftet. Durch einen breiten, 300 Meter langen Promenadenweg sind die beiden Strände miteinander verbunden. Wenige Minuten in Richtung Osten lohnt noch die völlig unerschlossene, aber wirklich winzige Bucht **Caló des Borgit** einen Abstecher.

Die Caló des Borgit ist der kleinste der Mondragó-Strände.

Wie man hinkommt

Mit dem Auto: *Beschilderte Zufahrt von der Ma-6102 Santanyí-Cala Figuera (Wegweiser „s'Amarador") bis zu einem großen Parkplatz südlich der Strände. Von dort ca. 400 m Richtung Nordwesten (also nach links, wenn man zum Meer schaut) zur Platja s'Amarador. Ein zweiter großer Parkplatz befindet sich 500 m nördlich der Platja ses Fonts de n'Alís (Zufahrt ab Portopetro, hier nach „Mondrago" beschildert). Beide Parkplätze 5,00 € pro Tag, alternative Parkmöglichkeiten sind nicht vorhanden.*

Mit dem Bus: *Linie 507 ab Cala Ferrera über Cala d'Or bis Cala Mondragó (ca. alle 2 Std., nicht am So).*

Zur Caló des Borgit: *Vom Nordparkplatz am Hostal Playa Mondragó vorbei, dann links auf einen breiten Fußweg.*

GPS-Wegpunkte:

67 (Platja s'Amarador):	*39,34978*	*3,18547*
68 (Platja ses Fonts de n'Alís):	*39,35218*	*3,18830*
69 (Caló des Borgit):	*39,35258*	*3,19294*

Cala Figuera

Das alte Fischerdorf Cala Figuera gruppiert sich um die enge Hafenbucht, die sich wie ein Fjord mehr als 700 Meter weit ins Land hineinzieht und an ihrem Ende in zwei Arme geteilt ist. Die Bucht ist ein idealer Naturhafen, gerade groß genug für Fischerboote, und wird daher schon seit Jahrhunderten genutzt. Dieses Flair der Geschichte ist

Die enge Hafenbucht zieht sich weit ins Land hinein.

hier im Gegensatz zu den meisten anderen Küstenorten auch erhalten geblieben: Da es in Cala Figuera keinen Strand gibt, ist der Ort nie von der modernen Tourismusmaschinerie vereinnahmt worden. Es gibt nur wenige kleine Unterkunftsbetriebe, die von Individualtouristen bevorzugt werden. Mit seiner malerisch-nostalgischen Anmutung hebt sich das Dorf wohltuend von den Retortensiedlungen der Umgebung ab, der Hafen ist sicherlich einer der schönsten von ganz Mallorca.

Pflicht oder nicht?

- •••• *top, unbedingt machen!*
- ••• *sollte man erlebt haben*
- •• *nette Abwechslung*
- • *man versäumt nicht viel*

Cala Figuera ist das vielleicht schönste Fischerdorf Mallorcas, romantisch und intim!

Das kleine Zentrum mit einigen Restaurants befindet sich am Südrand der Hafenbucht. Ein schmaler Gehweg führt um die gesamte Bucht herum, vorbei an hübschen Bootsgaragen. Dazwischen führen steile Treppen zu den oberhalb gelegenen Straßen hinauf. Am späten Nachmittag wird der Fang angelandet, danach sitzen die Fischer am Kai und flicken die Netze – wenn man irgendwo auf Mallorca noch die halbwegs authentische Atmosphäre eines alten Fischerdorfes erleben kann, dann hier! An den alten Dorfkern schließt sich im Süden eine kleine, sehr ruhige Feriensiedlung an. Einen Strand gibt es allerdings auch hier nicht, dafür muss man ins nahegelegene Cala Santanyí (➤ nächste Seite) hinüber.

Wie man hinkommt

Parkplätze in den Straßen am Südrand der Hafenbucht. Buslinie 503 von Campos über Colònia de Sant Jordi und Santanyí.

GPS-Wegpunkt 70: 39,33168 3,16803

In Cala Figuera hat sich die Atmosphäre eines Fischerdorfes erhalten.

Cala Santanyí und Cala Llombards

Der kleine und ziemlich verschlafene Ferienort **Cala Santanyí** gruppiert sich um die tief eingeschnittene Bucht gleichen Namens, die einen sehr hübschen Strand hat. Er ist mit allen Serviceeinrichtungen ausgestattet und direkt mit dem Auto erreichbar, mit rund 80 Metern Länge allerdings ziemlich klein. Ein Spaziergang von etwa zehn Minuten führt zu der auf halbem Weg nach Cala Llombards gelegenen Felsbrücke Es Pontàs. Der sechs Meter hohe Steinstapel, der auf dem Weg zu dem außergewöhnlichen Naturmonument auffällt, ist eine Skulptur des deutschen Künstlers Rolf Schaffner. Auch im ähnlich überschaubaren Nachbarort **Cala Llombards** befindet sich eine reizvolle Strandbucht. Der nur rund 60 Meter lange Strand wirkt mit den umgebenden Felswänden und den nostalgischen Bootshäusern intim und romantisch, ist aber üblicherweise recht voll.

Pflicht oder nicht?

- •••• *top, unbedingt machen!*
- ••• *sollte man erlebt haben*
- •• *nette Abwechslung*
- • *man versäumt nicht viel*

Die Gegend hat einige sehr schöne Strandbuchten zu bieten, die allerdings ziemlich klein und daher oft recht voll sind.

Noch ein Stück weiter südlich, bei den letzten Ausläufern von Cala Llombards, versteckt sich eine der schönsten Strandbuchten der Ostküste: der **Caló des Moro**. Hohe, von der Brandung unterhöhlte Felsen umschließen in der tief eingeschnittenen Bucht einen lauschigen kleinen Sandstrand, das offene Meer liegt um die Ecke und ist nicht zu sehen. Eine Bar oder andere Serviceeinrichtungen gibt es nicht.

Cala Santanyí hat einen hübschen, allerdings ziemlich kleinen Strand.

Es Pontàs ist ein eindrucksvolles Naturmonument.

Unverbaut und schwer zu finden, kann die Caló des Moro fast noch als Geheimtipp durchgehen – obwohl die Einheimischen sie natürlich sehr gut kennen und gerne besuchen. Da der Strand gerade mal 40 Meter lang ist, kann es hier auch durchaus recht eng werden. An der gegenüberliegenden Seite des Cap des Moro lohnt die Felsbucht Cala s'Almunia mit ihren malerischen Bootshäusern einen kleinen Umweg.

Die Caló des Moro ist eine der schönsten Buchten der Insel.

Wie man hinkommt

Cala Santanyí: *Beschilderte Zufahrt ab Santanyí. Buslinie 503 von Campos über Colónia de Sant Jordi, Haltestelle direkt am Parkplatz. Zur Felsbrücke: Die große Freitreppe am rechten Rand der Bucht hinauf, oben auf der Straße nach links Richtung Meer, dann der Beschilderung „Es Pontàs" folgen.*

GPS-Wegpunkt 71: 39,33083 3,14577

Cala Llombards: *Beschilderte Zufahrt von der Ma-6100 Santanyí-Llombards, Parkplatz direkt am Strand. Keine Busverbindung.*

GPS-Wegpunkt 72: 39,32397 3,13910

Caló des Moro: *Die Zufahrt zweigt von der Straße nach Cala Llobarts ab. Unmittelbar vor dem Ortsschild von Cala Llombards hinter einem Grundstück mit einer weißen Mauer rechts, bis es nicht mehr weitergeht, dann links und gleich wieder rechts. Am Ende der Straße wieder links in die Carrer des Caló des Moro. Diese Straße biegt nach etwa 400 m als Carrer de sa Punta des Baus rechts ab. Hier beginnt bei einigen Informationstafeln ein Pfad zur Bucht (etwa 200 m, im letzten Abschnitt ziemlich steil). Keine Busverbindung.*

GPS-Wegpunkt 73: 39,31376 3,12159

Santanyí

Das verschlafene Landstädtchen Santanyí war in historischen Zeiten die bedeutendste Ortschaft im Süden Mallorcas, bereits 1300 erhielt es die Stadtrechte. Daher ist es trotz der überschaubaren Größe ein durchaus interessantes Ausflugsziel: Die Altstadt, die von einer Umgehungsstraße weitgehend verkehrsfrei gehalten wird, ist von Neubauten praktisch unbeeinträchtigt. Die Häuser zeigen eine bemerkenswerte farbliche Geschlossenheit, weil sie fast ausschließlich aus dem hellen Kalksandstein Marès errichtet wurden. Dieser Stein zeigt in frischem Zustand ein helles Cremeweiß, im Lauf der Zeit dunkelt er in Richtung schöner Ockertöne nach. Das edle und bis heute sehr begehrte Baumaterial ist ein lokales Erzeugnis: Es wird seit Jahrhunderten in der Nähe abgebaut und sogar aufs spanische Festland exportiert, aber auch die Kathedrale von Palma ist aus dem Stein von Santanyí erbaut.

Pflicht oder nicht?

- •••• *top, unbedingt machen!*
- ••• *sollte man erlebt haben*
- •• *nette Abwechslung*
- • *man versäumt nicht viel*

Santanyí ist nicht gerade lebhaft, dennoch aber die wohl schönste Stadt im Südzipfel Mallorcas!

Weithin sichtbar beherrscht die festungsartig wirkende Kirche **Sant Andreu Apòstol** die Plaça Major. Bei ihrer Errichtung ab 1786 wurde ein kleinerer Vorgängerbau aus dem 14. Jahrhundert als Seitenkapelle integriert. Der größte Schatz der Kirche ist eine der kostbarsten Orgeln Mallorcas: Der königliche Orgelbauer aus Palma, Bosch de Veri, baute das Instrument im 18. Jahrhundert für das Dominikanerkloster

Santanyí hat das schönste historische Zentrum im Süden Mallorcas.

der Hauptstadt. 1835 kam es nach dessen Auflösung durch die Stiftung eines Privatmannes nach Santanyí. Doch ist die Kirche nicht der einzige Grund, das kleine, charmante Landstädtchen zu besuchen: Die langgestreckte, direkt vor dem Hauptportal der Kirche beginnende **Plaça Major** ist von kleinen, stimmungsvollen Gassen umgeben. Ein kurzes Stück von der Kirche entfernt lohnt ein außergewöhnlich großes und geradezu prunkvolles **Waschhaus** einen Umweg. Direkt daneben, mitten auf der Straße, befindet sich der schrullige **„Elefantenfußbrunnen"**, eine historische Viehtränke. In der anderen Richtung verdient die **Porta Murada** Beachtung, ein Stadttor aus dem 16. Jahrhundert. Am Mittwoch- und am Samstagvormittag wird es lebhaft in Santanyí: An diesen Tagen findet der Markt statt, der als einer der schönsten der Insel bekannt ist.

Die prachtvolle Orgel kam durch eine Stiftung in die Stadt.

Wie man hinkommt

Kostenlose Parkplätze an den Straßen. Buslinie 503 von Colónia de Sant Jordi und Cala Santanyí, 501 von Palma und Cala d'Or.

Kirche: *tägl. 18:00-19:30 Uhr, außerdem Mi und Sa 10:00-13:00 und So 8:30-12:00 Uhr.*

Brunnen und Waschhaus: *Rechts an der Kirche vorbei, dann gut 100 m auf der Carrer de Sant Andreu zur nächsten größeren Straße.*

GPS-Wegpunkte:

74 (Kirche und Plaça):	*39,35462*	*3,12920*
75 (Brunnen und Waschhaus):	*39,35368*	*3,13002*
76 (Porta Murada):	*39,35480*	*3,12779*

Cap de ses Salines

Das Cap de ses Salines ist der südlichste Punkt Mallorcas. Links und rechts der schmalen Straße, die durch unbesiedeltes Land zum Kap führt, ist alles sorgfältig abgesperrt: Die ganze Gegend ist in Privatbesitz, nur ein Streifen an der Küste ist zugänglich. Die Straße endet am kleinen Leuchtturm, der schon seit 1863 an einer flachen, felsigen seinen Dienst tut. Irgend jemand muss hier mal auf die Idee gekommen sein, Steinstapel aufzubauen, und das fand so großen Anklang, dass die Umgebung des Leuchtturms zu einem regelrechten Skulpturengarten geworden ist! Einen Strand gibt es hier nicht, man könnte allenfalls an den flachen Felsplateaus ins Wasser steigen.

Pflicht oder nicht?

- •••• *top, unbedingt machen!*
- ••• *sollte man erlebt haben*
- •• *nette Abwechslung*
- • *man versäumt nicht viel*

Nur wegen dem Kap müsste man nicht kommen, aber die Platja d'es Caragol ist ein Tipp!

Ganz in der Nähe des Kaps gibt es aber gleich mehrere sehr schöne Strände: Mit einem kleinen Spaziergang Richtung Colònia de Sant

Das Errichten von Steinstapeln ist ein beliebter Sport am Kap.

Jordi erreicht man die großartige **Platja d'es Caragol**. Der feinsandige, über 700 Meter lange Strand ist unverbaut und komplett naturbelassen, es gibt keinerlei Serviceeinrichtungen. Die Algen, die hier oft reichlich angeschwemmt werden, sind die einzige Beeinträchtigung dieses wilden Paradieses. Geht man noch zwei Kilometer weiter, kommt man zur kleinen, tief eingeschnittenen Bucht **Cala Entugores**. Auch hier gibt es einen Sandstrand, der allerdings nicht ganz so schön ist wie die Platja d'es Caragol. In der anderen Richtung führt eine Wanderung zur traumhaften und sehr abgelegenen Bucht Caló des Marmols (➤ Seite 254).

Wanderungen

18 **Vom Cap de ses Salines zur Caló des Marmols**

Technik ●●●○○
Kondition ●●○○○

➤ *Seite 254*

Die Platja d'es Caragol ist lang und völlig naturbelassen.

Wie man hinkommt

Die Ma-6110 führt bis zum Leuchtturm, wenige Parkplätze am Straßenrand. Keine Busverbindung. Beachten Sie auch die Karte auf S. 256!

Zur Platja d'es Caragol: *Am Leuchtturm rechts, dann immer auf dem deutlichen Küstenpfad in etwa 20 min zum Strand. Auch von Colónia de Sant Jordi aus zugänglich (etwa 8 km, knapp 2 Stunden).*

GPS-Wegpunkte:

77 (Kap):	*39,26564*	*3,05301*
78 (Platja d'es Caragol):	*39,27867*	*3,04309*

Botanicactus

Der 1989 eröffnete Kakteenpark Botanicactus zwischen Ses Salines und Santanyí ist mit einer Fläche von rund 15 Hektar der größte botanische Garten Mallorcas. Die Kakteensammlung bildet den Schwerpunkt des Parks, es gibt aber auch zahlreiche andere Pflanzen zu sehen: Traditionelle mallorquinische Nutzpflanzen wie Orangen-, Zitronen-, Granatapfel- und Olivenbäume sind ebenso dabei wie ein Palmenhain und ein großer künstlicher See mit Wasser- und Uferpflanzen.

Viele der Kakteen sind zu imposanten Ausmaßen herangewachsen, und es stehen immer einige der vielen gezeigten Arten in Blüte. Darüber hinaus bleibt der Erlebniswert jedoch eher bescheiden, das Gelände wirkt etwas öd. Leider gibt es auch keinerlei Erläuterungen, die über ein paar Schildchen mit den Pflanzennamen hinausgehen – bei dem doch recht üppigen Preis darf man durchaus etwas mehr erwarten als die reine Präsentation möglichst vieler Arten.

Pflicht oder nicht?

- •••• *top, unbedingt machen!*
- ••• *sollte man erlebt haben*
- •• *nette Abwechslung*
- • *man versäumt nicht viel*

Ohne besonderes Interesse für Kakteen ist der Park ziemlich langweilig, der Eintrittspreis grenzwertig.

Es stehen immer einige der Kakteen in Blüte.

Wie man hinkommt

An der Ma-6100 Santanyí-Colónia de Sant Jordi bei Ses Salines. Buslinien 495 und 503 ab Colónia de Sant Jordi, 503 ab Cala Santanyí.

März 9:00-18:30 Uhr, April bis August 9:00-19:30 Uhr, September bis Oktober 9:00-19:00 Uhr, November bis Februar 10:30-16:30 Uhr (jeweils alle Wochentage). Erwachsene 10,50 €, Kinder 5,00 €.

www.botanicactus.com, Tel. 0034 971 649 494

GPS-Wegpunkt 79: 39,34143 3,06553

Colònia de Sant Jordi

Colònia de Sant Jordi ist das größte Ferienzentrum im äußersten Süden Mallorcas. Der Ort hat keinen historischen Kern und ist ziemlich gesichtslos, das Nachtleben ist dürftig – wer hier seinen Urlaub verbringt, hat es gern ruhig. Doch hat die „Kolonie" einen großen Vorteil: In der Nähe gibt es gleich eine ganze Reihe fantastischer Sandstrände! Man muss allerdings ein Stück laufen, denn auf der Landzunge, die vom recht weitläufigen Ort eingenommen wird, gibt es nur eine felsige Küste. In Richtung Osten reihen sich aber gleich mehrere weitläufige Strände aneinander, die durch Küstenpfade miteinander verbunden sind.

Pflicht oder nicht?

- •••• *top, unbedingt machen!*
- ••• *sollte man erlebt haben*
- •• *nette Abwechslung*
- • *man versäumt nicht viel*

Der Ort muss man nicht erlebt haben, aber die Strände sind großartig!

Die Strandkette beginnt mit der **Platja d'es Port**, die sich im östlichen Ortsbereich direkt neben dem Jachthafen befindet. Der rund 170 Meter lange Hafenstrand ist mit den üblichen Serviceeinrichtungen ausgestattet. Auf der gegenüberliegenden Seite der Bucht sieht man von hier aus die **Platja Es Dolç**, die mit mehr als 400 Metern Länge deutlich größer ist und über eine breite Promenade in wenigen Minuten erreicht werden kann. Geht man noch weiter in Richtung Südosten, wird es zusehends wilder: Über ein kleines Felskap geht es mit schönem Blick auf das Felsinselchen Sa Guardis an urigen Bootshütten vorbei. Kurz darauf ist die mit 1,4 Kilometern Länge ausgedehnteste Strandzone der Gegend erreicht, die **Platja d'es Carbó**, die direkt in die benachbarte

Gleich neben dem Hafen gibt es einen hübschen Strand.

Östlich des Ortes befinden sich mehrere ausgedehnte Strände.

Platja de ses Roquetes übergeht: Ein fantastischer Strand mit schönem, feinem Sand und Platz ohne Ende, allerdings ohne Serviceeinrichtungen und oft durch angeschwemmte Algen beeinträchtigt. Eine weitere Miniinsel, Sa Moltona, bildet eine hübsche Kulisse, in der Ferne sieht man die Inseln des Cabrera-Archipels. Von hier aus sind es noch einmal knapp fünf Kilometer bis zur **Platja d'es Caragol**, die auch vom Cap de ses Salines aus erreichbar ist (➤ Seite 159). In der entgegengesetzten Richtung, am Nordende von Colònia de Sant Jordi, beginnt die sehr schöne **Platja Estanys**. Von hier aus kann man in etwa zehn Minuten weiter zum Strand von Es Trenc laufen (➤ Seite 167).

Der Ort selbst ist nicht gerade reich an Attraktionen, auch das Zentrum am Hafen ist eher langweilig. Ein echtes Architektur-Highlight und eine schöne Abwechslung ist allerdings das nagelneue **Besucherzentrum des Cabrera-Nationalparks**, das über die Ökosysteme der Cabrera-Inseln (➤ nächste Doppelseite) informiert. Unten gibt es eine Reihe von Aquarien, die dort heimische Fischarten zeigen, danach geht es mit einem gläsernen Fahrstuhl durch eines der Becken nach oben. Dort umfasst eine zylinderförmige Betonschale ein großformatiges Wandgemälde, das die Geschichte des Mittelmeerraumes darstellt. Die Anlage beeindruckt durch ihre ambitionierte Architektur, der Informationsgehalt bleibt jedoch dürftig, da Beschriftungen – wenn überhaupt – nur auf Katalanisch und Spanisch vorhanden sind.

Das Nationalparkzentrum zeigt die heimische Unterwasserwelt.

Am Nordrand des Ortes befinden sich die weitläufigen Anlagen der **Salines de s'Avall**. Es ist eine von nur zwei Salinen auf Mallorca, die andere befindet sich wenige Kilometer weiter bei Es Trenc (➤ Seite 167). Schon seit dem 4. vorchristlichen Jahrhundert wird hier auf traditionelle Art Meersalz hergestellt, und am Prinzip der Salzgewinnung durch die Verdunstung von Meerwasser hat sich seitdem nicht viel geändert. Wenn man am Zaun entlanggeht, kann man die flachen Verdunstungsbecken mit dem von Bakterien rötlich gefärbten Wasser und die blendend weißen Salzhaufen sehen. Ein Verein bemüht sich heute um die Vermittlung dieses besonderen Kulturerbes und veranstaltet Führungen (auch auf Deutsch), bei denen man viel über diese Methode der Salzgewinnung erfährt.

In den Salinen wird bis heute auf traditionelle Art Salz gewonnen.

Es Trenc 800 m (Fußweg)
Es Trenc (Straße) Campos
Ses Salines Santanyí
Ma-6040
Ma-6100
Colònia de Sant Jordi
800 m
1:40.000
Sa Guardis
Sa Moltona
Platja d'es Caragol 4,5 km (Fußweg)

Colònia de Sant Jordi und Umgebung

1: Hafen
2: Platja d'es Port
3: Cabrera-Zentrum
4: Platja Es Dolç
5: Platja d'es Carbó
6: Platja de ses Roquetes
7: Salines de s'Avall
8: Treffpunkt Salinenführung
9: Platja Estanys

Wie man hinkommt

Buslinie 502 von/nach Palma, weitere Linien zu den umgebenden Ortschaften. Zugang zu den Stränden vom Hafenstrand am östlichen Ortsrand, zur Platja Estanys vom Hotel Marquès am Nordrand.

GPS-Wegpunkte:

80 (Platja d'es Port):	*39,31716*	*2,99814*
81 (Platja Es Dolç):	*39,31626*	*3,00475*
82 (Pl. d'es Carbó/Pl. de ses Roquetes):	*39,30655*	*3,01618*
83 (Platja Estanys):	*39,32680*	*2,99003*

Centro de Visitantes Parque Nacional Cabrera: *nördlich des Hafenstrands. Täglich 10:00-14:00 und 15:00-18:00 Uhr, letzter Einlass 60 min vor Schließung. Erwachsene 5,00 €, Kinder von 3-12 3,00 €.*

GPS-Wegpunkt 84: 39,31854 2,99937

Salinenführung: *Treffpunkt am Hotel Blau am Südostrand der Saline (aus Richtung Ses Salines am Ortsrand rechts in die Carrer Mercadala, dann links in die Carrer Roada; Buslinie 502, Haltestelle Club Colònia). Normalerweise täglich, jedoch nur mit Reservierung unter 0034 661 486 698, dabei erfährt man auch Termin und Zeit. 11,00 €, Kinder bis 10 gratis. www.lasal.cat*

GPS-Wegpunkt 85 (Treffpunkt): 39,32252 2,99456

Cabrera-Archipel

Wenige Kilometer südlich von Mallorca befinden sich die insgesamt 18 Inseln des Cabrera-Archipels. Die größte, die Illa de Cabrera (also „Ziegeninsel"), hat eine Länge von rund 5,5 Kilometern und eine Fläche von 15,7 Quadratkilometern, ihre höchste Erhebung erreicht immerhin 172 Meter. Die anderen Inseln sind deutlich kleiner, die meisten nur einzelne Felsen. Sie sind unbewaldet und von einer buschigen Vegetation bedeckt. Dennoch haben sie eine wichtige ökologische Funktion, vor allem als Brut- und Rastplatz für Seevögel: Hier brüten seltene Arten wie Korallenmöwen, Sturmschwalben und Mittelmeer-Sturmtaucher.

Pflicht oder nicht?

- ●●●● *top, unbedingt machen!*
- ●●● *sollte man erlebt haben*
- **●● *nette Abwechslung***
- ● *man versäumt nicht viel*

Cabrera ist ein hübscher Ausflug, aber kein Muss: Die Strände sind auf Mallorca besser, Entdecker werden durch Vorschriften eingeschränkt.

Die Küstenlinie der Hauptinsel ist von zahlreichen Buchten durchsetzt, deren größte ein gut geschützter Naturhafen ist. Im 14. Jahrhundert wurde über der Einfahrt eine kleine Festung errichtet, um zu verhindern, dass sich hier Piraten einnisten und die Insel als Stützpunkt für Angriffe auf Mallorca nutzen. Während des Spanischen Unabhängigkeitskrieges gegen Napoleon wurde die Illa de Cabrera zum Schauplatz eines Kriegsverbrechens: Im Jahr 1809 brachte die spanische Armee etwa 9000 französische Kriegsgefangene auf die damals unbewohnte Insel und überließ sie ohne Nahrung, Wasser und medizinische Versorgung ihrem Schicksal. Als die Gefangenen bei Kriegsende 1814 freikamen, war fast die Hälfte von ihnen durch Hunger, Krankheiten und Gewalttaten ums Leben gekommen. Im weiteren Verlauf des 19. Jahrhunderts wurden drei Leuchttürme errichtet, und es gab neue Besiedlungsversuche, die allerdings nicht sehr weit gediehen. 1916 wurden die wenigen Bewohner enteignet, um einen Militärstützpunkt einzurichten. Über Jahrzehnte wurden die Inseln als militärisches Übungsgebiet genutzt, bis sie schließlich 1991 zum Nationalpark erklärt wurden. Heute sind sie unbewohnt, abgesehen von einem kleinen Militärstützpunkt und einigen Rangern auf der Illa de Cabrera.

Die Hauptinsel ist von Colònia de Sant Jordi aus im Rahmen von Tagesausflügen zugänglich. Um das sensible Ökosystem zu schonen, ist der Zugang reguliert: Pro Tag dürfen nur maximal 200 Personen hinüberfahren. Die Rückfahrzeit wird vom Ausflugsveranstalter festgelegt, man darf nur die wenigen freigegebenen Wege benutzen – freiheitsliebende Entdecker werden also weniger auf ihre Kosten kommen. Seit

In der Hafenbucht gibt es mehrere kleine Strände.

2014 erlaubt immerhin ein kleines Refugi, auch über Nacht zu bleiben. Die Ausflugsfahrten gibt es in verschiedenen Varianten: Bei den kürzeren Touren geht es direkt zum Hafen der Hauptinsel, bei den längeren wird diese zuvor noch umrundet. Die Umrundung lohnt sich allerdings nicht besonders, da die karge Felsküste eher unspektakulär ist.

Am Hafen, wo es eine kleine Bar gibt, werden die Ankommenden von einem Ranger empfangen, der kurz erklärt, was erlaubt ist und was nicht. Beliebt ist der etwa zehnminütige Weg hinauf zur Festung, die eine schöne Aussicht bietet. Die Hauptattraktion sind jedoch die Strände der Hafenbucht: Die Platja de Cabrera ist in etwa 15 Minuten erreicht. Der Strand hat eine hübsche, intime Atmosphäre, allerdings ist er ziemlich klein und daher in der Regel gut gefüllt. Der etwa 700 Meter weiter entfernte Kiesstrand S'Espalmador ist weniger voll, aber auch nicht so attraktiv. Der ebenfalls zugelassene Weg zum Leuchtturm Far de n'Ensiola ist mit rund 11 Kilometern (hin und zurück) eine längere Wanderung, die auf einer breiten Fahrpiste verläuft und daher nicht sehr interessant ist.

Die Cova Azul schimmert in tiefem Blau.

Sofern die Wellen nicht zu hoch sind, gibt es auf der Rückfahrt noch einen Abstecher in die Cova Azul. Die nur vom Meer aus erreichbare „Blaue Grotte“ schimmert durch Reflexionen auf dem sandigen Grund in einem wunderschönen blauen Licht. Wer will, kann hier kurz vom Boot aus ins Wasser springen!

Wie man hinkommt

Die Inseln sind von Colònia de Sant Jordi aus mit Bootsausflügen zugänglich: Excursions a Cabrera, www.excursionsacabrera.es, Tel. 0034 971 649 034, oder www.marcabrera.com, Tel. 0034 622 574 806. Tickets an den Buden am Hafen, Preise je nach Tourlänge um 40-55 € für Erwachsene und 25-35 € für Kinder. Für private Boote ist eine Genehmigung der Nationalparkverwaltung nötig. Informationen zum Refugi: www.cvcabrera.es, Link „Albergue“.

GPS-Wegpunkt 86 (Strand): 39,14413 2,93702

Es Trenc

Nördlich von Colònia de Sant Jordi befindet sich einer der bekanntesten Strände Mallocas: Es Trenc (gesprochen „Es Trenk"). Oft wird er als „schönster Strand Mallorcas" bezeichnet – das ist natürlich Geschmackssache, etwas Besonderes ist Es Trenc aber in jedem Fall! Der fast fünf Kilometer lange Strand mit puderfeinem hellen Sand ist abgesehen von der kleinen Siedlung Ses Covetes völlig unverbaut. Er wird durch einen breiten Dünengürtel begrenzt, der allerdings unter Naturschutz steht und daher nicht betreten werden darf. Nacktbaden ist offiziell erlaubt und üblich.

Pflicht oder nicht?

- •••• *top, unbedingt machen!*
- ••• *sollte man erlebt haben*
- •• *nette Abwechslung*
- • *man versäumt nicht viel*

Über den Titel „schönster Strand Mallorcas" kann man natürlich streiten, etwas sehr Besonderes ist Es Trenc aber in jedem Fall!

Der Strand erstreckt sich von Sa Ràpita im Westen bis kurz vor Colònia de Sant Jordi (➤ Seite 161) im Osten, unterbrochen von Ses Covetes. Er ist von diesen drei Ortschaften aus zugänglich. Die meisten Besucher benutzen aber die Zufahrtsstraße im östlichen Abschnitt, die an einem großen Parkplatz endet. Auf diesem Weg passiert man die Salines de Llevant, in denen heute noch Salz nach traditioneller Methode gewonnen wird. In einem kleinen Laden an der Einfahrt kann man reines Meersalz, Gewürzsalz und andere Erzeugnisse kaufen.

Es Trenc wird oft als schönster Strand Mallorcas bezeichnet.

In der Nähe dieses Hauptzugangs gibt es zwei schöne Strandbars mit Sonnenschirm- und Liegenverleih, der größte Teil des Strandes ist aber unbewirtschaftet. Es Trenc ist einer der bekanntesten Strände Mallorcas und entsprechend gut besucht, die weitläufige Sandmeile bietet aber reichlich Platz. Die Atmosphäre ist daher zumindest in der Nebensaison angenehm locker und entspannt, das Publikum sehr gemischt mit einem hohen Anteil Einheimischer – für das perfekte Karibik-Flair fehlen eigentlich nur noch die Palmen!

Vor allem abends ist die Atmosphäre locker und entspannt.

Wie man hinkommt

Beschilderte Zufahrt von der Ma-6040 zwischen Campos und Colònia de Sant Jordi. Parken 6,00 € pro Tag. Keine Busverbindung. Alternativ ist Es Trenc von Sa Ràpida und Ses Covetes (Buslinie 515 Palma-Campos) sowie Colònia de Sant Jordi aus zugänglich.

GPS-Wegpunkt 87 (Parkplatz): 39,33917 2,99301

Der Strand zieht sich über fast fünf Kilometer.

Teil 6

Das Inselinnere

Das Zentrum Mallorcas wird von der weitläufigen Ebene *Es Pla* bestimmt, der agrarisch geprägten „Kornkammer“ der Insel. Da es hier kaum touristisch interessante Attraktionen gibt und die Entfernungen zu den Ferienorten recht groß sind, wird die Gegend von den meisten Besuchern links liegen gelassen. Einige Sehenswürdigkeiten, die einen Blick in verschiedene Epochen der Geschichte erlauben, lohnen aber dennoch einen Besuch!

Sineu
Seite 173

Alcúdia
Sóller
Inca
Artá
Palma
Manacor
Portocristo
Llucmajor
Santanyí

Capocorb Vell
Seite 170

Els Calderers
Seite 171

Capocorb Vell

Capocorb Vell gehört zu den bedeutendsten archäologischen Stätten Mallorcas: Von schätzungsweise 1000 v. Chr. bis zum Beginn der römischen Epoche 123 v. Chr. gab es hier eine größere Siedlung der talayotischen Kultur (➤ Seite 14). Ihr hervorragender Erhaltungszustand macht sie neben Ses Païsses bei Artà (➤ Seite 127) zu einem der wichtigsten Zeugnisse dieser prähistorischen Epoche auf Mallorca.

Pflicht oder nicht?

- •••• *top, unbedingt machen!*
- ••• *sollte man erlebt haben*
- •• *nette Abwechslung*
- • *man versäumt nicht viel*

Nirgendwo sonst bekommt man einen besseren Eindruck von der talayotischen Epoche! Dennoch lohnt es sich nur bei Interesse für das Thema.

Wie man hinkommt

An der Ma-6014 nördlich von Cala Pi. Keine Busverbindung. Tägl. außer Donnerstag 10:00-17:00 Uhr, Eintritt 2,00 €.

GPS-Wegpunkt 88: 39,39689 2,82467

Da sich die Ausgrabungen etwas abgelegen in einer ansonsten ziemlich uninteressanten Gegend befinden, kommen nur sehr wenige Besucher nach Capocorb Vell. Oft ist man in dem weitläufigen Gelände ganz alleine und kann die durchaus eindrucksvollen Bauwerke in Ruhe auf sich wirken lassen: Nicht weniger als fünf Talayots – niedrige steinerne Türme, deren Zweck bis heute nicht ganz geklärt ist – sind erhalten geblieben, dazu eine größere Zahl von Wohnräumen. An der Kasse erhält man ein Informationsblatt mit deutschem Text, das bei der Interpretation hilft.

Neben den Talayots (oben) blieben Reste von Wohnräumen erhalten.

Els Calderers

Der historische Gutshof Els Calderers ist ein Beispiel für die großen Anwesen, die das ländliche Mallorca über Jahrhunderte beherrschten (➤ Seite 59). Das Mitte des 18. Jahrhunderts inmitten der Kornfelder des Inselzentrums errichtete Gebäude ist mit seiner originalen Einrichtung zu einem Museum ausgebaut worden und ermöglicht einen großartigen Einblick in diese Epoche der Inselgeschichte. In Gutshöfen wie diesem wohnte neben dem Besitzer und seiner Familie noch eine größere Anzahl Bediensteter: In Els Calderers überliefern die Archive eine Zahl von 38 Arbeiterinnen und Arbeitern. Es war eine Art Mikrokosmos, der die meisten Güter des eigenen Bedarfs selbstständig produzierte und von den meisten seiner Bewohner selten oder sogar niemals verlassen wurde. Mit einer Hauskapelle, in der täglich eine Messe gelesen wurde, war das Gut sogar in religiöser Hinsicht autonom.

Pflicht oder nicht?

- ● ● ● ● *top, unbedingt machen!*
- ● ● ● *sollte man erlebt haben*
- ● ● *nette Abwechslung*
- ● *man versäumt nicht viel*

Els Calderers ist ein schönes Beispiel für ein historisches Landgut und nicht überlaufen.

Das repräsentative Hauptgebäude, das von einem kleinen Park und schlichten Wirtschaftsgebäuden umgeben ist, wurde um 1750 errichtet. Die Einrichtung, die einem Schloss würdig wäre, ist vollständig erhalten geblieben. Bei der Besichtigung (das Gebäude ist ohne Führung zugänglich) sieht man die prunkvollen Wohn- und Repräsentationsräume der besitzenden Adelsfamilie: Wohnzimmer, Schlafräume, Musik-

Die Repräsentationsräume sind außergewöhnlich prunkvoll.

zimmer und vieles mehr. Küchen, Werkstätten und einige Schlafräume der Mägde und Knechte geben einen Einblick in das Leben der weniger privilegierten Bewohner. Im Außenbereich gibt es noch eine kleine Parkanlage sowie einige Gehege mit traditionellen Haustierrassen Mallorcas zu sehen.

Im Vergleich zum populäreren Landgut La Granja im südlichen Tramuntana-Gebiet (➤ Seite 57), das eine ähnliche Funktion als Museum hat, geht es in Els Calderers deutlich ruhiger zu, auf Folklore-Vorführungen wird hier verzichtet. Allerdings ist Els Calderers etwas kleiner als La Granja, insbesondere gibt es hier nicht so viele verschiedene Werkstätten zu sehen.

Von außen wirkt das Gebäude vergleichsweise schlicht.

Das Anwesen ist von einem kleinen Park umgeben.

Wie man hinkommt

Zwischen Vilafranca de Bonany und Sant Joan; Zufahrt von der Schnellstraße Palma-Manacor beschildert (Abfahrt 35). Keine Busverbindung.

April-Oktober täglich 10:00-18:00 Uhr, November-März nur bis 17:00 Uhr. Erwachsene 8,50 €, Kinder 4,00 €.

www.elscalderers.com, Tel. 0034 971 526 069

GPS-Wegpunkt 89: 39,58658 3,06389

Sineu

Das ungefähr im Zentrum Mallorcas gelegene Sineu gehört heute zu den kleineren Städten der Insel. In historischen Zeiten war die Bedeutung jedoch deutlich größer: Sineu war schon in der maurischen Epoche ein wichtiger Marktplatz und ab 1309, während der Zeit des unabhängigen Reiches Mallorca (➤ Seite 16), sogar königliche Residenz.

Pflicht oder nicht?

•••• *top, unbedingt machen!*
••• *sollte man erlebt haben*
•• *nette Abwechslung*
• *man versäumt nicht viel*

Sineu ist eine der schönsten historischen Städte Mallorcas, abgesehen vom Markttag allerdings ziemlich verschlafen.

Der auffällige Mittelpunkt der Stadt ist die eindrucksvolle **Església Nostra Senyora dels Angels**, die auf einem Hügel weithin sichtbar über dem Zentrum thront. Das heutige Kirchengebäude wurde im 16. Jahrhundert errichtet, nachdem der Vorgängerbau aus dem 13. Jahrhundert einem Feuer zum Opfer gefallen war. Die Seitenfassade ist durch auffällige Rundbögen gegliedert, das Schiff wird von einem achteckigen Kuppelaufbau gekrönt. Eine breite, von einer imposanten Löwenstatue bewachte Freitreppe führt zur Kirche hinauf. Erst jetzt fällt auf, dass der wuchtige Glockenturm durch eine schmale Gasse vom Hauptbau getrennt ist. Die Kirche wirkt mit ihrer eigenwilligen Kuppel und den prachtvollen bunten Glasfenstern auch von innen beeindruckend. Dahinter versteckt sich die intime **Plaça**, rundherum erstreckt sich das nicht allzu große historische Zentrum mit schlichten, archaisch wirkenden Häusern.

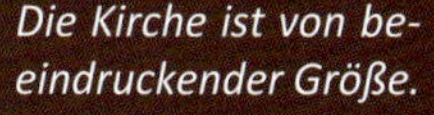

Die Kirche ist von beeindruckender Größe.

Kleine Gassen umgeben die Kirche.

Im Jahr 1309 machte König Jaume II. Sineu zur Residenzstadt und ließ einen wehrhaften Palast errichten. Bereits 1349 waren die Tage des selbstständigen Königreiches Mallorca allerdings gezählt, der Palast damit obsolet. 1583 wurde das Gebäude, das unerwartet bescheiden wirkt und in den engen Gassen gar nicht sonderlich auffällt, in ein Kloster umgewandelt. Es wird bis heute von einigen Nonnen bewohnt und kann daher nicht besichtigt werden, nur die kleine Kirche ist normalerweise zugänglich. Am Nordrand der Altstadt lohnt die **Casa Consistorial**, das Rathaus, einen Abstecher: Das wehrhaft wirkende Gebäude wurde im 18. Jahrhundert als Franziskanerkloster erbaut.

Sineu gehört zu den schönsten historischen Landstädten Mallorcas und lohnt daher durchaus einen Besuch, auch wenn es hier normalerweise nicht gerade lebhaft zugeht. Am Mittwochvormittag ändert sich das allerdings: An diesem Tag findet der traditionelle Wochenmarkt statt, der zu den meistbesuchten Mallorcas gehört und auch von zahlrei-

Sofern nicht gerade Markttag ist, geht es selbst auf der Plaça ausgesprochen ruhig zu.

chen Ausflugsbussen angesteuert wird. Die Marktstände nehmen nicht nur die Plaça in Beschlag, sondern auch sämtliche Gassen um die Kirche, in denen man dann nur noch schwer vorankommt. Wenn man vor allem die Stadt besichtigen will, ist es daher besser, den Markttag zu meiden.

Der Wochenmarkt gilt als einer der schönsten Mallorcas.

Wie man hinkommt

Parkplätze an der Umgehungsstraße oder auf der Plaça es Fossar nordöstlich der Kirche. Während des Marktes am Mittwochvormittag ist die gesamte Innenstadt gesperrt, dann werden große Parkplätze an der Umgehungsstraße am südöstlichen Stadtrand geöffnet. Zuglinie T3 1x stündlich ab Palma Richtung Manacor.

GPS-Wegpunkt 90 (Kirche): 39,64290 3,01077

Die Wanderungen

Bei der Auswahl der 18 schönsten Wanderungen der Insel waren ein hoher Erlebniswert und eine große Vielfalt die wichtigsten Kriterien. Das mit Abstand attraktivste und ergiebigste Wandergebiet Mallorcas ist die bergige Tramuntana-Region, die von leichten Waldwanderungen bis zu anspruchsvollen Hochgebirgstouren ein breites Spektrum zu bieten hat. Außerhalb dieses Gebietes verlaufen die beiden Wanderungen auf der Victória-Halbinsel (15 und 16) sowie die Küstentouren 17 und 18.

Bitte beachten Sie die Tourenblätter in der hinteren Umschlagklappe!

Fortsetzung auf der nächsten Seite ➤

Mit öffentlichen Verkehrsmitteln

= *gut erreichbar* = *eingeschränkt erreichbar* = *nicht erreichbar*

Thema: **Wegerechte**

Der allergrößte Teil der Fläche Mallorcas ist in privatem Besitz. Zwar gibt es auch hier ein allgemeines Wegerecht, doch ist es weitaus weniger großzügig als in Deutschland oder Österreich und bezieht sich nur auf historische Verbindungswege. Bei allen anderen Wegen ist es Sache des Grundeigentümers, ob er Wanderern das Betreten seiner Ländereien gestattet oder nicht. Viele Bergpfade dürfen daher nicht begangen werden, in einigen Fällen werden besondere Bedingungen gestellt: So ist der Weg um den Puig Roig (Wanderung 11, Seite 222) nur am Sonntag zugänglich, für den Aufstieg zur Massanella über die Finca Comafreda wird eine Maut von derzeit 6,00 Euro fällig (Wanderung 13, Seite 233).

Das muss man akzeptieren, auch es etwas eigenartig spätfeudalistisch anmutet. Immerhin ist der größte Teil des Tramuntana-Gebiets durchaus ganz normal zugänglich, und solange man keine verschlossenen Tore übersteigt oder Verbotsschilder ignoriert, kann man nichts verkehrt machen. In diesem Buch werden nur Routen beschrieben, auf denen es keine Probleme geben sollte! Die überall großzügig verteilten Schilder „Coto privado de caza“ und „Caça major“ (unrichtig übersetzt mit *Hochwild*, es müsste *Hochwildjagd* heißen) weisen nur auf ein privates Jagdgebiet hin und bedeuten kein Betretungsverbot.

Tourendetails und Bewertungssystem

Der Anspruch der Wanderungen ist mit einem differenzierten Bewertungssystem dargestellt, das die Anforderungen an Kondition und Technik unabhängig voneinander in jeweils fünf Stufen bewertet.

Die Bewertung des **Anspruches an die Kondition** berücksichtigt Gehzeit, Wegstrecke und Höhenunterschied. Mit 1 sind sehr einfache Kurzwanderungen ohne wesentlichen Höhenunterschied bewertet, die für absolut jeden machbar sind. Touren der Stufe 3 sind mittelschwere Halbtageswanderungen, für die ein durchschnittliches Maß an Sportlichkeit ausreicht. Stufe 5 bezeichnet sehr anspruchsvolle Ganztagestouren, die ein hohes Maß an Fitness und Kondition voraussetzen und auch für sportliche Menschen fordernd sind.

Die Zahlen zu **Weglänge, Höhenmeter in Auf- und Abstieg sowie Gehzeit** geben detaillierten Aufschluss. Die Gehzeit versteht sich grundsätzlich ohne Pausen! Bitte beachten Sie, dass sich die Gehzeiten individuell sehr stark unterscheiden können, insbesondere bei Strecken mit großen Höhendifferenzen.

Der **Anspruch an die Technik** bewertet unabhängig davon den Schwierigkeitsgrad der Wegstrecke: Hier fließen Faktoren wie rutschige Oberflächen, komplizierte Abstiegspassagen, Kletterstellen oder Wegstrecken, die Höhenangst hervorrufen können, in die Bewertung mit ein. Mit 1 sind hier sehr einfache Wege bewertet, die auch mit leichtem Schuhwerk begangen werden können, vergleichbar mit Parkwegen. Touren der Stufe 2 sind etwas anspruchsvoller, aber immer noch für fast jeden machbar. Wanderungen der Stufe 3 erfordern ein gewisses Maß an Geländeerfahrung; ab dieser Stufe sollten Sie Wanderschuhe tragen, da hier die Strecken uneben und steil sein können. Bei Stufe 4 sind sehr steile, gerötlige oder rutschige Passagen, stark ausgesetzte Wege sowie leichte Kletterstellen möglich. Stufe 5 ist das Maximum, das man noch ohne spezielle Sicherungsausrüstung verantworten kann. Diese Touren erfordern Erfahrung und ein gesundes Maß an Selbsteinschätzung, da sie über sehr komplizierte Auf- oder Abstiegspassagen, Kletterstellen und extrem ausgesetzte Wege führen können. Der Absatz **Anforderungen** erklärt ausführlicher den Wegzustand und die spezifischen Schwierigkeiten der Strecke. Wenn spezielle Ausrüstung nötig sein sollte, wird hier darauf hingewiesen.

Bitte beachten Sie, dass Bewertungen und Gehzeitangaben nur als Anhaltspunkte zu verstehen sind und Ihr persönliches Verantwortungsgefühl auf keinen Fall ersetzen können! Gehen Sie mit hohen Werten beurteilte Touren nur, wenn Sie bereits Erfahrung mit ähnlich anspruchsvollen Wanderungen haben und sich dabei sicher fühlen! Autor und Verlag übernehmen keine Haftung für Unfälle, die durch eine Fehleinschätzung aufgrund der Bewertungen entstehen.

Wanderung 1:

Zur Klosterruine Sa Trapa

Diese nicht allzu lange Tour an der Südwestküste Mallorcas ist vor allem wegen der beeindruckenden Aussicht beliebt: Die bizarre Form der kleinen Insel Sa Dragonera, die wie eine gigantische Abschussrampe vor Mallorca liegt, ist nirgendwo besser zu sehen! Darüber hinaus führt der Weg zu gleich zwei historischen Sehenswürdigkeiten: Der Wachturm Torre Cala d'en Basset war Teil einer die ganze Insel umspannenden Verteidigungsanlage gegen Angriffe von See (➤ Seite 56). Der Aufstieg auf die Plattform verlangt etwas Mut und Geschick, weil die Treppe teilweise weggebrochen ist. Doch auch von unten hat man eine wunderbare Aussicht, die den kleinen Abstecher absolut lohnend macht.

Vom Turm geht es hinauf in die Berge, die hier nahe an die Küste heranreichen. Tief unten glänzt das Meer, die Dracheninsel ist jetzt in ihrer ganzen Pracht zu erkennen. Nach der Überwindung einer kleinen Passhöhe ist dann das eigentliche Ziel erreicht: die Ruinen des Trappistenklosters Sa Trapa. Es wurde 1810 von französischen Trappistenmönchen errichtet, die durch die napoleonische Kirchenpolitik aus ihrer Heimat vertrieben worden waren.

Nirgends gibt es eine bessere Aussicht auf Sa Dragonera!

Den Regeln ihres Ordens entsprechend, suchten sie ein Stück Land, das ihnen in größtmöglicher Einsamkeit eine unabhängige Existenz durch bescheidene Feldwirtschaft ermöglichen sollte. Dieses abgeschiedene Tal schien ihnen dafür geeignet. Allerdings durften sie sich ihrer neuen Heimat nicht lange erfreuen: Nach nur vierzehn Jahren waren sie wieder einmal politisch unerwünscht und mussten gehen.

Heute sind die verfallenen Gebäude im Besitz einer Naturschutzorganisation, die sie restauriert und zu einem Refugi (einer Art Berghütte) ausbaut. Doch kommt das Projekt nur langsam voran, einstweilen bleibt Sa Trapa ein einsamer, stiller Ort. Die winzigen Terrassenfelder, mit denen die Mönche die steilen Hänge auf mühsame Art nutzbar machten, sind gut zu erkennen, in der Mühle kann man noch Teile der Mechanik sehen. Der Dreschplatz, der wie eine Aussichtsterrasse weit vorne am Hang liegt, ist ein großartiger Ort für eine Rast, bevor es auf demselben Weg zurück geht.

Eckdaten

Anspruch Technik:	●●●○○ *mittel*
Anspruch Kondition:	●●●○○ *mittel*
Länge:	*8,0 km*
Höhenunterschied:	*Auf- und Abstieg jeweils 400 m, Durchschnitt Steigung/Gefälle jeweils 5,0 %*
Gehzeit:	*2:30-3:00 Stunden (ohne Pausen)*

Anforderungen: *Die Wege sind überwiegend einfach, nur beim Überstieg über den felsigen Pass ist auf einem kurzen Stück eine unkomplizierte Kletterei nötig.*

Wegmarkierungen: *Der Weg ist nur durch improvisierte Markierungen gekennzeichnet, dennoch aber kaum zu verfehlen.*

Anfahrt mit dem Auto: *Wir fahren in Sant Elm auf der Straße, die das Zentrum in weitem Bogen umgeht, geradeaus. Am Ende dieser Straße links Richtung Meer, dann rechts (Hinweisschild „La Trapa“) und gleich noch einmal rechts zur Plaça Mossèn Sebastià Grau. Links ist eine Bushaltestelle, geradeaus das Restaurant Es Molí. Wir fahren links am Restaurant vorbei in die Avinguda de La Trapa und parken am Ende der Asphaltstraße (w01-01).*

Anfahrt mit dem Bus: *Linie 100 ab Port d'Andratx nach Sant Elm (Plaça Mossèn Sebastià Grau).*

Wegbeschreibung

Wir folgen vom Parkplatz aus der Straße, die bald in eine staubige Fahrpiste übergeht, den Camí Can Tomeví. Nach etwa 700 m erreichen wir eine Stelle, an der die Piste bei einem verfallenen Haus, der Can Tomeví, einen Knick nach rechts macht (w01-02). Hier geht es geradeaus nach Sa Trapa, das wird später unser Weg sein. Für den Abstecher zum Turm biegen wir zunächst auf die links abzweigende Fahrpiste ein, die mit einem improvisierten Wegweiser Richtung „Torre" versehen ist. Der Fahrweg führt am Anwesen Can Pépe vorbei und geht danach in einen schmaleren Fußweg über. Gut 200 m nach Can Pépe trifft dieser Fußweg auf eine Fahrpiste, der wir nach rechts folgen (w01-03, die Stelle ist durch einen großen Steinhaufen markiert). Nach weiteren 180 m endet die Piste auf einem kleinen Plateau (w01-04). Ein Hinweis „Torre" auf einem Stein sowie ein großer, aus Steinen ausgelegter Pfeil führen uns nach rechts auf einen Fußweg. Auf einer Lichtung nach etwa 1 km folgen wir einem ähnlichen Pfeil nach links (w01-05). Von nun an ist der Weg bis zum Torre de Cala d'en Basset (w01-06) nicht mehr zu verfehlen, in Zweifelsfällen helfen kleinere Steinstapel.

Mit archaischer Präsenz wacht der Torre über der Steilküste.

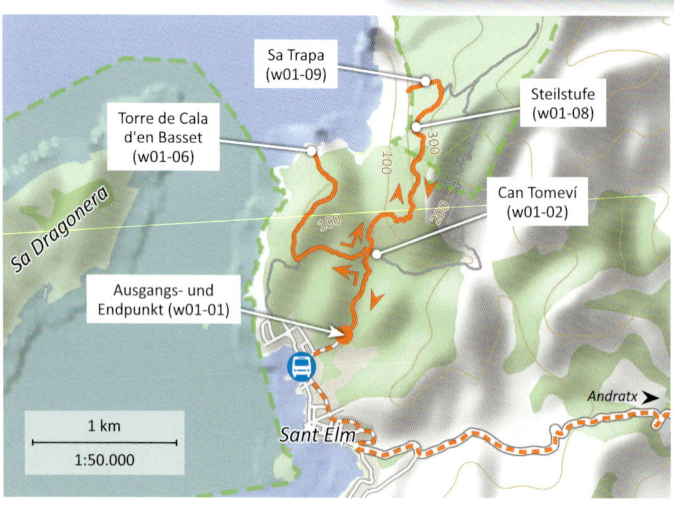

Vom Turm aus gehen wir ein längeres Stück zurück; bei w01-03 auf die Steinpyramide achten, die die aus dieser Richtung unauffällige Abzweigung von der Fahrpiste auf den Fußweg markiert! Bei der Abzweigung an der Can Tomeví (w01-02) folgen wir jetzt dem Fußweg nach links in den Wald hinein; auf einen Holzpfosten ist der Hinweis „La Trapa" gemalt. Nach nur 200 m stößt der Weg auf eine Fahrpiste, links sind zwei Betonpfosten zu sehen (w01-07). Wir gehen jedoch nicht zwischen den Pfosten hindurch, sondern geradeaus weiter auf einem ansteigenden, gelegentlich durch Steinstapel markierten Pfad. Von nun an ist der Weg nicht mehr zu verfehlen; er verlässt bald den Wald und steigt im freien Gelände weiter an. Am höchsten Punkt müssen größere Felsstufen überstiegen werden, gelegentlich muss man die Hände zu Hilfe nehmen (w01-08). Achtung: Der Weg führt hier ein wenig nach rechts, was nicht sofort erkennbar ist – wenn man nicht aufpasst, findet man sich zu weit außen am Steilhang wieder!

Die Trappisten haben sich in einem einsamen Hochtal angesiedelt.

Kurz nach der Überwindung dieser Steilstufe ist unter uns schon Sa Trapa zu sehen, der Rest des Weges ist einfach. Der Dreschplatz liegt weit vorne am Hang (w01-09), zwischendurch kommt man an der Mühle vorbei. Zurück auf demselben Weg.

GPS		
w01-01:	39,58482	2,35277
w01-02:	39,59008	2,35520
w01-03:	39,58952	2,34928
w01-04:	39,59102	2,34900
w01-05:	39,59365	2,35227
w01-06:	39,59595	2,35078
w01-07:	39,59178	2,35557
w01-08:	39,59735	2,35878
w01-09:	39,59977	2,35867

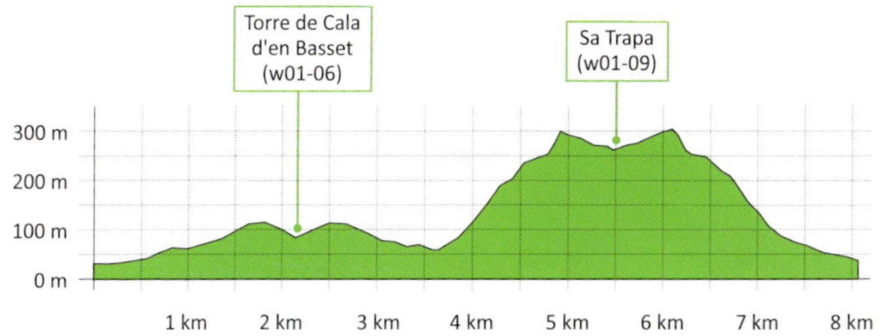

Wanderung 2:

Auf die Spitze der Dracheninsel

Die kleine vorgelagerte Insel Sa Dragonera hat eine eigenartige Form: Ein gleichmäßig schräger Hang an der Ostseite findet 352 Meter über dem Meer ein abruptes Ende und geht unvermittelt in eine nahezu senkrechte Wand über. Direkt neben dem höchsten Punkt, dem Gipfel Na Pòpia, steht der älteste der drei Leuchttürme Sa Dragoneras: Das Far de na Pòpia wurde schon 1851 als einer der ersten Leuchttürme der Balearen gebaut und heißt daher auch *Far vell*, was einfach „alter Leuchtturm" bedeutet.

Seine Position ist so spektakulär, dass man sich auf den ersten Blick nur schwer vorstellen kann, dass dieser entlegene Punkt überhaupt zugänglich ist. Tatsächlich ist der Weg, der hinaufführt, aber sogar sehr einfach zu begehen: Er wurde für den Bau und die Versorgung des Leuchtturms angelegt. Alles Material wurde mit Maultieren hier hinaufgebracht, daher musste der Pfad mit einer gleichmäßigen, geringen Steigung gebaut werden. Für den letzten Teil waren daher etliche Serpentinen nötig, die mangels Abkürzungsmöglichkeiten geduldig abgelaufen werden müs-

Der alte Leuchtturm steht direkt am Abgrund.

sen, zum schon greifbar nahe erscheinenden Ziel dauert es dann doch noch recht lange. Immerhin ist der von sorgsam aufgeschichteten Trockenmauern gestützte Pfad hervorragend erhalten, nur an wenigen Stellen muss man sich an etwas Gestrüpp vorbeidrücken.

Ein sorgfältig angelegter Pfad führt hinauf.

Und die Mühe lohnt sich: Von der Terrasse des Leuchtturms aus hat man einen großartigen Blick hinüber auf die Steilküste Mallorcas. Neben dem Turm kann man auf den Felsen noch ein Stück bis zum höchsten Punkt der Insel steigen, wo es nichts als endloses Blau zu sehen gibt!

Eckdaten

Anspruch Technik:	● ● ● ● ●	*leicht*
Anspruch Kondition:	● ● ● ● ●	*leicht*
Länge:	*8,4 km*	
Höhenunterschied:	*Auf- und Abstieg jeweils 350 m, Durchschnitt Steigung/Gefälle jeweils 4,1 %*	
Gehzeit:	*2:30-3:00 Stunden (ohne Pausen)*	

Anforderungen: *Einfache Wanderung auf einem steinigen Pfad mit durchgehend nur mäßiger Steigung.*

Wegmarkierungen: *Der Weg ist markiert und auch mangels Alternativen nicht zu verfehlen.*

Anfahrt: *Mit dem Boot von Sant Elm nach Sa Dragonera (Details S. 50). Bei der Abfahrt muss man sich auf eine bestimmte Rückfahrtszeit festlegen; um bei der Wanderung genug Zeit für einige Pausen zu haben, sollte man etwa vier Stunden einplanen. Gebührenpflichtiger Parkplatz am Strand von Sant Elm (w02-01), von dort wenige Minuten zum Hafen. Buslinie 100 ab Port d'Andratx bis Sant Elm (Plaça de na Caragola).*

Wegbeschreibung

Wir gehen vom Bootssteg aus an der Rangerstation vorbei und dann links auf eine kleine Asphaltstraße. Nach knapp 500 m rechts, dem Wegweiser „Itinerari 4: Far vell" folgend (w02-03). Ab hier ist der Weg nicht mehr zu verfehlen, Alternativen gibt es nicht: Zunächst führt ein breiter, bequemer Weg bis zum Aussichtspunkt Mirador des Coll Roig (w02-04), dort setzt sich dann ein schmaler, von Mauern gestützter Pfad fort. Nach 4,2 km und vielen Serpentinen sind die Gebäude des alten Leuchtturms erreicht, links daneben kann man auf einer felsigen Rampe noch ein Stück höher steigen (w02-05). Zurück auf demselben Weg.

GPS		
w02-01:	39,57830	2,35417
w02-02:	39,58780	2,32837
w02-03:	39,58762	2,32538
w02-04:	39,58963	2,32088
w02-05:	39,58627	2,31698

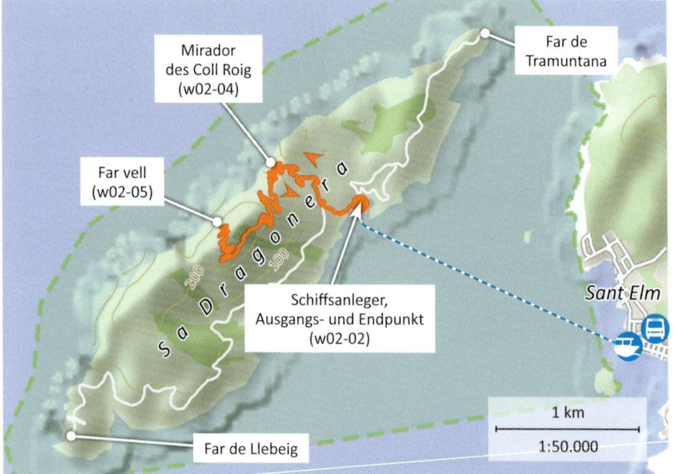

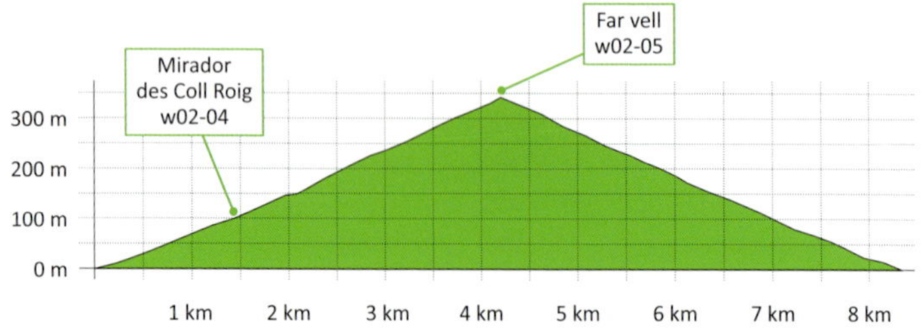

Die Westroute auf den Puig de Galatzó

Der 1027 Meter hohe Galatzó ist Mallorcas südlichster Eintausender, sein kegelförmiger Gipfelaufbau dominiert weithin sichtbar das südliche Tramuntana-Gebiet. Normalerweise wird er von Südosten aus bestiegen, über die kurze Route vom Parkplatz Font des Pi. Viel interessanter als dieses allzu schnelle Gipfelvergnügen ist die Besteigung von Westen mit einem Start an der Küstenstraße bei Estellencs.

Diese Variante lässt sich mit einer großartigen Rundwanderung kombinieren, die über die eigentliche Gipfelbesteigung hinaus eine ganze Reihe sehr unterschiedlicher Eindrücke bereit hält: Zunächst geht es lange durch die tieferen, aber dennoch unbewaldeten Lagen, die Aussicht auf die umgebenden Küstenberge ist schon jetzt überwältigend! Der eigentliche Gipfelanstieg ist dann mit der Normalroute von Font de Pi identisch, und der Galatzó erweist sich jetzt als durchaus ernstzunehmender Berg: Zunächst geht es auf einem steilen Pfad bergauf, ganz am Ende folgt dann noch eine kurze Kletterstelle. ➤

Der Galatzó ist der höchste Gipfel im südlichen Tramuntana-Gebiet.

Vom Gipfel aus überblickt man den gesamten Südwesten der Insel, in Richtung Osten reicht der Blick über Palma bis in die Ebene, nach Norden weit in die zentrale Tramuntana hinein. Auf den kurzen Abstieg vom Gipfel folgt jetzt eine weit ausholende Runde, die uns größtenteils durch lieblichen, schattigen Wald führt – ein unschwieriger und entspannter Spaziergang, der zu den zahlreichen Eindrücken dieser großartigen und ausgesprochen abwechslungsreichen Tour noch einige weitere hinzufügt.

Der Aufstieg von der Westseite führt durch eine großartige Berglandschaft.

Eckdaten

Anspruch Technik:	●●●●○	*schwierig*
Anspruch Kondition:	●●●○○	*mittel*
Länge:	*10,8 km*	
Höhenunterschied:	*Auf- und Abstieg jeweils 800 m, Durchschnitt Steigung/Gefälle jeweils 7,4 %*	
Gehzeit:	*4:00-5:00 Stunden (ohne Pausen)*	

Anforderungen: *Der überwiegende Teil der Wanderung verläuft auf einfachen Wegen. Beim Gipfelanstieg steile, steinige Pfade, unmittelbar unter dem Gipfel eine kurze, jedoch einfache und nicht ausgesetzte Kletterstelle von wenigen Metern Höhe.*

Wegmarkierungen: *Der Weg ist sehr gut beschildert.*

Anfahrt mit dem Auto: *2,6 km südlich von Estellencs (Richtung Andratx) zweigt exakt bei Kilometer 97 eine Piste bergseitig von der Ma-10 ab (Wegweiser nach Boal de ses Serveres/Puig de Galatzó, w03-01). An der Abzweigung gibt es wenige Parkplätze.*

Anfahrt mit dem Bus: *Keine Verbindung zum Ausgangspunkt.*

Wegbeschreibung

Wir gehen zunächst auf der Piste in den Wald hinein. Nach 600 m folgen wir kurz vor einem grünen Wassertank dem Wegweiser „Boal de ses Serveres 15 min", der uns nach links führt (w03-02). Kurz darauf ist der Picknickplatz Boal de ses Serveres erreicht (w03-03). Hier beginnt die Rundwanderung, ganz am Ende werden wir von links wieder auf diesen Platz treffen. Zunächst geht es aber am oberen Ende des Geländes auf einem schmalen Weg bergauf (Wegweiser zum Pas des Cossi).

Von nun an ist der Weg längere Zeit nicht zu verfehlen. Wir steigen auf und verlassen bald die bewaldete Zone. Bei einer Abzweigung am Pas des Cossi (w03-04) folgen wir dem Wegweiser nach links Richtung Puig de Galatzó. Kurz nach einem Felsdurchbruch erreichen wir den Pas de na Sabatera, der an einer Sitzbank unter einem Felsüberhang erkennbar ist (w03-05). Auf dem geradeaus zur Font de Dalt führenden Weg werden wir später die Wanderung fortsetzen, zunächst jedoch gehen wir hier rechts und beginnen den eigentlichen Gipfelaufstieg („Puig de Galatzó 40 min"). Nach gut 500 m trifft unser Weg bei einem kleinen Betonfundament auf den Normalweg von Font des Pi (w03-06). Wir halten uns rechts, weiter aufsteigend. Knapp unter dem Gipfel geht

Der Gipfelbereich ist von steilen Felshängen geprägt.

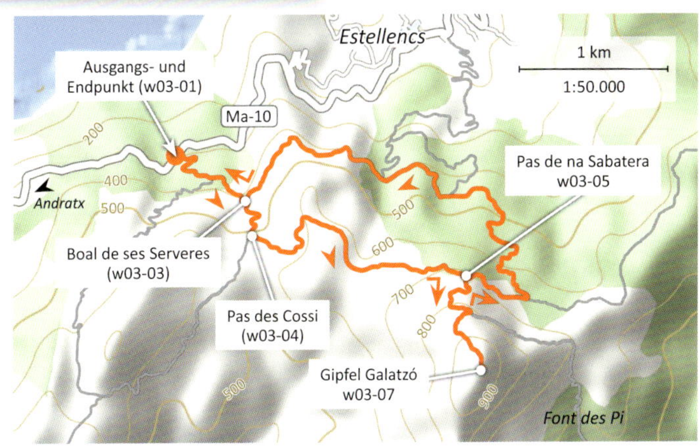

es auf einem kleinen Plateau mit einer niedrigen Mauer ein kleines Stück nach links, bevor wir über eine kurze Kletterstelle die Gipfelsäule erreichen (w03-07).

Zurück geht es zunächst auf demselben Weg. Dabei nach der Kletterstelle nicht direkt absteigen, sondern das kleine Plateau mit der Mauer nach links überqueren! Danach an der Abzweigung zur Font de Pi vorbei (w03-06) nach links Richtung Pas de na Sabatera. Am Pass (w03-05) setzen wir die Rundwanderung fort und gehen rechts Richtung Font de Dalt. Dieser Weg führt uns nun in weitem Bogen Richtung Osten und mit sanftem Gefälle in die Waldzone hinunter. Bei einem Köhlerplatz (w03-08) folgen wir einer Kehre nach links Richtung Boal de ses Serveres. 600 m weiter lassen wir die Abzweigung zur Font de Dalt unbeachtet und gehen weiter geradeaus (w03-09). Auch bei allen weiteren Abzweigungen halten wir uns nun geradeaus, den Wegweisern zum Boal de ses Serveres folgend. Der Weg verläuft längere Zeit hangparallel und passiert einen Aussichtspunkt (w03-10). Kurz danach ist wieder der Picknickplatz Boal de ses Serveres erreicht, unsere Runde schließt sich (w03-03). Weiter auf dem breiten Weg abwärts, bei der Einmündung in die Fahrpiste beim Wassertank rechts Richtung Estellencs.

GPS

w03-01:	*39,64600*	*2,46202*
w03-02:	*39,64497*	*2,46538*
w03-03:	*39,64363*	*2,46780*
w03-04:	*39,64152*	*2,46895*
w03-05:	*39,63920*	*2,48507*
w03-06:	*39,63720*	*2,48565*
w03-07:	*39,63395*	*2,48670*
w03-08:	*39,63777*	*2,49015*
w03-09:	*39,64082*	*2,48943*
w03-10:	*39,64577*	*2,46922*

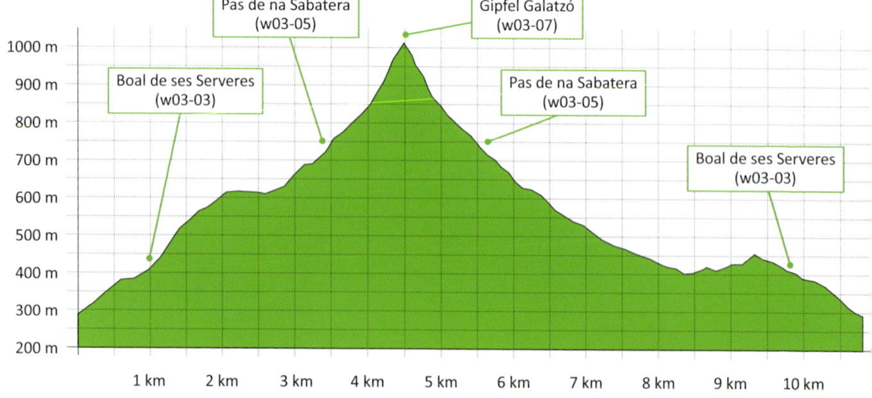

Wanderung 4:

Die „Runde des Generals“

Die „Volta des General“, also die „Runde des Generals“ ist eine sehr einfache Kurzwanderung und damit die perfekte Wahl, wenn man es mal ganz entspannt haben möchte oder wenig Zeit hat. Dennoch ist die Tour ausgesprochen erlebnisreich, denn der sanft abfallende Weg verläuft an einem der schönsten Küstenabschnitte Mallorcas!

Die unter einer Felswand entlang führende Passage im mittleren Abschnitt ist sicherlich der interessanteste Teil. Kurz danach haben wir einen großartigen Blick auf das Felskap an der Punta de s'Àgulia. Ein paar unauffällige Trampelpfade führen noch etwas näher an die Steilküste heran und bieten eine Aussicht, die nicht durch Bäume beeinträchtigt ist. Die Höhepunkte haben wir jetzt erlebt – wer nur eine kurze Runde drehen will, kann hier umkehren, ohne noch viel zu versäumen. Auf dem weiteren Weg wird die steinige Bucht Platja de Son Bunyola passiert, kurz danach ist Port des Canonge erreicht. Mit ihren Bootshäusern ist die von einer kleinen Sommersiedlung umgebene Hafenbucht ein idyllischer Platz; zum Baden eignet sie sich allerdings weniger, weil der Kies hier recht grob ist.

Im mittleren Abschnitt hat man einen schönen Blick auf die Punta de s'Àguila.

Eckdaten

Anspruch Technik: ● ● ● ● ● *leicht*
Anspruch Kondition: ● ● ● ● ● *leicht*
Länge: *8,7 km*
Höhenunterschied: *Auf- und Abstieg jeweils 220 m, Durchschnitt Steigung/Gefälle jeweils 2,4 %*
Gehzeit: *2:15-2:45 Stunden (ohne Pausen)*

Anforderungen: *Kurze Wanderung auf sehr einfachen Wegen ohne Steilpassagen.*

Wegmarkierungen: *Der Weg ist durchweg gut markiert.*

Anfahrt mit dem Auto: *In einer Spitzkehre 1,5 km oberhalb von Banyalbufar (Richtung Deià) ist auf der Meerseite ein größerer Parkplatz (w04-01, Holzschild „Camí de sa Volta des General").*

Anfahrt mit dem Bus: *Keine direkte Verbindung zum Ausgangspunkt. Nächste Haltestelle in Banyalbufar (Linie 200 Palma-Estellencs).*

Wegbeschreibung

Wir gehen vom Parkplatz aus den breiten Fahrweg entlang, rechts an einem Haus vorbei. Kurz darauf muss ein Tor überstiegen werden, an einer Weggabelung direkt danach rechts (w04-02), weiter dem hangparallel verlaufenden Hauptweg folgend. Nach links öffnet sich nach und nach der Blick auf das Meer. Der Weg führt unter einer Felswand entlang

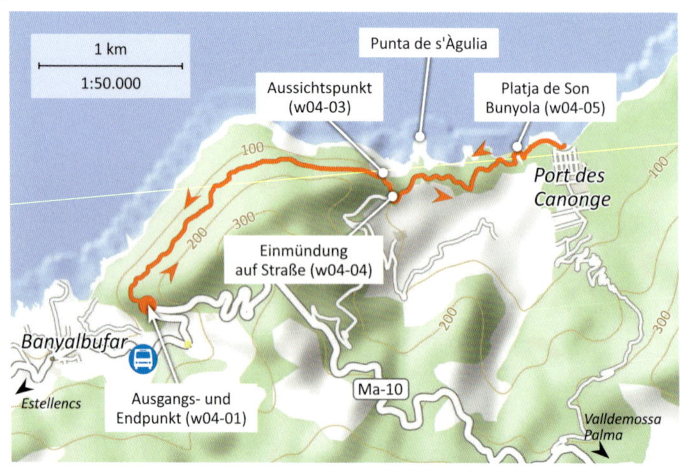

und fällt dann etwas stärker zur Küste hin ab. Kurz danach führen Trampelpfade zu einem Blick auf das Kap Punta de s'Àgulia (w04-03). In einer Linkskurve sehen wir rechts ein Holztor, kurz danach erreichen wir eine kleine Asphaltstraße, der wir nach links folgen (w04-04). Am Ende der Straße führen uns die Markierungen hinunter zur steinigen Bucht Platja de Son Bunyola (w04-05) und dort nach rechts. Wir durchqueren ein trockenes Bachbett, steigen dahinter zu einer ebenen Wiese auf und sehen von hier aus den Parkplatz von Port des Canonge. Links am Parkplatz vorbei geht es zur Bucht hinunter (w04-06). Zurück auf demselben Weg.

GPS		
w04-01:	*39,68993*	*2,52130*
w04-02:	*39,69248*	*2,52120*
w04-03:	*39,69785*	*2,54040*
w04-04:	*39,69683*	*2,54098*
w04-05:	*39,69940*	*2,55107*
w04-06:	*39,69973*	*2,55482*

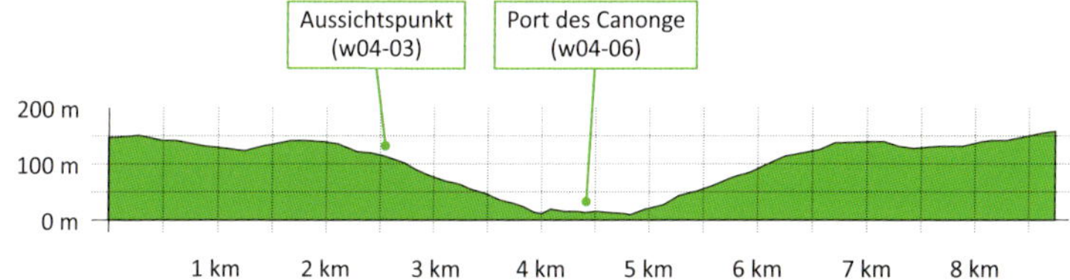

Tipp: **Geführte Wanderungen**

Wenn Sie auf Mallorca nicht alleine unterwegs sein möchten, können Sie sich einer geführten Wanderung anschließen! Bei diesen Touren wird eine kleine Gruppe von einem erfahrenen, deutsch sprechenden Wanderführer begleitet. Er kennt den Weg und stellt sicher, dass Sie sich nicht verlaufen. Außerdem kann er Ihnen viele interessante Details über Landschaft, Tier- und Pflanzenwelt und die Kultur der Insel erzählen. Dies ist auch ein guter Tipp, wenn Sie kein Auto zur Verfügung haben, da immer ein Bustransfer zum Ausgangspunkt angeboten wird.

Patrick John & Britt Weykam (Transfer ab Peguera, eigene Gästezimmer bei Andratx). www.maryroc.de, Tel. 0034 680 322 171

Salvador Suau, Josep Suau & David Casajuana (Transfer ab Port de Sóller). www.mallorcamuntanya.com, Tel. 0034 639 713 212

Wanderung 5:

Über den Reitweg des Erzherzogs

Der naturverbundene Erzherzog Ludwig Salvator (➤ Seite 68) ließ Ende des 19. Jahrhunderts auf seinem weitläufigen Grundbesitz zahlreiche Wege anlegen. Der Reitweg, der an den steilen Felshängen oberhalb seines Wohnsitzes Son Marroig entlangführt, ist in jedem Fall der schönste davon: Eine Runde über den „Camí de s'Arxiduc" zählt zu den großartigsten Dingen, die man als Wanderer auf Mallorca erleben kann und ist nicht einmal besonders schwierig!

Nach einem kurzen Aufstieg aus Valldemossa können wir bereits eine schöne Aussicht auf die Küstenlandschaft genießen. Am Mirador de Can Costa, der sich exponiert am steilen Hang befindet, stoßen wir auf die Reste einer Zinnenmauer, mit der der Erzherzog diesen schwindelerregenden Aussichtspunkt umgeben ließ. Danach geht es über von Trockenmauern gestützte Serpentinen weiter zum Refugi de s'Arxiduc, das ebenfalls auf den umtriebigen Aristokraten zurückgeht. Die kürzlich restaurierte steinerne Schutzhütte, die einsam auf dem Gipfel der Talaia Vella thront, lohnt den kleinen Abstecher alleine schon wegen der Aussicht.

Hinter dem Coll den Son Gallard verläuft der Weg direkt am Abgrund.

Der Mirador de Can Costa ist ein erster Höhepunkt.

Nach der Durchquerung eines bewaldeten Tälchens folgt dann der Höhepunkt dieser Tour: Der Reitweg verläuft hier in spektakulärer Wegführung direkt am fast 200 Meter tief abfallenden Steilhang entlang. Der Erzherzog muss viel Vertrauen zu seinem Pferd gehabt haben, denn selbst auf eigenen Füßen ist dieser Abschnitt aufregend genug! Zwischendurch passieren wir noch den unauffälligen Gipfel des Caragolí, bevor wir uns wieder an den Abstieg machen. Der Mirador de ses Basses erlaubt zum letzten Mal eine beeindruckende Aussicht, diesmal in Richtung Valldemossa und Palma.

Eckdaten

Anspruch Technik:	●●●●● *leicht*
Anspruch Kondition:	●●●●● *mittel*
Länge:	*10,3 km*
Höhenunterschied:	*Auf- und Abstieg jeweils 610 m, Durchschnitt Steigung/Gefälle jeweils 5,9 %*
Gehzeit:	*3:15-4:00 Stunden (ohne Pausen)*

Anforderungen: *Die Wanderung verläuft überwiegend auf grob gepflasterten oder steinigen Wegen ohne Steilpassagen. Im oberen Bereich ist der Weg ausgesetzt, allerdings recht breit.*

Wegmarkierungen: *Der Weg ist nur teilweise markiert, dennoch aber nicht zu verfehlen.*

Anfahrt mit dem Auto: *In Valldemossa nördlich des Zentrums in die Carrer Pilar Montaner (Richtung Àrea esportiva/Cementiri, w05-01). Am Ende der Straße links in die Carrer de Joan Fuster (zu Fuß kann man geradeaus über die Treppe abkürzen), dann bei der nächsten Gelegenheit rechts in die Carrer de les Oliveres (Karte auf Seite 66). Wir parken am Ende der Straße (w05-02, anders als im Zentrum Valldemossas ist das Parken hier kostenlos).*

Anfahrt mit dem Bus: *Linie 210 Palma-Port de Sóller, von der Haltestelle der Anfahrtsbeschreibung für Autofahrer folgen.*

Wegbeschreibung

Am Ende der Straße befindet sich das Haus mit der Nummer 16, „Son Gual Petit“ (w05-02). Wir folgen einem steinigen Pfad links am Zaun entlang. Am Ende des Grundstücks durchqueren wir eine Mauerbresche und haben dann kurze Zeit eine Mauer zur Linken, ehe es durch eine zweite Mauerlücke geht. Direkt danach folgen wir einer scharfen Kehre nach rechts bergauf, wir gehen also nicht an dem Köhlerplatz vorbei, der geradeaus zu sehen ist (w05-03). Von nun an ist der Weg längere Zeit nicht zu verfehlen: Er steigt als breiter Pflasterweg auf, immer wieder von Trockenmauern gestützt. Knapp 1 km weiter erreichen wir durch eine Mauerlücke die Ebene Pla d'es Pouet (w05-04). Später werden wir hier von rechts herunterkommen, nun gehen wir aber geradeaus auf einen deutlich sichtbaren Brunnen zu (w05-05). Dahinter führt der Weg wieder, etwas links haltend und an dieser Stelle nicht ganz klar erkennbar, leicht bergauf. Kurz darauf ist der Wegverlauf wieder deutlich und nun längere Zeit nicht zu verfehlen.

Wir erreichen den Mirador de Can Costa mit seinen Mauerresten (w05-06). Kurz vor dem Aussichtspunkt schwenkt unser Weg in einer Spitzkehre nach rechts und führt nun, von Mauern gestützt, in Serpentinen bergan. 600 m nach dem Mirador kommen wir am Gipfel des Pouet vorbei (w05-07), der an einer Betonsäule erkennbar ist, und kurz darauf am weithin sichtbaren Refugi de s'Arxiduc auf dem Gipfel Talaia Vella (w05-08). Der Weg führt nun eine Weile abwärts und erreicht den Pass Coll de Son Gallard, an der sich eine winkelförmige steinerne Sitzbank befindet (w05-09). Hier geht es geradeaus weiter (an der Bank vorbei), jetzt wie-

der aufsteigend. Kurz nach einem Mauerdurchbruch trifft der Waldpfad wieder auf einen durch Mauern gestützten Weg, dem wir nach links folgen (w05-10, aufgesprühter Hinweis Richtung Deià). Der Weg steigt weiter an und erreicht nun sein aussichtsreichstes Teilstück, das direkt am Steilhang entlangführt. 1,2 km nach der letzten Abzweigung markiert eine große Steinpyramide den Abstieg nach Deià, wir gehen hier geradeaus weiter (w05-11). Kurz danach führt unser Weg direkt am Gipfel des Caragolí vorbei, auf dem sich eine Gedenktafel für den Erzherzog befindet (w05-12). Nach weiteren 500 m erreichen wir eine Abzweigung auf einer Ebene, markiert durch eine große Steinpyramide (w05-13). Hier beginnen wir den Abstieg und gehen nach rechts (Wegweiser Camí de ses Fontanelles). 1,5 km nach dieser Abzweigung passieren wir den Mirador de ses Basses (w05-14) und erreichen kurz darauf wieder die Ebene Pla d'es Pouet (w05-04). Wir durchqueren die Mauerbresche zu unserer Linken, durch die wir heraufgestiegen sind (rechts kann man zwischen den Bäumen den Brunnen erkennen). Der weitere Weg ist mit dem Aufstiegsweg identisch.

GPS					
w05-01:	39,71001	2,61970	w05-08:	39,72918	2,61898
w05-02:	39,71398	2,62152	w05-09:	39,72838	2,62217
w05-03:	39,71685	2,62240	w05-10:	39,72643	2,62463
w05-04:	39,72087	2,62118	w05-11:	39,73115	2,63212
w05-05:	39,72262	2,62052	w05-12:	39,72998	2,63517
w05-06:	39,72560	2,61205	w05-13:	39,72833	2,63867
w05-07:	39,72810	2,61518	w05-14:	39,72145	2,62510

Wanderung 6:

Von Bunyola auf den Penyal d'Honor

Diese Runde führt in einem weit ausholenden Bogen durch die Wälder oberhalb von Bunyola zum Penyal d'Honor. Mit einer Höhe von 819 Metern ist dieser Berg nicht allzu eindrucksvoll, doch immerhin überragt er das Tal mit einer fast senkrecht abfallenden Steilwand und bietet eine großartige Aussicht bis hinunter nach Palma. Bei dieser Tour ist aber vor allem der Weg das Ziel: Nach den steilen Treppengassen Bunyolas führt uns ein Pfad abwechslungsreich und mit ganz unterschiedlichen Eindrücken durch die Mischwälder. Die moderaten Steigungen und der Schatten der Bäume machen diese Wanderung auch zu einer angenehmen Option für heiße Tage.

Darüber hinaus ist dies eine kleine kulturhistorische Reise in die Vergangenheit: Die Wälder oberhalb von Bunyola wurden in früheren Zeiten intensiv für die Gewinnung von Holzkohle und die Kalkbrennerei genutzt. Immer wieder kommen wir an *sitjas* vorbei, kreisförmigen Steinplattformen, auf denen die Köhler ihre Meiler aufbauten. Daneben stehen oft noch runde Mauern, die die Basis ihrer bescheidenen Hütten bildeten. Die tiefen, mit Steinmauern ausgebauten Gruben

Der Penyal d'Honor ist kein allzu imposanter Gipfel – die Aussicht ist trotzdem nicht schlecht!

sind Öfen, in denen Kalk gebrannt wurde. Sowohl die Köhlerei als auch die Kalkbrennerei waren Prozesse, die mehrere Tage andauerten und ständig überwacht werden mussten. Die Handwerker biwakierten daher direkt neben ihren Meilern und Öfen. Teile der Wanderung führen über Wege, auf denen ihre Erzeugnisse mit Karren ins Tal geschafft wurden – wer genau hinsieht, kann hier und da die Rillen erkennen, die die Räder ausgewetzt haben.

Schließlich erreichen wir über einen komfortablen Weg den felsigen Gipfel des Penyal d'Honor, der einen luftigen Rastplatz bietet: Vor uns stürzt eine nahezu senkrechte Felswand über hundert Meter steil ab, die Aussicht über das Tal auf die gegenüberliegende Serra d'Alfàbia ist großartig. Beim Abstieg bietet der Picknickplatz Cas Garriguer eine weitere schöne Rastmöglichkeit, ehe es an weiteren Köhlerplätzen und Kalköfen durch ein liebliches kleines Tal sanft bergab geht. Zuletzt wartet ein schönes Stück Weg durch uraltes Kulturland mit ummauerten Feldern, in denen Oliven-, Feigen- und Mandelbäume gedeihen. Das unter einen Felsvorsprung gebaute Höhlenhaus Sa Cova, das auf das 14. Jahrhundert zurückgeht, ist ein weiteres Relikt uralter Bewirtschaftung. Schließlich folgt der etwas langweilige letzte Abschnitt, der uns wieder nach Bunyola bringt.

Eckdaten

Anspruch Technik: ●●○○○ *leicht*

Anspruch Kondition: ●●●○○ *mittel*

Länge: *12,6 km*

Höhenunterschied: *Auf- und Abstieg jeweils 630 m, Durchschnitt Steigung/Gefälle jeweils 5,0 %*

Gehzeit: *3:45-4:30 Stunden (ohne Pausen)*

Anforderungen: *Eine recht lange, davon abgesehen aber unkomplizierte Wanderung auf einfachen Wegen.*

Wegmarkierungen: *Der Weg ist nur teilweise markiert, aber dennoch nicht zu verfehlen.*

Anfahrt mit dem Auto: *Wir parken in Bunyola auf der Ma-2020, die durch den Ort nach Süden führt, irgendwo zwischen dem Zentrum und dem südlichen Ortsrand (w06-01).*

Anfahrt mit dem Bus: *Linie 220 ab Palma, Start sa Plaça, Ende es Garrigó. Alternativ mit dem Zug Palma-Sóller.*

Wegbeschreibung

Wir gehen zunächst auf der Hauptstraße ins Zentrum von Bunyola und biegen kurz vor der Kirche, beim Restaurante Central, rechts in die Carrer Mare de Déu de la Neu ein (w06-02). An deren Ende geht es wenige Meter nach links und dann die Treppenstufen der Carrer de la Lluna hinauf. Am Ende der Treppe rechts auf eine kleine Straße, die oberhalb des Dorfes am Hang verläuft. Nach 130 m links in den Carreró de la Comuna (hölzernes Hinweisschild nach Sa Comuna und Camí des Grau, w06-03). Die steile Gasse schlängelt sich mit einigen Treppenstufen hinauf und mündet bei den letzten Häusern in einen Fahrweg, dem wir geradeaus folgen; ein Wegweiser zeigt hier wiederum nach Sa Comuna. 200 m nach dem Beginn des Fahrwegs müssen wir aufpassen, um eine wichtige Abzweigung nicht zu übersehen: Links ist eine Grundstückszufahrt mit einem breiten Eisentor versperrt, der Fahrweg ist hier betoniert. Wenige Meter weiter zweigt ein unauffälliger Pfad nach links ab, dem wir steil den Hang hinauf folgen (Wegweiser „Camí des Grau, Cas Garriguer 1 h 30 min", w06-04).

Hat man diese Abzweigung gefunden, kann längere Zeit nichts mehr schiefgehen: Der Weg führt nun unmarkiert, aber stets deutlich erkennbar längere Zeit durch den Wald bergauf. Bei einer Abzweigung (Wegweiser zum Mirador, w06-05) lohnt sich ein sehr kurzer Abstecher nach links zu einem Aussichtspunkt. Zurück an der Abzweigung geht es jetzt weiter nach links Richtung Cas Garriguer. Kurz danach stößt der Weg bei den Überresten eines Kalkofens auf einen Fahrweg, der aus dem Tal heraufkommt. Hier geht es links hinauf Richtung Cas Garriguer (w06-06). Von nun an befinden wir uns auf einem historischen Karrenweg und kommen noch an weiteren Kalköfen und Köhlerplätzen vorbei.

Nach weiteren 500 m gehen wir nicht geradeaus weiter, sondern scharf rechts nach Cas Garriguer (w06-07). Der Weg führt an einem grünen

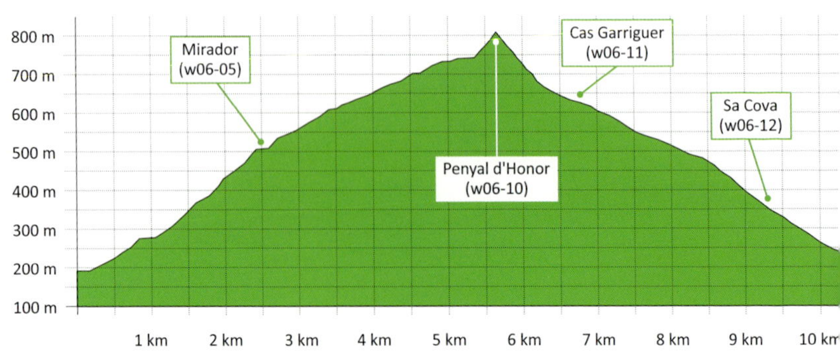

Wassertank vorbei und stößt kurz danach auf eine breite, gut ausgebaute Fahrpiste (w06-08). Wir folgen jedoch nicht dieser Piste, sondern biegen direkt an der Einmündung links auf einen kleineren, steinigen Fahrweg ab, der kurz danach durch ein Holztor versperrt ist (Wegweiser Penyal d'Honor).

Ein großer Teil der Wanderung verläuft auf schattigen Waldwegen.

1,7 km nach dem Beginn dieses Fahrwegs erreichen wir eine unauffällige, aber entscheidende Wegkreuzung, die leicht zu übersehen ist (w06-09): Der Fahrweg scheint sich zu gabeln, der rechte Arm endet aber nach wenigen Metern. Ein durch zwei deutliche Steinpyramiden markierter steiniger Pfad zweigt nach links ab, nach rechts führt ein zweiter Pfad den Hang hinunter. Dieser wird später unser weiterer Weg sein, zunächst gehen wir aber links hinauf und sehen bald den Gipfel des Penyal d'Honor vor uns, der an dem kleinen umzäunten Areal einer ehemaligen Brandwachhütte erkennbar ist (w06-10). Auf dem Nebengipfel rechts finden wir einen schönen Rastplatz.

Wir gehen zurück zur Fahrpiste und überqueren sie (w06-09). Der durch eine weitere Steinpyramide markierte Pfad führt steil durch den Wald hinunter und trifft bald auf das Picknickgelände Cas Garriguer (w06-11). Wir überqueren das Gelände vorbei am Brunnen und verlassen es auf einem schmalen Fahrweg; die Verkehrszeichen sollen die Mountainbiker,

Das Höhlenhaus Sa Cova geht auf das Mittelalter zurück.

die diese Strecke gerne befahren, zur Vorsicht mahnen. Von nun an ist der Weg nicht mehr zu verfehlen: Er führt zunächst lange mit sanftem Gefälle ein kleines Tal hinunter, vorbei an weiteren Köhlerplätzen und Kalköfen. Schließlich verlassen wir den Wald und kommen an kleinen ummauerten Feldern vorbei. Kurz darauf passieren wir das Höhlenhaus Sa Cova (w06-12). Unser Weg mündet in eine kleine Asphaltstraße (w06-13), der wir nun 1,7 km geradeaus folgen, bis wir die Hauptstraße erreichen (w06-14). Dort nach rechts zurück zum Ausgangspunkt in Bunyola.

GPS		
w06-01:	*39,69263*	*2,70132*
w06-02:	*39,69588*	*2,69973*
w06-03:	*39,69530*	*2,70148*
w06-04:	*39,69633*	*2,70497*
w06-05:	*39,70297*	*2,71258*
w06-06:	*39,70307*	*2,71628*
w06-07:	*39,70613*	*2,71963*
w06-08:	*39,70525*	*2,72072*
w06-09:	*39,71620*	*2,72548*
w06-10:	*39,71658*	*2,72288*
w06-11:	*39,71045*	*2,72840*
w06-12:	*39,69160*	*2,71933*
w06-13:	*39,68572*	*2,72047*
w06-14:	*39,68540*	*2,70288*

Wanderung 7:

Von Sóller nach Port de Sóller

Die Hänge rund um das Tal von Sóller sind uraltes, seit Jahrtausenden bewirtschaftetes Kulturland. Sorgfältig gepflasterte Wege stellten in früheren Zeiten die Verbindungen zu den Olivenhainen und den vielen verstreuten Fincas her, heute bieten sie großartige Wandermöglichkeiten. Diese schöne, entspannte Kurzwanderung führt mitten zwischen den kleinen Terrassenfeldern, die von kunstvoll aufgeschichteten Trockenmauern gestützt werden, hindurch.

Von Sóller aus steigen mehrere Wege zu den unteren Hängen des Puig d'es Moró hinauf, der das Tal nach Südwesten hin abgrenzt. Die hier beschriebene Variante über den Camí des Rost ist die schönste, weil sie fast auf der gesamten Länge einen Blick hinunter ins Tal erlaubt. Bei der Überquerung der Straße nach Deià ist der höchste Punkt der Tour erreicht. Von nun an geht es vorbei an Hainen mit uralten Olivenbäumen hinunter nach Port de Sóller. Dort können wir eine Pause am einzigen Sandstrand der Tramuntana-Region genießen, ehe es mit der historischen Straßenbahn (➤ Seite 83) zum Ausgangspunkt zurückgeht.

Historische Wege führen durch das Kulturland oberhalb von Sóller.

Eckdaten

Anspruch Technik: ●●●●● *leicht*
Anspruch Kondition: ●●●●● *leicht*
Länge: *8,9 km*
Höhenunterschied: *Aufstieg 240 m, Abstieg 270 m, Durchschnitt Steigung 2,6 %, Gefälle 3,0 %*
Gehzeit: *2:30-3:00 Stunden (ohne Pausen)*

Anforderungen: *Einfache, kurze Wanderung auf unkomplizierten Wegen.*

Wegmarkierungen: *Der Weg ist durchgehend markiert.*

Anfahrt mit dem Auto: *Die Wanderung ist mit Start an der Plaça von Sóller beschrieben. Autofahrer finden kostenlose Parkplätze an der Straße nach Port de Sóller in der Nähe der Tankstelle und können die Wanderung dort beginnen (w07-03). Rückfahrt mit der Straßenbahn.*

Anfahrt mit dem Bus: *Linien 210 oder 211 ab Palma bis Sóller Carrer Cetre oder Zug Palma-Sóller (S. 80).*

Wegbeschreibung

Wir verlassen die Plaça von Sóller an ihrem unteren Ende durch die Carrer de Bauçà (Schilder Richtung Palma/Port/Deià, w07-01). Nach wenigen hundert Metern leicht links in die Carrer Josep M. Quadrado. An deren Ende links und gleich wieder rechts in die Carrer del Capità Angelats (w07-02). *Beachten Sie für diesen ersten Abschnitt auch die Straßenkar-*

Der Abstieg nach Port de Sóller führt an uralten Olivenbäumen vorbei.

te auf Seite 78! Wir gehen am botanischen Garten vorbei und treffen bei einer Tankstelle auf die Hauptstraße, die wir überqueren (w07-03, Autofahrer können die Wanderung hier beginnen). Gegenüber geht es auf der kleinen Straße Camí de sa Costa den Llorenç (Beschilderung zum Hotel Can Coll) weiter. Nach 170 m geradeaus Richtung Deià/Camí des Rost (w07-04). Die Fahrstraße geht in einen Fußweg über, nach knapp 500 m bleiben wir auf dem Camí des Rost (w07-05, links zweigt der Camí des Mont-reals ab). Bei einer Weggabelung 900 m weiter (w07-06) links bergauf, den Markierungen durch einen Holzpfosten mit Pfeil folgend. Unser Weg trifft auf eine Fahrstraße, die wir überqueren (Wegweiser Camí de Castelló, w07-07). Bei der Ruine einer Kapelle folgen wir einem breiteren Betonweg nach rechts (w07-08, GR 221 Richtung Port de Sóller). Kurz darauf erreichen wir beim Agroturismo Son Bleda die Straße nach Deià (w07-09). Wir folgen ihr ein Stück nach links und verlassen sie in der nächsten Kurve auf eine kleinere Straße nach rechts.

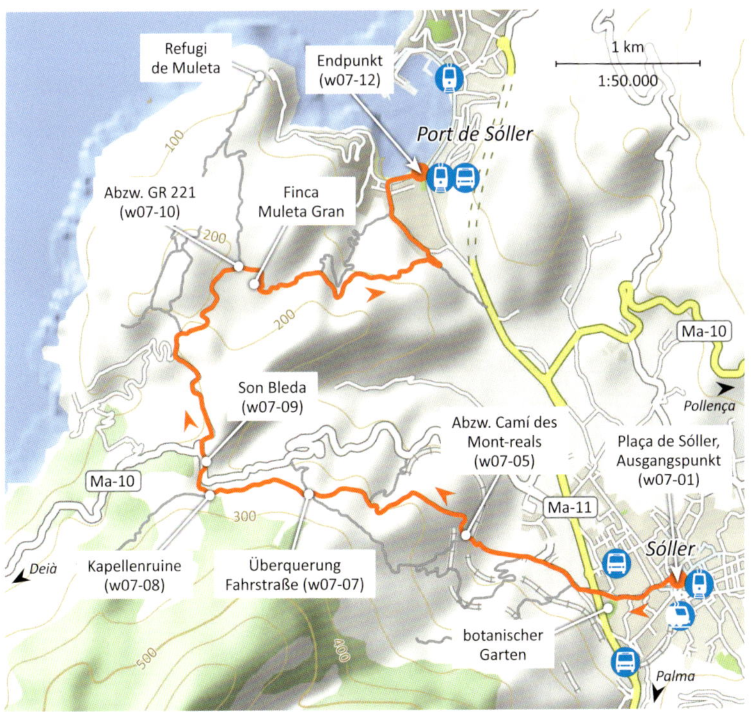

Von jetzt an folgen wir bei allen Abzweigungen den Markierungen des GR 221 nach Port de Sóller. Bei einer Abzweigung (w07-10) geradeaus nach Port de Sóller, links geht es zum Refugi de Muleta. Die Markierungen führen uns um die großen Gebäude der Finca Muleta Gran herum und dahinter, jetzt auf schmaleren Wegen, ins Tal hinunter. Bei zwei Hausruinen treffen wir schließlich auf die Straße nach Port de Sóller, der wir nach links folgen (w07-11). Nach weiteren 600 m erreichen wir den Strand. Die Straßenbahnhaltestelle befindet sich an der Abzweigung der Hauptstraße, 250 m nach rechts (w07-12). Zum Zentrum am Hafen mit der Endhaltestelle sind es weitere 800 m.

GPS		
w07-01:	39,76647	2,71473
w07-02:	39,76553	2,71233
w07-03:	39,76573	2,70832
w07-04:	39,76618	2,70650
w07-05:	39,76898	2,69773
w07-06:	39,77072	2,69065
w07-07:	39,77172	2,68518
w07-08:	39,77172	2,67750
w07-09:	39,77363	2,67662
w07-10:	39,78527	2,67962
w07-11:	39,78617	2,69467
w07-12:	39,79110	2,69462

Die Wanderung endet am einzigen Sandstrand der Tramuntana-Region.

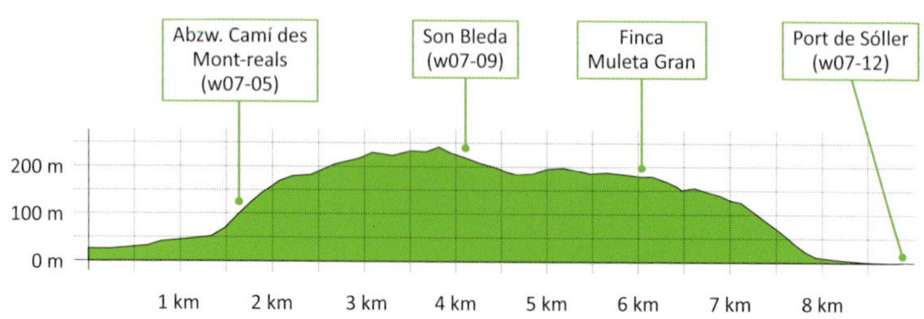

Wanderung 8:

Vom Mirador des ses Barques zur Cala Tuent

Der Mirador de ses Barques ist wegen der fantastischen Aussicht auf Port de Sóller und das etwa 400 Meter tiefer liegende Meer ein beliebter Stopp bei einer Rundfahrt durch das nördliche Tramuntana-Gebiet. Hier kann man aber auch eine großartige Wanderung zur Bucht Cala Tuent beginnen: Die Strecke führt durch uraltes Kulturland mit jahrhundertealten Olivenbäumen und vorbei an winzigen, durch kunstvoll angelegte Trockenmauern eingefassten Terrassenfeldern. Wir sehen Fincas, für die das Wort „abgelegen" untertrieben scheint. Die entlegenste von ihnen, Balitx d'Avall, fasziniert durch einen exzentrisch anmutenden kleinen Wehrturm. Und ist durchaus zugänglich: Das Anwesen ist ein Agroturismo-Betrieb mit Zimmervermietung, vorbeikommenden Wanderern wird frischer Orangensaft angeboten. Die meiste Zeit bewegen wir uns auf historischen Wegen, die mit kunstvoller Pflasterung und Treppenstufen für einen jahrhundertelangen Alltagsgebrauch angelegt wurden – Kulturdenkmäler, die im heutigen Mallorca wieder gewürdigt und restauriert werden. ➤

Der letzte Abschnitt ist einer der schönsten Küstenwege Mallorcas.

Aus dem fruchtbaren Tal geht es dann über den Pass Coll de Biniamar. Unvermittelt öffnet sich eine großartige Aussicht auf die 300 Meter unter uns gelegene Bucht, an deren Hang wir jetzt sanft abfallend entlangwandern. Dieser Abschnitt ist in jedem Fall einer der schönsten Küstenwege Mallorcas! Ungefähr in der Mitte der Bucht war unten am Meer von 1892 bis 1962 ein kleines Wasserkraftwerk in Betrieb, das Sóller mit Strom versorgte. Von der Anlage ist aber kaum etwas übrig, so dass sich der doch etwas mühsame Abstecher nach „Sa Fàbrica" nicht wirklich lohnt. Schließlich geht es hinunter zu unserem Ziel, der Bucht Cala Tuent mit ihrem Kiesstrand. Von dort aus können wir mit dem Schiff nach Port de Sóller zurückfahren; für sportliche Wanderer ist aber auch eine Rückkehr auf demselben Weg eine Option, die dann eine lange, tagesfüllende Wanderung ergibt.

Eckdaten

Anspruch Technik:	●●○○○	*leicht*
Anspruch Kondition:	●●●○○	*mittel*
Länge:	*9,6 km*	
Höhenunterschied:	*Aufstieg 260 m, Abstieg 690 m, Durchschnitt Steigung 2,7 %, Gefälle 7,1 %*	
Gehzeit:	*2:45-3:30 Stunden (ohne Pausen)*	

Anforderungen: *Die Wanderung verläuft auf Fahrpisten, historischen Pflasterwegen und anderen einfachen Wegen ohne Steilpassagen.*

Variationsmöglichkeiten: *Konditionsstarke Wanderer können am Mirador de ses Barques parken und von Cala Tuent aus auf demselben Weg zurückgehen und so die Komplikation mit Bus und Schiff vermeiden.*

Wegmarkierungen: *Der Weg ist durchgehend markiert, allerdings sind viele Wegweiser und Markierungen leicht zu übersehen.*

Anfahrt: *Von Port de Sóller (9:00 Uhr) oder Sóller (9:10 Uhr) mit Buslinie 354 (1.4.-31.10. tägl. außer So, nur diese eine Fahrt am Vormittag) zum Ausgangspunkt am Mirador de ses Barques (w08-01). Zurück mit dem Schiff um 16:50 Uhr ab Cala Tuent nach Port de Sóller (tägl. außer So). Erkundigen Sie sich vor Aufbruch beim Kartenkiosk am Hafen in Port de Sóller oder unter Tel. 0034 669 022 389, ob das Schiff auch tatsächlich verkehrt! Es gibt keine Busverbindung ab Cala Tuent.*

Wegbeschreibung

Wir gehen am Aussichtspunkt Mirador de ses Barques auf dem Treppenweg Richtung Tuent/Sa Costera/Bàlitx. Der Weg trifft nach 800 m auf eine breite Fahrpiste, der wir geradeaus folgen (Wegweiser nach Tuent/Sa Calobra, links geht es nach Sóller, w08-02). Direkt vor dem Tor der Finca Bàlitx d'Amunt (w08-03) folgen wir dem breiten Fahrweg nach rechts, der jetzt aussichtsreich am Hang eines Tals entlangläuft. Bei einer Spitzkehre kurz darauf verlassen wir die Piste und folgen einem gepflasterten Weg geradeaus (Holzpfosten mit weiß-roten Strichen). Bei der aus einem Stollen austretenden Quelle Font de Bàlitx (w08-04) geht es auf dem Hauptweg links bergab und gleich darauf nach rechts durch ein kleines Areal mit dunklem Gestein. Kurz danach treffen wir vor der Finca Bàlitx d'Enmig (w08-05) wieder auf einen Fahrweg, dem wir nun knapp 900 m geradeaus folgen. Wenige Minuten nach der Überquerung eines Viehrosts taucht auf der linken Seite ein einzelnes kleines Haus auf; wir gehen auf dem Fahrweg darauf zu, biegen aber gleich rechts auf einen schmaleren Weg ab, der nach Bàlitx d'Avall/Tuent/Sa Calobra beschildert ist (w08-06). Der Weg führt nun zunächst geradeaus, dann als gepflasterter Treppenweg abwärts.

Kurz vor der Finca Bàlitx d'Avall, die an ihrem Wehrturm erkennbar ist, trifft unser Pfad auf einen Fahrweg; wir folgen diesem ein kurzes Stück nach links, biegen aber am Beginn der Einfahrt (Stein mit Beschriftung „Agroturismo“, w08-07) gleich wieder nach rechts ab, um das Anwesen zu umgehen. Beim hinteren Tor der Finca (Wegweiser „Sa Costera/Tuent 2 h 30 min“) durchqueren wir ein meist trockenes Bachbett neben einem Betonsteg. Kurz danach bei einer Gabelung links (Holzpfosten mit Pfeil) und gleich wieder rechts auf einen kleineren Weg (w08-08, Wegweiser nach Sa Costera/Tuent). Wir steigen jetzt auf einem schmalen Treppenweg bergan und treffen nach gut 500 m auf eine Fahrpiste, der wir berg-

In dieser Gegend befinden sich einige wirklich abgelegene Fincas.

auf folgen (w08-09). Die Piste überquert den Coll de Biniamar (w08-10) und windet sich danach in Kehren abwärts. In einer Rechtskurve können wir eine Kehre auf einem mit einem Holzpfosten markierten Weg abschneiden, kurz danach folgen wir dem Wegweiser nach rechts (Sa Fàbrica/Tuent). Hier beginnt ein längerer aussichtsreicher Abschnitt, der mit leichtem Gefälle am Hang verläuft. 1,8 km nach dem Pass führt ein Pfad zu den Resten des Wasserkraftwerks Sa Fàbrica an der Küste (w08-11), der Abstecher lohnt sich aber nicht wirklich.

Bei einer Mauerbresche (w08-12) endet der aussichtsreiche Küstenpfad, der Weg führt nun abwärts zur Cala Tuent. Im weiteren Verlauf trifft er immer wieder auf eine Fahrpiste und kürzt deren Kehren ab. Alle Abzweigungen sind durch Holzpfosten markiert, die man aber leicht übersieht: Bei einem einzelnen Haus mit einer auffälligen Säulenzypresse treffen wir auf die Piste, verlassen sie aber sofort wieder nach links (w08-13). Gleich

Vor der Rückfahrt kann man sich noch an der Cala Tuent erfrischen.

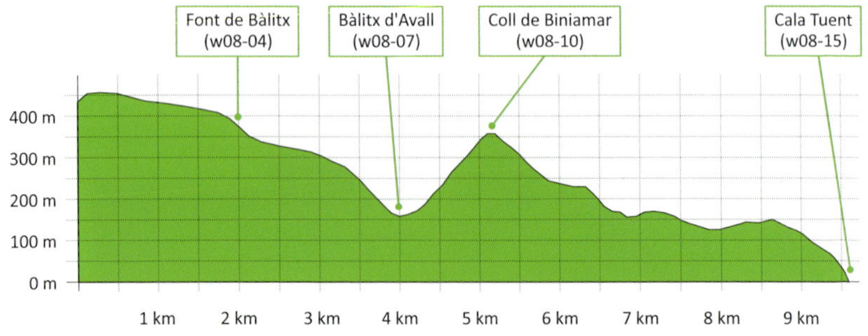

darauf noch einmal kurz rechts auf der Piste und nach knapp 100 m links auf einen schmaleren Weg. Dieser gabelt sich hier; wir gehen links nach Tuent/Es Vergeret (w08-14). Vor dem Restaurant Es Vergeret rechts, dann geradeaus über die Straße zum Strand der Cala Tuent hinunter (w08-15).

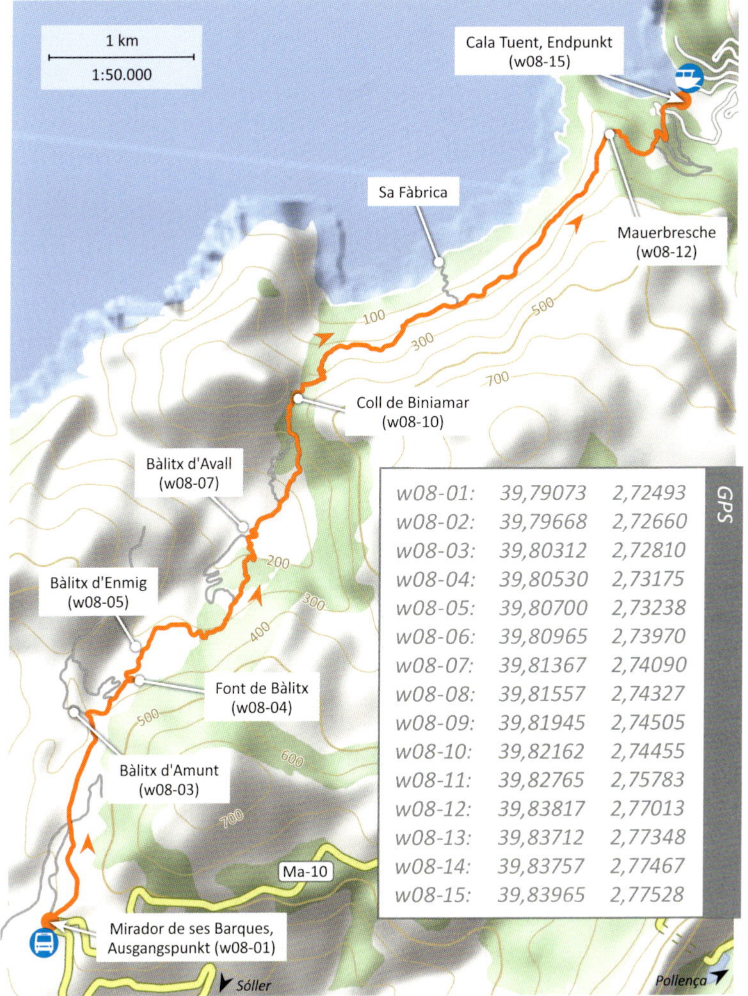

w08-01:	39,79073	2,72493
w08-02:	39,79668	2,72660
w08-03:	39,80312	2,72810
w08-04:	39,80530	2,73175
w08-05:	39,80700	2,73238
w08-06:	39,80965	2,73970
w08-07:	39,81367	2,74090
w08-08:	39,81557	2,74327
w08-09:	39,81945	2,74505
w08-10:	39,82162	2,74455
w08-11:	39,82765	2,75783
w08-12:	39,83817	2,77013
w08-13:	39,83712	2,77348
w08-14:	39,83757	2,77467
w08-15:	39,83965	2,77528

Wanderung 9:

Durch den Barranc de Biniaraix

Diese recht anspruchsvolle Tour zieht eine weite Runde durch das Bergland oberhalb des Tals von Sóller. Die Mühe wird belohnt durch einzigartige Eindrücke: Von einer malerischen Kulturlandschaft über einsame Bergwelten bis zu einer der schönsten Schluchten Mallorcas, die auf einem großartigen historischen Weg durchquert wird! Die Wanderung beginnt im winzigen Dorf Biniaraix, dessen Waschhaus ein seltenes Zeugnis des historischen Dorflebens ist. Dann geht es lange bergauf, vorbei an Terrassenfeldern mit Olivenhainen, die sich weit die Hänge hinaufziehen. Ein schmaler, steiler Pfad führt uns schließlich aus der Kulturlandschaft in die Einsamkeit der Berge. Wir befinden uns jetzt am oberen Rand des Barranc de Biniaraix, durch den unser Abstiegsweg führt. Vorher lohnt aber ein Abstecher zum Mirador d'en Quesada an der Spitze der mächtigen Westwand des Cornador Gran: Der Aussichtspunkt bietet einen Blick wie aus dem Flugzeug über das Tal von Sóller!

Wenn man von oben in den Barranc de Biniaraix schaut, kann man sich kaum vorstellen, dass überhaupt ein Weg

Ein historischer Pflasterweg macht den Barranc de Biniaraix zugänglich.

durch diese Felswildnis nach unten führt. Tatsächlich ist es sogar ein sehr bequemer: Der perfekt gepflasterte Camí des Barranc, der im Mittelalter als Wallfahrtsweg von Sóller nach Lluc angelegt wurde, ist eines der schönsten Beispiele für die Kunst der mallorquinischen Wegbauer! Mit vielen Serpentinen und Treppenstufen führt er uns bequem hinunter. An den steilen Hängen sieht man zahllose winzige Terrassenfelder, die der unwegsamen, aber wasserreichen Schlucht noch den letzten Quadratmeter abtrotzen. Der Barranc de Biniaraix ist eine der großartigsten Naturlandschaften Mallorcas, seine einzigartige Erschließung macht ihn darüber hinaus aber auch zu einem kulturhistorischen Monument von hohem Rang!

Eckdaten

Anspruch Technik: ●●●○○ *mittel*

Anspruch Kondition: ●●●●○ *schwierig*

Länge: *15,7 km*

Höhenunterschied: *Auf- und Abstieg jeweils 1190 m, Durchschnitt Steigung/Gefälle jeweils 7,5 %*

Gehzeit: *5:30-6:45 Stunden (ohne Pausen)*

Anforderungen: *Eine technisch nur mäßig schwierige, konditionell jedoch fordernde Wanderung. Eine kurze Aufstiegspassage verläuft auf einem steilen, gerölligen Pfad, der übrige Teil auf einfachen Wegen. Der Abstieg durch die Schlucht erfolgt auf einem gepflasterten Weg mit mäßigem Gefälle.*

Variationsmöglichkeiten: *Um die Wanderung zu verkürzen, kann man den Abstecher zum Mirador d'en Quesada auslassen, dann 3,2 km/270 Hm weniger.*

Wegmarkierungen: *Der Weg ist größtenteils unmarkiert, bei einer gewissen Sorgfalt aber kaum zu verfehlen.*

Anfahrt mit dem Auto: *Von der Straße Fornalutx-Sóller zweigt etwa 1,5 km südlich von Fornalutx ein kleines Sträßchen Richtung Süden ab, das mit „Biniaraix a Peu" beschildert ist (w09-01). An der Abzweigung befinden sich eine Bushaltestelle sowie Wegweiser des GR 221. Hier kann man am Straßenrand parken.*

Anfahrt mit dem Bus: *Linie 212 um 9:05 Uhr von Sóller nach Fornalutx, Haltestelle L'Horta de Biniaraix. Mo-Fr letzte Rückfahrt 18:05 Uhr, Sa nur vormittags, So kein Betrieb.*

Wegbeschreibung

Das Sträßchen nach Biniaraix mündet bald in einen gepflasterten Weg (w09-02). Wir folgen dem als GR 221 markierten Treppenweg hinauf ins Zentrum, dann links in die Carrer de Santa Caterina. Am Ende der Gasse noch einmal links und über die Plaça zum Waschhaus mit dem überdachten Steinbecken (w09-03). Der geradeaus führende, als GR 221 beschilderte Weg wird später unser Rückweg sein, nun biegen wir jedoch direkt hinter dem Waschhaus links auf eine schmale Fahrstraße ab. Dieser folgen wir längere Zeit bergauf; im oberen Bereich können einige Kehren auf deutlich erkennbaren Treppenwegen abgeschnitten werden. Etwa 2,7 km ab dem Waschhaus (45-60 Minuten) erreichen wir eine unauffällige Abzweigung ohne Markierungen (w09-04): Auf der linken Seite ist ein kurzes Stück Leitplanke, rechts die Einfahrt des Anwesens Ca'n Pera. Direkt vor dem ummauerten Grundstück zweigt ein schmaler Treppenweg nach rechts ab, auf dem wir nun längere Zeit steil bergan steigen. Im oberen Teil wird der Weg kurzzeitig unangenehm geröllig,

In Biniaraix gibt es eines der schönsten Waschhäuser Mallorcas.

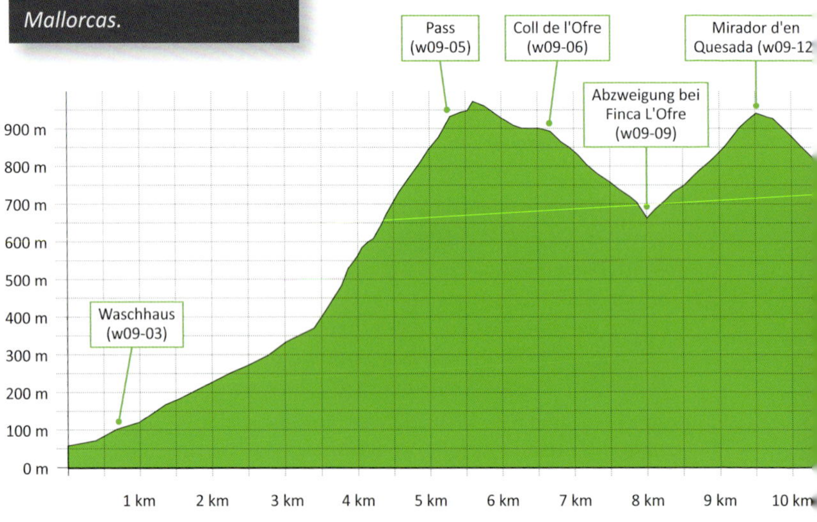

gleich danach geht er in einen einfacher zu begehenden Gebirgspfad über. Dieser führt unmarkiert, aber überall zweifelsfrei erkennbar zu einer Passhöhe hinauf (w09-05). Sobald wir diese überquert haben, sehen wir vor uns einen niedrigen, sanft geschwungenen Bergrücken, der auf der rechten Seite mit einem Steilhang abfällt. Wir müssen den Bergrücken etwa in der Mitte überqueren; eine große Steinpyramide hilft bei der Suche nach dem hier etwas undeutlichen Pfad.

Nach der Überschreitung dieses Bergrückens führt der Weg eine Weile über das Hochplateau auf die bewaldete Kuppe des L'Ofre zu. Am Coll de l'Ofre treffen wir bei einem eisernen Kreuz auf die vom Cúber-Stausee heraufkommende Fahrpiste (w09-06). Von nun an ist der Weg als GR 221 (Holzpfosten mit weiß-roten Strichen) markiert. Wir folgen der Fahrpiste nach rechts, verlassen sie aber schon nach etwa 60 m wieder bei einer markierten Abzweigung durch eine Mauerbresche. Im Folgenden wird dieser Weg die Piste noch mehrmals kurz berühren, alle Abzweigungen sind markiert.

Nach dem Aufstieg führt der Weg durch eine einsame Berglandschaft.

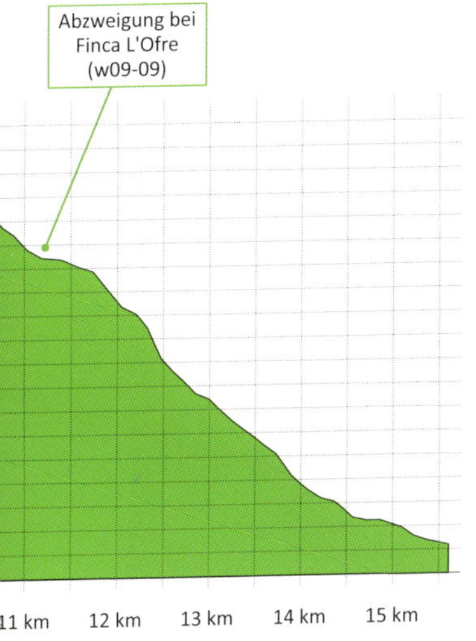

800 m nach dem Pass treffen wir nochmals auf die Piste und folgen dieser nun nach links, den Wegweisern des GR 221 nach Biniaraix/Sóller folgend (w09-07). Kurz vor der abgelegenen Finca L'Ofre verlassen wir die Piste geradeaus beim Wegweiser nach Biniaraix und zum Mirador d'en Quesada (w09-08). Knapp 200 m weiter erreicht der Weg bei einem Bachbett eine Abzweigung, die zum Mirador d'en Quesada/Es Cornadors beschildert ist (w09-09). Der geradeaus nach Biniaraix führende GR 221 wird unser späterer Abstiegsweg sein, für den Abstecher zum Mirador biegen wir hier nach links ab. Unser Weg ist nun ein schmaler und ziemlich steiler Pfad. 600 m nach der Abzweigung erreichen wir eine Anhöhe mit einigen großen Kiefern (w09-10). Auf einer kleinen steinernen Tafel zeigt ein Pfeil in die Richtung, aus der wir gekommen sind. Hier müssen wir uns links weiter bergauf halten – an dieser Stelle kann man sich verlaufen, weil der Pfad nicht deutlich erkennbar ist. Weiter geht es in Serpentinen steil hinauf zu einer Passhöhe, von der sich der Blick hinunter nach Sóller öffnet (w09-11). Rechts oben am Hang ist eine steinerne Schutzhütte zu sehen, das Refugi dels Cornadors. Wir gehen direkt daran vorbei zum Gipfel des Cornador Gran, der mit einer Steinpyramide markiert ist, dann weiter geradeaus und ein Stück abwärts zum Mirador d'en Quesada (w09-12).

Von hier aus geht es auf demselben Weg zurück bis zur Abzweigung bei der Finca L'Ofre (w09-08) und dort auf den GR 221 links Richtung Biniaraix. Der Weg führt nun hinunter in den Barranc de Biniaraix und ist längere Zeit nicht mehr zu verfehlen. Bei der Abzweigung des Camí Vell (w09-13) bleiben wir auf dem Hauptweg, dem Camí des Barranc (GR 221)

Vom Mirador d'en Quesada hat man einen fantastischen Blick auf das Tal von Sóller.

– der Camí Vell führt zwar auch nach Biniaraix, ist aber ein nicht wirklich attraktiver Umweg. Die Wasserhähne am Wegrand geben gutes Trinkwasser! Schließlich erreichen wir wieder das Waschhaus von Biniaraix (w09-03). Hier links, geradeaus über die Plaça und gegenüber vom Haus Nummer 3 rechts in die Carrer de Santa Caterina. An deren Ende vor der Garage wieder rechts und den Markierungen des GR 221 folgend zurück zur Zufahrtsstraße.

GPS		
w09-01:	39,77373	2,73052
w09-02:	39,77238	2,73402
w09-03:	39,77140	2,73612
w09-04:	39,78070	2,75255
w09-05:	39,77420	2,75982
w09-06:	39,76613	2,76308
w09-07:	39,76095	2,75967
w09-08:	39,76010	2,75665
w09-09:	39,75935	2,75592
w09-10:	39,75975	2,75203
w09-11:	39,75825	2,74745
w09-12:	39,76020	2,74698
w09-13:	39,76438	2,75328

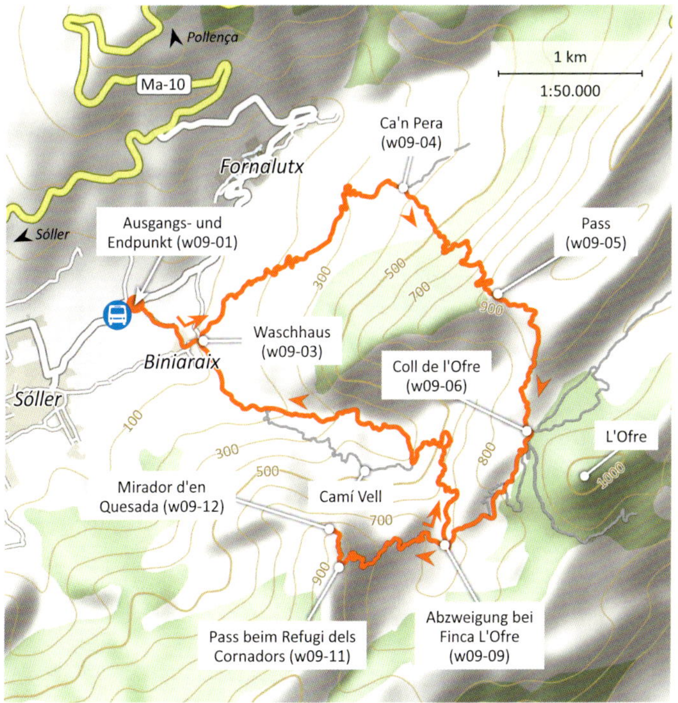

Wanderung 10:

Runde um den Tossals Verds

Die Umrundung des Tossals Verds ist eine der beliebtesten Touren im Kerngebiet der Tramuntana, weil sie mit moderatem Höhenunterschied ein großartiges Erlebnis dieser einsamen Bergwelt ermöglicht: Obwohl der Tossals Verds dabei nur umrundet und nicht bestiegen wird, gibt es immer wieder schöne Aussichten.

Vom Parkplatz aus geht es zunächst steil zum Pass Coll de sa Coma des Ases hinauf, der schon der höchste Punkt der Tour ist. Auf den anstrengenden Aufstieg folgt ein längeres entspanntes Stück, auf dem wir bereits eine schöne Aussicht bis hinunter in die zentrale Ebene Mallorcas haben. Wir bewegen uns am oberen Rand der Schlucht des Torrent d'Almedrà. Unten kann man den vom Cúbersee hinabführenden Tunnelweg sehen, der eine Wasserleitung begleitet. Schließlich muss die Felsbarriere am Pas Llils über eine steile, felsige Rampe überwunden werden. Kurz darauf sieht man auch schon das in eine schöne Berglandschaft eingebettete Refugi des Tossals Verds. Diese Gegend war in historischen Zeiten bewirtschaftet, auch das Refugi war früher ein Bauernhof.

Der Weg führt zunächst über den Coll de sa Coma des Ases.

Vom Refugi aus geht es wieder bergauf und schließlich in einen schattigen Steineichenwald hinein. Von nun an führt der Weg entspannt und ohne größere Steigung durch den Wald. Der Bach Torrent des Prat, der bald überquert wird, ist ein schöner Platz für eine Rast, allerdings führt er meistens nur im Winter eine nennenswerte Wassermenge. Bald stoßen wir auf den aus Betonteilen zusammengesetzten Canal des Embassaments, der Teil des Wasserwirtschaftssystems um die Stauseen Gorg Blau und Cúber ist. Die heute nicht mehr genutzte Wasserleitung führt uns jetzt fast eben zurück zum Ausgangspunkt an der Font des Noguer, die hervorragendes Trinkwasser spendet.

Im letzten Abschnitt geht es entspannt durch den Wald.

Eckdaten

Anspruch Technik: ●●●●● *mittel*
Anspruch Kondition: ●●●●● *mittel*
Länge: *11,6 km*
Höhenunterschied: *Auf- und Abstieg jeweils 480 m, Durchschnitt Steigung/Gefälle jeweils 4,1 %*
Gehzeit: *3:45-4:30 Stunden (ohne Pausen)*

Anforderungen: *Überwiegend mittelschwere, teilweise geröllige Bergpfade und leichte Waldwege. Eine wenige Meter lange Aufstiegspassage über eine steile, aber nicht ausgesetzte Felsrampe ist mit einer Kette gesichert. Unterkunft und Verpflegung am Refugi des Tossals Verds nur nach Anmeldung (Tel. 0034 971 182 027).*

Wegmarkierungen: *Der Weg ist durchgehend sehr gut mit Wegweisern versehen.*

Anfahrt mit dem Auto: *Ausgangspunkt ist der Parkplatz Font des Noguer, vom Cúber-Stausee 200 m Richtung Lluc (w10-01).*

Anfahrt mit dem Bus: *Linie 354 Can Picafort-Port de Sóller bis Haltestelle Cúber (nur 2 Fahrten tägl., nicht am So).*

Wegbeschreibung

Wir gehen vom Parkplatz Richtung Cúbersee und steigen auf einer Leiter über einen Zaun. Nach wenigen Metern zweigt der zum Pas Llils/Refugi des Tossals Verds beschilderte GR 221 nach links ab (w10-02; von der Bushaltestelle geht man Richtung Lluc und erreicht so diese Abzweigung). Wir folgen diesem Pfad in Serpentinen bergauf zum Pass Coll de sa Coma des Ases (w10-03), danach geht es längere Zeit wieder abwärts. Kurz vor dem Pas Llils muss eine kurze, steile Felsrampe überwunden werden, eine Kette zum Festhalten hilft dabei. Nach dem Pass (w10-04) führt der Weg in leichterem Auf und Ab durch die Landschaft. Nach einer Linkskurve (w10-05) kommt das Refugi des Tossals Verds in Sicht, zu dem der Weg jetzt hinunter führt. Wir betreten das Gelände des Refugi und biegen vor dem zweiten Haus links ab Richtung Font des Noguer/Font des Prats (w10-06).

Nach dem Coll de sa Coma des Ases geht es ein Stück in die Schlucht hinunter.

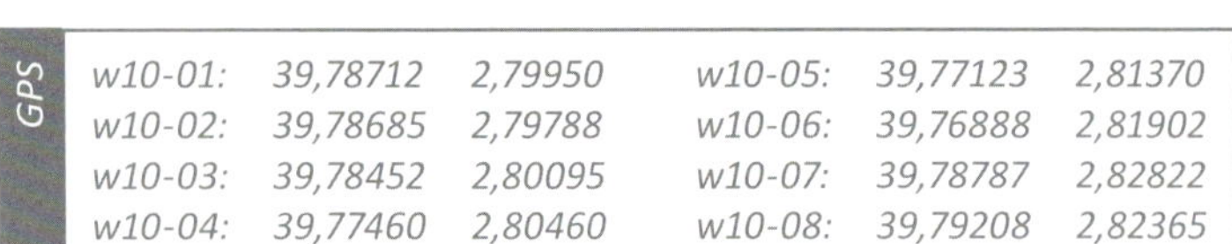

GPS					
w10-01:	*39,78712*	*2,79950*	*w10-05:*	*39,77123*	*2,81370*
w10-02:	*39,78685*	*2,79788*	*w10-06:*	*39,76888*	*2,81902*
w10-03:	*39,78452*	*2,80095*	*w10-07:*	*39,78787*	*2,82822*
w10-04:	*39,77460*	*2,80460*	*w10-08:*	*39,79208*	*2,82365*

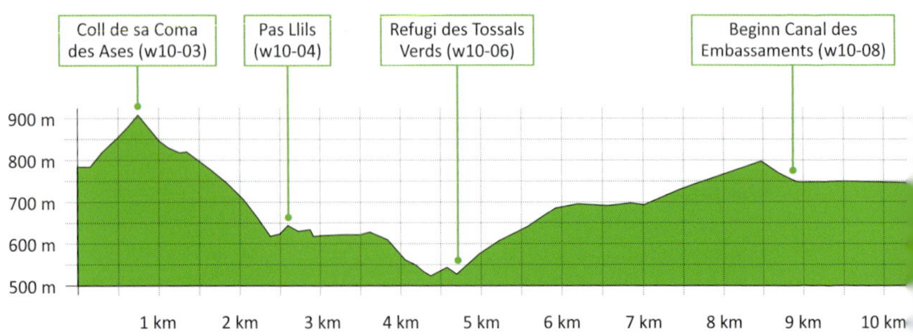

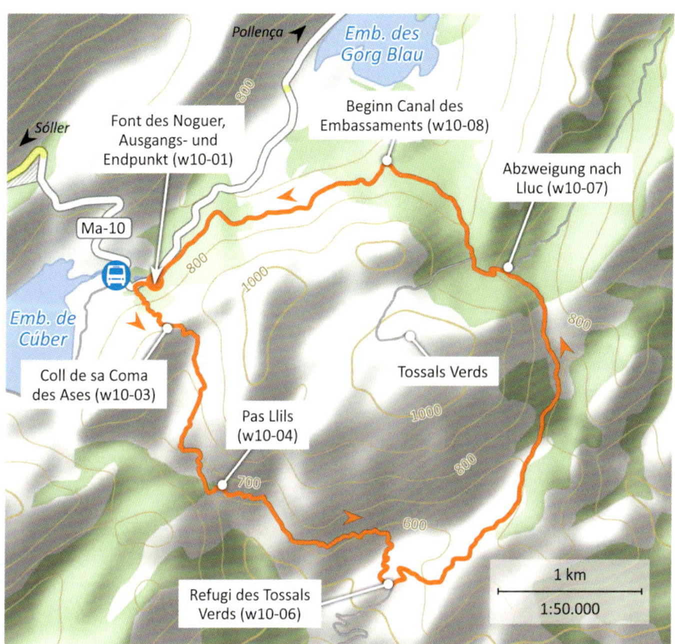

Von nun an folgen wir bei allen Abzweigungen den Wegweisern des GR 221 Richtung Font des Noguer. Der Weg steigt längere Zeit an und taucht schließlich in lockeren Steineichenwald ein. Wir überqueren den Bach Torrent des Prat und ignorieren 400 m weiter eine Abzweigung nach Lluc (w10-07); auch die meist ausgetrocknete Quelle Font des Prat lohnt keinen Umweg, so dass wir weiter geradeaus Richtung Font des Noguer gehen. Wir stoßen schließlich auf den aus Betonteilen zusammengesetzten Canal des Embassaments (w10-08), dem wir nach links bis zum Parkplatz folgen.

1 km

Das Refugi des Tossals Verds ist idyllisch gelegen.

Wanderung 11:

Runde um den Puig Roig

Die große Runde um den Puig Roig ist eine klassische Sonntagstour – zwangsläufig, denn der Weg führt über Privatgrund, dessen Begehung nur an diesem einen Wochentag erlaubt ist. Sie sollten sich aber in jedem Fall einen Sonntag für diese Tour reservieren: Vor allem der mittlere Teil, der mit großartiger Aussicht auf das Meer an der Nordwestflanke des Puig Roig entlangläuft, ist ein einmaliges Erlebnis – und entschädigt dafür, dass die Wanderung unangenehm ausgedehnte Passagen auf Straßen enthält und sich dadurch ziemlich in die Länge zieht. Immerhin ist sie durch den geringen Höhenunterschied trotz der Länge von über zwanzig Kilometern nicht besonders fordernd.

Die Wanderung beginnt am Santuari de Lluc und führt zunächst abwechslungsreich durch den felsdurchsetzten Wald, der das Kloster umgibt. Dann folgt eine längere Passage auf der Straße, ehe wir die Finca Mossa passieren. Nun wird es endlich interessant: Der historische Saumpfad führt jetzt, stets weitgehend hangparallel und immer wieder durch Aufmauerungen

Nach dem Pas d'en Segarra führt der Weg oberhalb der Küste entlang.

gestützt, um den Puig Roig herum. Am Pas d'en Segarra öffnet sich ein großartiger Blick auf die einsame Küstenlandschaft, den wir jetzt längere Zeit genießen können: In einer Höhe zwischen 500 und 600 Metern bewegen wir uns ohne größeres Auf und Ab am Hang entlang, während langsam der Puig Major, Mallorcas höchster Gipfel, in Sicht kommt. Oberhalb einer verlassenen Polizeikaserne, die der Bekämpfung des Schmuggels diente, schwenkt unser Weg wieder ins Landesinnere. Die Finca Cosconar ist ein letzter Höhepunkt: Das recht große Anwesen ist spektakulär unter einen riesigen Felsvorsprung gebaut und scheint eine geradezu organische Verbindung mit dem Gestein einzugehen. Von nun an ist der Weg weniger interessant: Auf breiten Fahrpisten geht es hinunter in ein kleines Tal. Dieser letzte Abschnitt zieht sich noch einmal unerfreulich in die Länge, ehe wir schließlich auf einer kleinen Serpentinenstraße wieder nach Lluc hinaufsteigen.

Eckdaten

Anspruch Technik: ●●●●● *mittel*
Anspruch Kondition: ●●●●● *schwierig*
Länge: *21,1 km*
Höhenunterschied: *Auf- und Abstieg jeweils 490 m, Durchschnitt Steigung/Gefälle jeweils 2,3 %*
Gehzeit: *5:30-6:30 Stunden (ohne Pausen)*

Anforderungen: *Ausgedehnte Wanderung auf mittelschweren Bergpfaden, zuletzt lange auf kleinen Straßen. Teile des Weges sind mit groben Steinen bedeckt und durch scharfkantiges Gras und hartes Gestrüpp zugewachsen, daher sind lange Hosen sinnvoll. Kurze Teilstücke sind etwas ausgesetzt.*

Achtung: *Dieser Weg darf* ***nur am Sonntag*** *begangen werden!*

Wegmarkierungen: *Der Weg ist nicht durchgehend markiert, größtenteils aber leicht zu finden.*

Anfahrt mit dem Auto: *Wir benutzen den Parkplatz bei Lluc (gebührenpflichtig, 6,00 € pro Tag, w11-01). Alternativ kann man kostenlos bei den Picknickplätzen Es Pixarells, Menut I oder Menut II (2,5-4,0 km von Lluc Richtung Pollença) parken und die Tour dort beginnen und beenden.*

Anfahrt mit dem Bus: *Details auf S. 99. Die Zeit zwischen erster und letzter Fahrt ist bei allen Buslinien nicht ausreichend, so dass sich eine Übernachtung in Lluc empfiehlt (S. 95).*

Wegbeschreibung

Wir gehen vom Parkplatz auf das Gelände des Santuari und biegen kurz vor dem Hauptgebäude nach rechts ab. Ein Torbogen führt durch das Nebengebäude auf eine kleine Straße. Wir folgen ihr bis kurz vor die Einmündung in die Hauptzufahrt, dann nach links auf einen Sportplatz zu. Wir überqueren den Platz und verlassen ihn an der hinteren linken Ecke. Gleich danach geht es über einen Steg und auf einem Pfad nach rechts durch das felsige Gelände. Knapp 500 m nach dem Sportplatz trifft der Pfad auf einen breiteren Weg: Hier rechts Richtung Sa Cometa des Morts (w11-02). Wir erreichen die Straße nach Pollença, der wir nach links folgen (w11-03). Vorbei an den àreas recreativas Es Pixarells, Menut I und Menut II, die sich als alternative Startpunkte anbieten, gehen wir gut 2 km auf der Straße bis zur breiten Einfahrt der Finca Mossa, die durch ein Holztor versperrt ist (w11-04). Ein Schild weist darauf hin, dass die Begehung nur am Sonntag gestattet ist. Wir gehen auf dem breiten Zufahrtsweg auf das Gebäude der Finca zu und folgen kurz davor dem Schild „Puig Roig" auf einen Treppenweg, der nach rechts hinaufführt (w11-05). Der Weg durchquert zwei Gittertore und führt an einem kleinen umzäunten Areal vorbei. Bei einem weiteren Wegweiser zum Puig

Große Teile der Wanderung verlaufen auf hangparallel angelegten Wegen.

GPS

w11-01:	39,82062	2,88460	w11-07:	39,85662	2,88020
w11-02:	39,82682	2,88900	w11-08:	39,86612	2,86273
w11-03:	39,83083	2,89565	w11-09:	39,85622	2,84777
w11-04:	39,84842	2,89615	w11-10:	39,84608	2,84797
w11-05:	39,85505	2,88873	w11-11:	39,83947	2,87627
w11-06:	39,85480	2,88707	w11-12:	39,82865	2,87660

Roig am Ende des Zauns beginnt ein zunächst unauffälliger Pfad, der leicht ansteigend aus dem Tal hinausführt (w11-06).

Der schmale Weg verläuft nun recht ausgesetzt am Hang entlang bis zum Coll dels Ases (w11-07). Auf der Passhöhe ist der Wegverlauf kurzzeitig etwas unklar; wir halten uns links und steigen nicht ins Tal hinunter. Der bald wieder eindeutig erkennbare Weg führt nun lange Zeit sanft anstei-

gend am Hang entlang. Am Pas d'en Segarra (w11-08), dem höchsten Punkt der Tour, wendet sich der Weg parallel zum Küstenverlauf nach Südwesten und geht in ein leichtes Gefälle über. Zunächst ist der Pfad noch sehr deutlich, im weiteren Verlauf wird er jedoch schmal und ziemlich verwachsen und ist an vielen Stellen nur schwer zu erkennen. Versuchen Sie, stets ungefähr auf derselben Höhe zu bleiben und gehen Sie lieber ein Stück zurück, sobald es zu unwegsam wird! Zwischendurch muss man an einem großen Felsen etwa zwei Meter abwärts klettern (w11-09).

Bald kommt unten die verlassene Polizeikaserne in Sicht. Wir steigen jedoch nicht zu dem Gebäude hinunter, sondern folgen dem Weg, der

Bis zur Polizeikaserne hat man stets eine fantastische Aussicht.

leicht ansteigend nach links schwenkt und jetzt wieder gut zu erkennen ist. Kurz vor der unter einen Felsvorsprung gebauten Finca Cosconar treffen wir auf eine Fahrpiste, die von der Kaserne heraufkommt. Wir gehen auf der Piste an der Finca vorbei (w11-10). Von nun an ist der Weg nicht mehr zu verfehlen: Wir folgen bis nach Lluc einfach immer diesem Fahrweg, der sich in Serpentinen ins Tal hinunter schlängelt. Bei einer Furt durchqueren wir eine kleine Häusergruppe (w11-11), unser Weg ist jetzt asphaltiert und führt ohne Alternativen, auf denen man sich verlaufen könnte, durch den flachen Talboden. Am auffälligen Gebäude der Finca Albarca mit ihren Säulenbögen vorbei (w11-12) steigt die Straße in Serpentinen an und endet am Santuari de Lluc.

Die Gebäude der Finca Cosconar verschmelzen geradezu mit dem Fels.

Wanderung 12:

Kleine Rundwanderung um Lluc

Diese kurze Runde durch den lieblichen mediterranen Wald um das Kloster Lluc bietet eine hohe Dichte an Sehenswürdigkeiten: ein „Kamel“ aus Karstgestein, eine Höhle, mehrere Überbleibsel von Kalköfen und Köhlerplätzen, zwei Aussichtspunkte, eine Einsiedelei und eine Mühle. Langweilig wird es also sicher nicht, und weil die Strecke außerdem sehr einfach ist, ist sie ein heißer Tipp für Familien mit abenteuerlustigen Kindern! Ambitionierte Wanderer können sie mit der Besteigung des Puig Tomir (➤ Seite 239) zu einer Halbtagestour kombinieren.

Die Wanderung beginnt am Kloster Lluc und führt zunächst durch ein locker bewaldetes Felsengebiet mit schönen Karsterscheinungen, die durch die allmähliche Auswaschung des Kalkgesteins durch Regenwasser entstanden sind. Die bekannteste ist „Es Camello“, ein Felsen, der mit etwas Fantasie tatsächlich wie ein Kamel aussieht. Hier stoßen wir auf die ersten Relikte der Köhlerei, die früher ein verbreitetes Handwerk in diesen Wäldern war. Ein kleines Stück weiter wird es richtig spannend: Die Cova de sa Cometa des Morts wartet auf

Der Mirador bietet einen schönen Blick auf das Tal von Lluc.

ihre Erkundung! Der Name deutet darauf hin, dass diese Höhle in prähistorischer Zeit als Grabstätte genutzt wurde (die Fundstücke sind im Museum von Lluc zu sehen). Hinter dem Eingang führt eine steinige Rampe, im Tageslicht noch gut zu erkennen, zu einer größeren Kammer. Dahinter geht es noch ein gutes Stück, jetzt leicht ansteigend, nach rechts zu einer weiteren Kammer. Keine Angst: Das Gefährlichste an der Höhle sind die niedrige Decke und der etwas rutschige Boden im hinteren Bereich! Es gibt keine Schächte oder Stufen, daher kann sie mit einer kräftigen Taschenlampe ohne Weiteres erkundet werden.

Jenseits der Straße nach Pollença geht es am Überrest eines Kalkofens vorbei zum Forsthaus und dahinter weiter durch lieblichen Mischwald. Weitere Köhlerplätze und Kalköfen, eine einsame Einsiedelei mitten im Wald und ein Mirador mit Aussicht auf Lluc sorgen für Abwechslung, ehe es, gut geführt vom perfekt markierten Fernwanderweg GR 221, hinunter zum Kloster geht. Auf einem historischen Pflasterweg steigen wir vorbei am Rifugio Son Amer nach Lluc. Kurz vor dem Ziel lohnt eine alte Mühle, die Molí de Lluc, noch einen kleinen Abstecher.

Eckdaten

Anspruch Technik:	●●●●● *leicht*
Anspruch Kondition:	●●●●● *leicht*
Länge:	*7,6 km*
Höhenunterschied:	*Auf- und Abstieg jeweils 260 m, Durchschnitt Steigung/Gefälle jeweils 3,4 %*
Gehzeit:	*2:00-2:30 Stunden (ohne Pausen)*

Anforderungen: *Sehr einfache Wanderung auf Waldwegen. Für die Erkundung der Höhle ist eine Taschenlampe nötig.*

Variationsmöglichkeiten: *Die Wanderung kann mit Tour 14 (S. 239) kombiniert werden. Gesamtlänge dann 14,7 km, 770 Hm.*

Wegmarkierungen: *Der Weg ist durchgehend gut markiert.*

Anfahrt mit dem Auto: *Wir benutzen den Parkplatz bei Lluc (gebührenpflichtig, 6,00 € pro Tag, w12-01). Alternativ kann man kostenlos am Refugi Son Amer parken (w12-11, auf der Ma-10 500 m von der Abzweigung nach Lluc Richtung Sóller) und die Tour dort beginnen und beenden.*

Anfahrt mit dem Bus: *Linie 330 ab Palma, 354 ab Can Picafort, Port d'Alcúdia und Port de Sóller bis Lluc (Details S. 99).*

Wegbeschreibung

Wir gehen vom Parkplatz auf das Gelände des Santuari und biegen kurz vor dem Hauptgebäude nach rechts ab. Ein Torbogen führt durch das Nebengebäude auf eine kleine Straße. Wir folgen ihr bis kurz vor die Einmündung in die Hauptzufahrt, dann nach links auf einen Sportplatz zu. Wir überqueren den Platz und verlassen ihn an der hinteren linken Ecke. Gleich danach geht es über einen Steg und auf einem Pfad nach rechts durch das felsige Gelände. Knapp 200 m nach dem Steg führt ein mit „Es Camell" beschilderter Abstecher in wenigen Minuten zum „Kamel", einer Felsformation (w12-02).

Gut 300 m nach der Abzweigung zum „Kamel" trifft der Pfad auf einen breiteren Weg: Hier rechts Richtung Sa Cometa des Morts (w12-03). Nach weiteren 300 m ist die Cova de sa Cometa des Morts nach links beschildert. Gleich nach der Abzweigung führen Pfosten mit violetten Pfeilen zum Höhleneingang, der sich nur wenige Meter um die Ecke befindet (w12-04). Wir gehen von dort zurück auf den Hauptweg, der uns nun nach links leicht ansteigend zur Straße von Lluc nach Pollença führt. Wir folgen der Straße etwa 120 m nach rechts und biegen dann links in eine nach Menut/Binifaldó beschilderte Zufahrtsstraße ein (w12-05), die zum Forsthaus von Menut führt. Auf dieser Zufahrt finden wir links die Ruine eines Kalkofens und gegenüber ein schönes Steinkreuz.

Wir betreten das Gelände des Forsthauses (w12-06, wenn das Tor verschlossen ist, durch das Türchen auf der rechten Seite), überqueren es und verlassen es auf der gegenüberliegenden Seite über eine Holzleiter, die den Zaun übersteigt. Auf der breiten, teilweise betonierten Fahrpiste, die die Försterei verlässt, geht es nun eine Weile aufwärts. Am höchsten Punkt, dem Coll Pelat, mündet von links ein weiterer Weg ein (w12-07),

Der Weg führt durch eine schöne Felslandschaft zum „Kamel" (oben).

wir gehen weiter geradeaus (wenn Sie Wanderung 14 anschließen möchten, gehen Sie hier nach links). Von nun an befinden wir uns auf dem GR 221 Richtung Lluc und folgen stets den weiß-roten Markierungen. Bei einer Weggabelung kurz darauf geradeaus und gleich danach auf einer Holzleiter über eine Mauer.

Wir erreichen eine breitere Fahrpiste (w12-08); der GR 221 führt hier nach links, doch zuvor lohnt ein knapp 200 m langer Abstecher nach rechts zum Aussichtspunkt Mirador del Foment de Son Amer (w12-09, Wegweiser „Mirador"). Zurück an der Abzweigung folgen wir jetzt dem als GR markierten breiten Weg ins Tal hinunter, vorbei an der Ruine eines weiteren Kalkofens und einer Einsiedelei (w12-10). Wir gehen an dem Gebäude vorbei und lassen uns von den zuverlässigen Markierungen (Holzpfosten mit weiß-roten Zeichen) ins Tal hin-

Ein bisschen gruselig, aber ungefährlich: die Cova de sa Cometa des Morts.

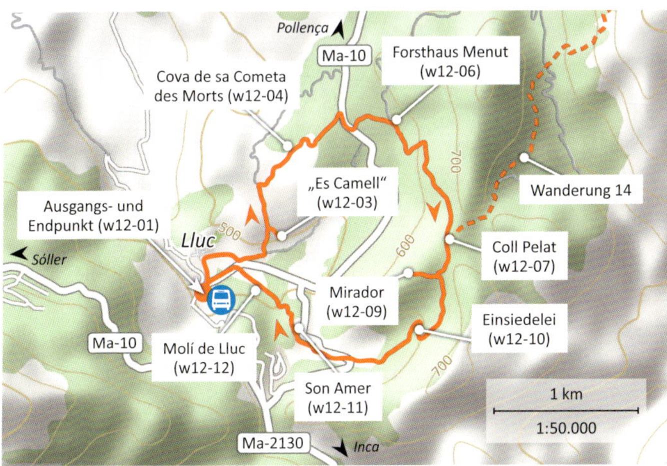

unter bis zur Straße führen. Dort rechts bis zum Parkplatz des Refugi de Son Amer (w12-11, alternativer Start- und Endpunkt). Über den Parkplatz geht es zum Refugi, dann am Gebäude vorbei und dahinter rechts. Auf dem Richtung Lluc beschilderten Pflasterweg gehen wir ins Tal hinunter. 600 m nach dem Refugi kommen wir an der historischen Mühle Molí de Lluc vorbei (w12-12), ehe wir auf die Zufahrtsstraße zum Kloster treffen.

GPS		
w12-01:	39,82040	2,88467
w12-02:	39,82373	2,89055
w12-03:	39,82678	2,88890
w12-04:	39,82885	2,89130
w12-05:	39,83008	2,89650
w12-06:	39,83047	2,89938
w12-07:	39,82337	2,90425
w12-08:	39,82115	2,90343
w12-09:	39,82135	2,90138
w12-10:	39,81885	2,90295
w12-11:	39,81675	2,89335
w12-12:	39,82048	2,88872

Köhlerplätze und Kalköfen zeugen von altem Handwerk.

Die Einsiedelei liegt idyllisch im Wald.

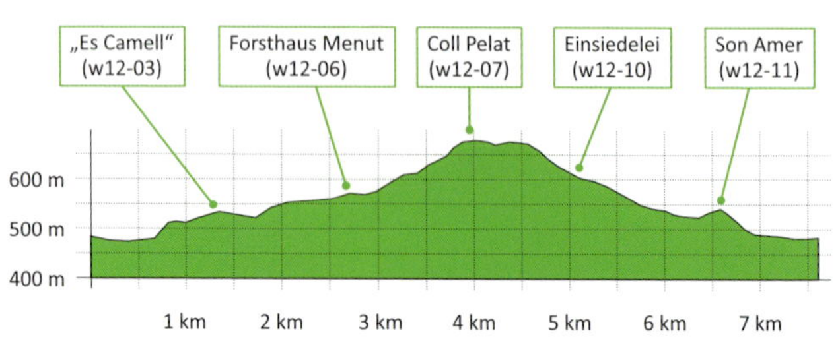

Überschreitung der Massanella

Die Massanella ist mit einer Höhe von 1365 Metern der dritthöchste Gipfel Mallorcas (nach dem Puig Major und seinem Nebengipfel Penyal des Migdia) – und der höchste, der für Wanderer ohne Weiteres zugänglich ist. Die charakteristische Silhouette mit dem langgestreckten Gipfelkamm, der nach Westen hin mit einem eindrucksvollen Steilhang abfällt, ist weithin sichtbar. Dieser imposante Berg ist natürlich ein Muss für jeden ambitionierten Wanderer und wird entsprechend häufig bestiegen. Üblicherweise wird dabei aber der Normalweg über die flache Südostflanke benutzt, der hier als Abstiegsroute beschrieben ist. Mit einem Aufstieg über den „Schneesammlerweg" Camí de ses Voltes des Galileu von Nordwesten lässt sich die Tour zu einer großartigen Überschreitung ausbauen!

Der Aufstieg erfolgt über einen gepflasterten Serpentinenweg, der in historischen Zeiten maultiertauglich ausgebaut wurde und inzwischen hervorragend restauriert ist. Es ist der Weg der Schneesammler, die hier im Winter den Schnee einsammelten und in den „Cases de Neu", den Schneehäusern, zu Eis pressten. In den tiefen, ausgemauerten Gruben,

Mallorcas dritthöchster Gipfel bietet sich für eine großartige Überschreitung an.

von denen man auf dieser Wanderung gleich mehrere zu sehen bekommt, hielt sich das Eis bis in den Sommer, so dass es dann stückweise als hochpreisiges Luxusprodukt an wohlhabende Stadtbewohner verkauft werden konnte. Nach dem Aufstieg kann man einen unkomplizierten Abstecher auf den 1181 Meter hohen Gipfel Puig d'en Galileu machen, der bereits eine großartige Aussicht hinunter nach Lluc und einen ersten Blick auf die Westflanke der Massanella bietet.

Nach der Überquerung des Passes Coll des Prat führt uns ein schmaler Pfad weit an der langgestreckten Westwand vorbei, bis eine Stelle erreicht ist, an der der Gipfel auch von dieser Seite aus ohne Klettern zugänglich ist. Durch einen Steilhang geht es weglos nach oben, hin und wieder muss man die Hände zu Hilfe nehmen. Dieser Hang ist der Grund dafür, dass die Route selten begangen wird, doch werden die Schwierigkeiten oft übertrieben: Man muss nicht wirklich klettern und braucht keine speziellen Fähigkeiten oder besondere Ausrüstung. Gewiss ist diese Tour kein Spaziergang, aber halbwegs erfahrene und geschickte Bergwanderer haben keinen Grund, sich zu fürchten! Ist das flache Gipfelplateau erst einmal erreicht, sind die letzten Meter zum höchsten Punkt kein Problem mehr. Auch der Abstieg ist einfach: Wir benutzen dafür die unkomplizierte Route, die über die flache Südostflanke absteigt und in einem weit ausholenden Bogen durch schönen Steineichenwald nach Lluc zurück führt.

In diesen Gruben wurde der Schnee gelagert.

Der Aufstieg führt über den restaurierten Schneesammlerweg.

Eckdaten

Anspruch Technik: *●●●●○ schwierig*
Anspruch Kondition: *●●●●○ schwierig*
Länge: *16,4 km*
Höhenunterschied: *Auf- und Abstieg jeweils 990 m, Durchschnitt Steigung/Gefälle jeweils 6,0 %*
Gehzeit: *5:30-7:00 Stunden (ohne Pausen)*

Anforderungen: *Lange Wanderung mit großem Höhenunterschied, überwiegend auf mittelschweren Bergpfaden. Im Gipfelbereich ist die Überwindung eines ca. 120 m hohen Steilhangs mit sehr einfacher Kletterei nötig. Beim Abstieg sind Wanderstöcke hilfreich.*

Wegmarkierungen: *Der Weg ist nur teilweise markiert, vor allem der Abstieg verlangt Sorgfalt und Orientierungsvermögen.*

Anfahrt mit dem Auto: *Wir benutzen den Parkplatz bei Lluc (gebührenpflichtig, 6,00 € pro Tag, w13-01). Alternativ kann man kostenlos bei der Tankstelle an der Abzweigung nach Inca parken und die Tour dort beginnen und beenden.*

Anfahrt mit dem Bus: *Details auf S. 99. Die Zeit zwischen erster und letzter Fahrt ist bei allen Buslinien nicht ausreichend, so dass sich eine Übernachtung in Lluc empfiehlt (S. 95).*

Wegbeschreibung

Unser Weg beginnt am oberen Ende des Parkplatzes, wo uns beim Restaurant Font Cuberta ein Schild auf den GR 221 Richtung Voltes d'en Galileu führt. Wir folgen den Markierungen leicht ansteigend durch Kiefernwald und überqueren die Straße nach Sóller (w13-02). Nach 3,4 km können wir ein erstes Schneehaus besichtigen (w13-03). Dann geht es auf einem gepflasterten Weg mit vielen Serpentinen stark ansteigend bergauf. Sobald ein baumloses Hochplateau erreicht ist, wird der Weg etwas flacher. Bei einer Kehre lohnt sich ein kleiner Abstecher zu einem zweiten Schneehaus, der Casa de Neu d'en Galileu (w13-04, beschildert).

Danach folgen wir weiter dem Wegweiser zum Coll de Ses Cases de sa Neu. Kurz vor der Passhöhe zweigt der Weg nach rechts ab und ist hier durch einen Holzpfosten mit Pfeil markiert (w13-05). Dies wird unser weiterer Weg sein, doch zuvor gehen wir auf dem geradeaus führenden, deutlich sichtbaren Pfad gut 300 m auf den Puig d'en Galileu (w13-06). Zurück auf dem Hauptweg, überschreiten wir den Pass nach links und können jetzt die Westflanke der Massanella und das Tal, das uns davon trennt, deutlich sehen. Unser Pfad führt nun in leichtem Auf und Ab hinüber, zwischendurch gibt es noch ein drittes Schneehaus zu sehen (w13-

Sóller
Ma-10
Pollença
Ausgangs- und Endpunkt (w13-01)
Lluc
Ma-10
Coll de Ses Cases de sa Neu (w13-05)
Casa de Neu d'en Galileu (w13-04)
Tankstelle (altern. Parkplatz)
Puig d'en Galileu (w13-06)
Mautstelle (w13-16)
Coll des Prat (w13-08)
Abzweigung (w13-09)
Notabstieg
Plateau (w13-12)
Finca Comafreda
Ma-2130
Beginn Steilhang (w13-10)
Massanella (w13-11)
Abzweigung mit Steinsäule (w13-13)
Coll de sa Línea (w13-14)
1 km
1:50.000
Inca
500
600
800
1000
1100
700
1200

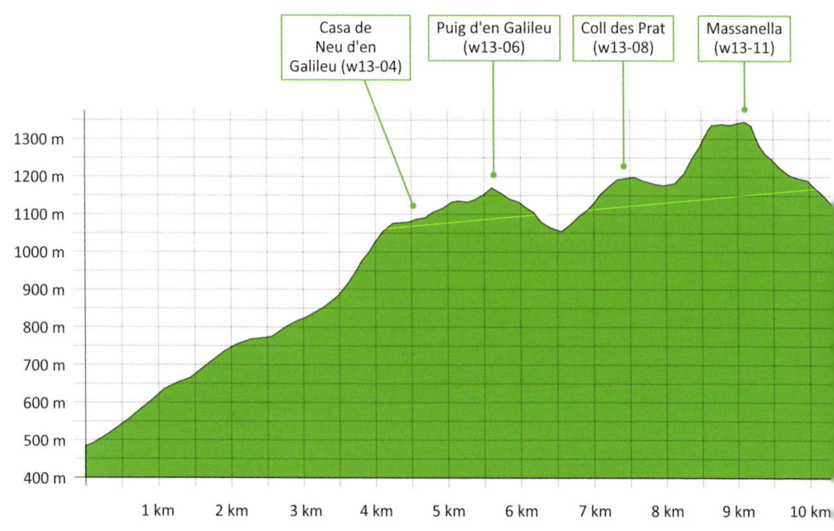
Casa de Neu d'en Galileu (w13-04)
Puig d'en Galileu (w13-06)
Coll des Prat (w13-08)
Massanella (w13-11)
1300 m
1200 m
1100 m
1000 m
900 m
800 m
700 m
600 m
500 m
400 m
1 km
2 km
3 km
4 km
5 km
6 km
7 km
8 km
9 km
10 km

07). Nach einer Steintreppe ist der Pass Coll des Prat erreicht (w13-08). Wir überqueren den Pass nach rechts, dem Wegweiser des GR 221 zur Font des Prat folgend (der nach links ins Tal führende Weg ist eine Möglichkeit zum vorzeitigen Abbruch der Tour).

Nun ist Aufmerksamkeit nötig, um eine unmarkierte Abzweigung zu finden: 300 m nach dem Pass schwenkt der Hauptweg in einer Kehre nach rechts, an dieser Stelle befindet sich ein knapp hüfthoher Felsbrocken (w13-09). Direkt in der Kehre verläuft ein durch Steinpyramiden markierter schmaler Pfad weiter geradeaus. Wir lassen uns von diesem Pfad an der Steilwand der Massanella vorbeiführen. Am äußersten südwestlichen Ende der Steilwand (w13-10) geht es über flache Felsstufen und schließlich, von Steinpyramiden und Farbklecksen geleitet, weglos einen steilen Hang nach oben. An einigen Stellen muss man hier die Hände zu Hilfe nehmen, echtes Klettern ist aber nicht nötig. Sobald das Gipfelplateau erreicht ist, können wir weglos zum Hauptgipfel hinaufsteigen (w13-11).

Der Beginn des Abstiegs ist etwas kompliziert, weil die Wege auf dem Gipfelplateau kaum zu erkennen sind: Wir gehen in das Tal hinunter, das sich südlich des Gipfels sanft abfallend nach Osten zieht, und stoßen dort auf eine undeutliche Pfadspur. Man kann hier auch weglos gehen, wir müssen aber in jedem Fall das kleine, ebene Plateau, das links am Ende des Tals deutlich sichtbar ist, erreichen und ungefähr in der Mitte überschreiten. Am Ende des Plateaus (w13-12) führen uns wieder Steinpyramiden über eine Felsstufe und auf einem Pfad in Serpentinen den Hang hinunter. Etwa 800 m nach Beginn des Abstiegs stoßen wir auf einen von

Am Coll de Ses Cases de sa Neu sieht man zum ersten Mal die Massanella.

rechts heranführenden Pfad, eine niedrige, dreieckige Steinsäule ist mit „Puig y Font" beschriftet (w13-13). Hier geht es nach links weiter.

Wir treffen schließlich am Coll de sa Línea auf einen breiten Fahrweg, der durch zwei ähnliche Steinsäulen markiert ist (w13-14). Eine Tafel weist darauf hin, dass das Betreten dieses Gebietes mautpflichtig ist (6,00 € pro Person, Kinder bis 12 3,00 €). Wir folgen dem Fahrweg nach links und verlassen ihn knapp 1 km nach dem Pass bei einem Felsblock mit einem kaum erkennbaren roten Pfeil nach rechts auf einen schmaleren Weg (w13-15). Bei der Umgrenzungsmauer der Finca Comafreda treffen wir auf eine Fahrpiste, der wir nach rechts folgen. Kurz danach passieren wir die Mautstelle (w13-16); am späten Nachmittag ist sie in der Regel nicht mehr besetzt, die Mautpflicht hat sich damit erledigt. Wir folgen der Fahrpiste weiter, bis sie auf die Straße trifft, der wir nach links, über eine Brücke und an einer Tankstelle vorbei, folgen. Kurz darauf erreichen wir die Abzweigung der Straße nach Pollença; hier geht es geradeaus auf einem kleinen, parallel zur Hauptstraße verlaufenden Sträßchen (Holzschild nach Lluc, w13-17) in weiteren 1,4 km zum Ausgangspunkt.

Der Abstieg auf der Südseite führt durch lockeren Wald.

GPS

w13-01:	39,82032	2,88460	w13-10:	39,80233	2,84768
w13-02:	39,82060	2,87228	w13-11:	39,80610	2,85300
w13-03:	39,81715	2,86040	w13-12:	39,80427	2,86182
w13-04:	39,81493	2,85340	w13-13:	39,80188	2,86473
w13-05:	39,81345	2,86108	w13-14:	39,80070	2,87110
w13-06:	39,81348	2,86448	w13-15:	39,80500	2,87783
w13-07:	39,81157	2,85257	w13-16:	39,80967	2,88640
w13-08:	39,80857	2,85210	w13-17:	39,81362	2,88925
w13-09:	39,80662	2,84997			

Wanderung 14:

Auf den Puig Tomir

Der 1102 Meter hohe Puig Tomir ist mit seinem anspruchsvollen Anstieg eine beliebte Tour für abenteuerlustige Bergwanderer. Der übliche Startpunkt ist der Parkplatz bei der stillgelegten Mineralwasserabfüllanlage Binifaldó. Von hier aus ist man in einer Stunde oben – ein gewisses Maß an körperlicher Fitness vorausgesetzt, sonst dauert die mühsame Steigerei über den steilen Pfad deutlich länger. Doch es gibt noch eine reizvolle Erweiterungsmöglichkeit: Mit einem Start am Refugi Son Amer in der Nähe von Lluc kann man die Gipfeltour durch eine schöne Einleitung ergänzen und damit den Erlebniswert erheblich steigern!

Dieser Weg führt zunächst mäßig ansteigend durch den Wald, vorbei an der Einsiedelei Ermita de Son Amer und einem Aussichtspunkt, nach Binifaldó. Hier steigt der Schwierigkeitsgrad plötzlich und heftig: Es geht auf einem schmalen Pfad die Südwestflanke des Tomir hinauf. Im oberen Teil wird es so steil, dass man hin und wieder die Hände zu Hilfe nehmen muss. Die schwierigste Stelle ist aber durch Trittklammern und ein solides Drahtseil entschärft

Unmittelbar neben dem Gipfel des Tomir befindet sich ein imposanter Steilhang.

und außerdem sehr kurz. Dadurch ist der Aufstieg auch ohne Klettererfahrung zu machen, man sollte sich aber mit anspruchsvollen Gebirgswegen auskennen und sich in steilem Gelände souverän bewegen können.

Nach der Kletterstelle ist das Schlimmste aber auch schon geschafft, nun geht es auf dem karstigen Plateau vergleichsweise einfach zum Gipfel. Der höchste Punkt befindet sich direkt am imposanten, fast senkrechten Steilhang der Westflanke. Von hier aus kann man einen großartigen Blick auf die Buchten von Pollença und Alcúdia genießen. Auf der anderen Seite, im Südwesten, baut sich die mächtige, breite Gestalt der Massanella auf, dahinter die schroffen Zacken des Puig Major. Zurück geht es auf demselben Weg; nach dem hakeligen Abstieg belohnt wieder ein entspannter Spaziergang durch den Wald, der jetzt von der Nachmittagssonne beschienen wird, für die Tour.

Eckdaten

Anspruch Technik:	●●●●○	*schwierig*
Anspruch Kondition:	●●●○○	*mittel*
Länge:	*11,2 km*	
Höhenunterschied:	*Auf- und Abstieg jeweils 680 m, Durchschnitt Steigung/Gefälle jeweils 6,0 %*	
Gehzeit:	*3:45-4:45 Stunden (ohne Pausen)*	

Variationsmöglichkeiten: *Die Wanderung kann mit Tour 12 (S. 228) kombiniert werden. Gesamtlänge dann 14,7 km, 770 Hm.*

Anforderungen: *Im ersten Teil leichte Waldwanderung, dann ein Gipfelanstieg auf sehr steilem, teilweise gerölligem Pfad. Eine wenige Meter hohe Kletterstelle ist mit einem Drahtseil und Trittklammern gesichert. Trittsicherheit und Erfahrung mit schwierigen Gebirgswegen sind Voraussetzung! Beim Abstieg sind Wanderstöcke hilfreich.*

Wegmarkierungen: *Der Weg ist im ersten Teil durch Wegweiser, am Gipfelplateau durch Steinhaufen ausreichend markiert.*

Anfahrt mit dem Auto: *Ausgangspunkt ist der große Parkplatz am Refugi Son Amer (w14-01): Auf der Ma-10 500 m von der Abzweigung nach Lluc Richtung Sóller, Schild „Son Amer".*

Anfahrt mit dem Bus: *Keine direkte Verbindung zum Ausgangspunkt. Nächste Bushaltestelle bei Lluc (Details Seite 99).*

Wegbeschreibung

Wir folgen vom Parkplatz aus dem GR 221 Richtung Pollença: Der Weg beginnt rechts vom Tor, verläuft ein Stück neben der Straße und überquert sie bald durch zwei Holztürchen. Über eine Freifläche geht es in den Wald, wo wir stets den Markierungen des GR 221 folgen (Holzpfosten mit weiß-roten Streifen). Ein Stück hinter dem Steingebäude der Ermita de Son Amer lohnt ein 200 m langer Abstecher nach links zu einem Mirador mit Aussicht

Der erste Teil der Wanderung verläuft durch lockeren Mischwald.

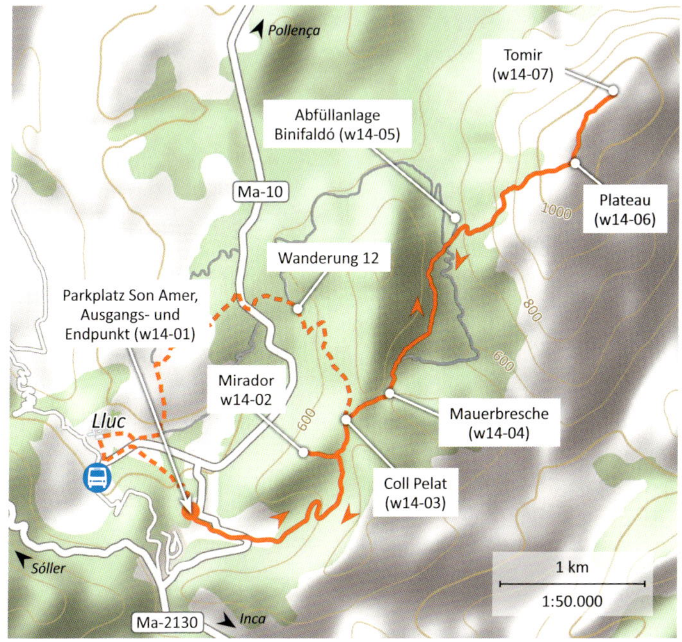

auf Lluc (beschildert, w14-02). Gut 200 m nach der Abzweigung zum Mirador übersteigt der Weg eine Mauer und erreicht danach den Coll Pelat (w14-03). Geradeaus führt eine Fahrpiste zum Forsthaus Menut; wenn Sie die Wanderung mit Tour 12 kombinieren, kommen Sie auf diesem Weg herauf. Zum Tomir gehen wir rechts (Wegweiser GR 221/Binifaldó 40 min). Der GR 221 folgt nun für kurze Zeit einer steinigen Fahrpiste und verlässt sie dann in einer Kurve auf einen geradeaus führenden schmalen Pfad. 350 m nach dem Pass durchqueren wir eine Mauerbresche, danach geht es leicht abwärts (w14-04). Vor uns ist jetzt schon die Südflanke des Tomir zu sehen.

Nach weiteren 1,2 km erreichen wir den Parkplatz vor der Einfahrt der Abfüllanlage Binifaldó (w14-05). Hier verlassen wir den GR 221 und folgen auf der rechten Seite des Tores dem Wegweiser zum Puig Tomir. Der Pfad verläuft ein kurzes Stück am Zaun entlang und steigt dann sehr steil einen geröligen Hang hinauf. Bei einem Holzpfos-

Eine kurze, gesicherte Kletterstelle führt zum Gipfelplateau.

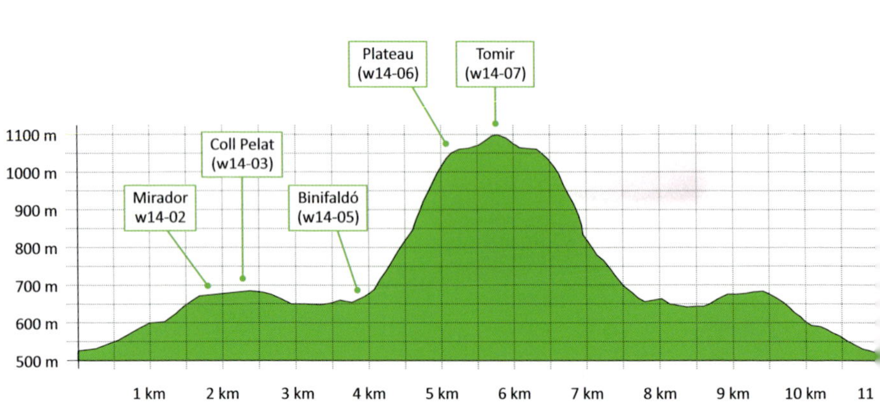

ten mit einer roten Zwei müssen wir uns etwas links halten. Hinter einem kleinen Sattel steigt der Pfad nach rechts weiter an. 1,3 km weiter ist eine kurze Kletterstelle mit Trittklammern und einem Drahtseil gesichert. Direkt danach wird der Weg deutlich einfacher, er steigt jetzt nur noch mäßig an und erreicht ein kleines Plateau, nach vorne öffnet sich unvermittelt der Blick auf die Nordküste (w14-06). Von hier aus sehen wir links das Gipfelplateau des Tomir, auf das wir weglos, aber durch etliche Steinpyramiden zuverlässig geleitet, zugehen. Bald kommt die Betonsäule, die den Gipfel markiert, in Sicht (w14-07).

Zurück geht es auf demselben Weg. Achten Sie darauf, auf dem Gipfelplateau sorgfältig der Reihe der Steinpyramiden zu folgen, um die Kletterstelle zu finden! Beim letzten steilen Abschnitt am Geröllhang kann man leicht den Weg verlieren, der von oben nicht gut zu erkennen ist. Vom Parkplatz Binifaldó aus dann links über die Mauer und von hier aus immer den weiß-roten Markierungen des GR 221 Richtung Son Amer/Lluc folgen. 1 km nach dem Parkplatz trifft der Weg auf eine Fahrpiste, auf der wir rechts aufwärts gehen (w14-08, Wegweiser „Itinerari 1“).

GPS		
w14-01:	*39,81680*	*2,89335*
w14-02:	*39,82138*	*2,90148*
w14-03:	*39,82320*	*2,90420*
w14-04:	*39,82490*	*2,90740*
w14-05:	*39,83383*	*2,91218*
w14-06:	*39,83878*	*2,92232*
w14-07:	*39,84325*	*2,92572*
w14-08:	*39,82673*	*2,90817*

Der Blick vom Gipfel in Richtung Süden zu Massanella und Puig Major.

Wanderung 15:

Zum Mirador de Penya Roja

Nordöstlich von Alcúdia ragt die Halbinsel Victòria, die von einem kleinen Gebirgszug eingenommen wird, ins Meer hinein. Anfang des 17. Jahrhunderts wurde am Nordhang des ab weitesten vorgeschobenen Berges, der Penya Roja (auch Penya des Migdia), ein kleiner Wachposten eingerichtet, um eine frühzeitige Warnung vor Piratenangriffen zu ermöglichen. Die entlegene Militäranlage ist das Ziel dieser dezent abenteuerlichen Kurzwanderung: Nach einem kurzem Anstieg auf einer Fahrpiste geht es auf einem Pfad am Hang entlang. Schon von hier aus hat man einen imposanten Blick auf die Bucht von Pollença und die Halbinsel Formentor gegenüber. Immer enger wird es zwischen dem Abhang auf der linken und der Felswand auf der rechten Seite, immer ausgesetzter der schmale Pfad.

Schließlich, kurz vor dem Ziel, eines der außergewöhnlichsten Bauwerke Mallorcas: Um den Posten abriegeln zu können, hat man an einer fast senkrechten Felswand einen verwegenen Torbau errichtet. Wie an den Fels geklebt ist das seltsame Gebäude, nur durch eine enge Pforte geht es weiter. Dann ein schwindelerregendes Stück an der Felswand entlang, und das Ziel ist erreicht: Einige weitere, eher bescheidene Ruinen sind auf einem engen Plateau verteilt, das eine spektakuläre Aussicht auf das gut 250 Meter unter uns liegende Meer und den flachen Nordteil der Halbinsel ermöglicht.

Das Ziel ist nur durch eine winzige Pforte erreichbar.

Eckdaten

Anspruch Technik: ● ● ● ● ● *leicht*
Anspruch Kondition: ● ● ● ● ● *sehr leicht*
Länge: *3,7 km*
Höhenunterschied: *Auf- und Abstieg jeweils 210 m, Durchschnitt Steigung/Gefälle jeweils 5,6 %*
Gehzeit: *1:15-1:30 Stunden (ohne Pausen)*

Variationsmöglichkeiten: *Diese Wanderung kann mit Tour 16 kombiniert werden, Gesamtlänge dann 14,5 km, Auf- und Abstieg 770 m.*

Anforderungen: *Die Wanderung verläuft auf an sich einfachen Wegen. Der Pfad ist jedoch am Ende sehr schmal und führt ausgesetzt am Steilhang entlang, was Personen mit ausgeprägter Höhenangst Probleme bereiten kann. Eine kurze, sehr ausgesetzte Stelle ist durch ein Drahtseil gesichert.*

Wegmarkierungen: *Der Weg ist durch Wegweiser ausreichend markiert.*

Anfahrt mit dem Auto: *Ausgangspunkt ist der Parkplatz an der Ermita de la Victòria (w15-01, in Alcúdia Richtung „La Victòria“).*

Anfahrt mit dem Bus: *Keine Verbindung zum Ausgangspunkt.*

Wegbeschreibung

Wir beginnen den Weg auf der breiten Piste, die oberhalb an der Ermita vorbei bergauf führt (Hinweisschild „Talaia d'Alcúdia 1h“). Etwa 800 m nach dem Start macht die Piste eine Kehre nach rechts, direkt danach zweigt ein schmaler, mit einem Holzgeländer gesicherter Pfad nach links ab (w15-02, die Piste ist der weitere Weg für Wanderung 16). Dieser

Vom Mirador aus kann man die ganze Nordspitze der Halbinsel überblicken.

Pfad steigt kurz an und führt dann lange hangparallel durch hohes Gras, wir halten uns immer geradeaus. Schließlich geht es ausgesetzt an einer senkrechten Felswand entlang und durch eine kleine, gemauerte Pforte. Das heikelste Stück ist mit einer Kette gesichert. Danach sind es noch gut 100 m bis zu den Ruinen von Penya Roja (w15-03).

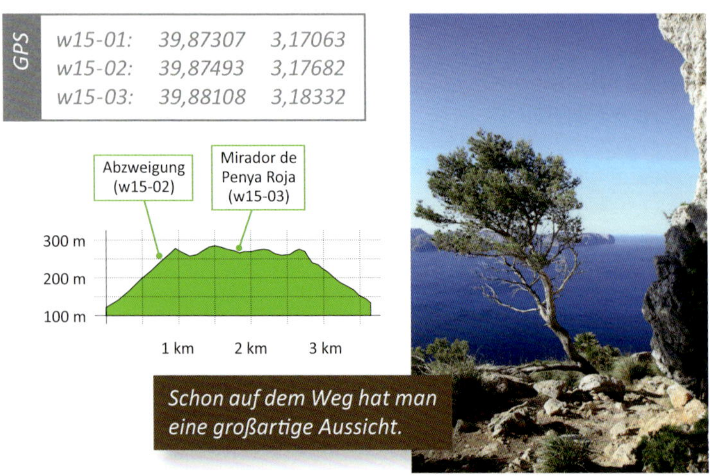

GPS		
w15-01:	39,87307	3,17063
w15-02:	39,87493	3,17682
w15-03:	39,88108	3,18332

Schon auf dem Weg hat man eine großartige Aussicht.

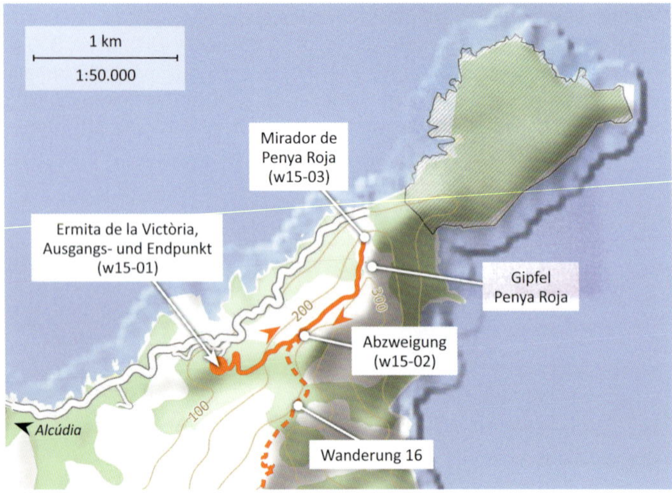

Wanderung 16:

Über die Talaia d'Alcúdia zur Platja des Coll Baix

Mit einer Höhe von 444 Metern ist der flache Gipfel der Talaia d'Alcúdia die höchste Erhebung der Victòria-Halbinsel. Trotz dieser eher bescheidenen Dimension reicht der Blick von hier aus weit, man übersieht fast den gesamten Norden Mallorcas mit den Buchten von Pollença und Alcúdia bis hinüber in den Nordosten um Artà. Beim Abstieg über die Ostflanke tut sich ein atemberaubender Tiefblick auf das nächste Ziel dieser Wanderung auf: die abgelegene Strandbucht Platja des Coll Baix. Der völlig naturbelassene und unverbaute Strand ist nur zu Fuß oder mit dem Boot zu erreichen, auf gastronomische Versorgung und Sonnenschirmservice muss man hier verzichten. Zwar gibt es statt Sand nur feinen Kies, aber trotzdem ist die Platja des Coll Baix mit ihrer Lage zwischen steilen Hängen und der etwas rauen Atmosphäre einer der schönsten „wilden" Strände Mallorcas!

Für den Rückweg wählen wir die Umrundung der Talaia d'Alcúdia, die uns in einem weiten Bogen, dafür aber ohne größeren Aufstieg durch eine schöne Buschlandschaft zurück zum Ausgangspunkt führt.

Kurz nach dem Gipfel wird tief unten der Strand sichtbar.

Eckdaten

Anspruch Technik: ●●●●● *mittel*
Anspruch Kondition: ●●●●● *mittel*
Länge: *12,4 km*
Höhenunterschied: *Auf- und Abstieg jeweils 670 m, Durchschnitt Steigung/Gefälle jeweils 5,4 %*
Gehzeit: *3:34-4:45 Stunden (ohne Pausen)*

Variationsmöglichkeiten: *Diese Wanderung kann mit Tour 15 kombiniert werden. Zusätzlich 2,1 km, Gesamtlänge dann 14,5 km, Auf- und Abstieg 770 m.*

Anforderungen: *Der Abstieg von der Talaia d'Alcúdia ist steil und unangenehm rutschig – Wanderstöcke sind hier hilfreich. Der Strand ist nur mit etwas Kletterei über große Steinblöcke zu erreichen. Der übrige Teil der Wanderung verläuft auf einfachen Wegen.*

Wegmarkierungen: *Der Weg ist sehr gut durch Wegweiser gekennzeichnet.*

Anfahrt mit dem Auto: *Ausgangspunkt ist der Parkplatz an der Ermita de la Victòria (w16-01, in Alcúdia Richtung „La Victòria").*

Anfahrt mit dem Bus: *Keine Verbindung zum Ausgangspunkt.*

Wegbeschreibung

Wir beginnen den Weg auf der breiten Piste, die oberhalb an der Ermita vorbei bergauf führt (Wegweiser „Talaia d'Alcúdia 1 h"). Etwa 800 m nach dem Start macht die Piste eine Kehre nach rechts, direkt danach zweigt ein schmaler, mit einem Holzgeländer gesicherter Pfad nach links ab (w16-02). Hier kann Wanderung 15 angeschlossen werden, zur Talaia d'Alcúdia geht es jedoch auf der Piste weiter geradeaus. Nach einiger Zeit geht die Piste in einen schmalen Pfad über, und bald laufen einige Trampelpfade nebeneinander her, die aber alle zum selben Ziel führen. Knapp unter dem Gipfel der Talaia d'Alcúdia folgen wir dem Wegweiser „Talaia d'Alcúdia 5 min" (w16-03) hinauf zum Gipfel (w16-04).

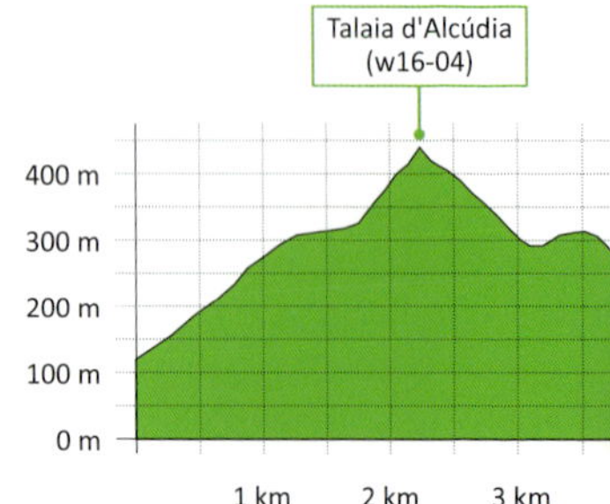

Um unseren Weg fortzusetzen, steigen wir zunächst bis zum letzten Hinweis unterhalb des Gipfels ab (w16-03) und gehen jetzt nach rechts Richtung Collet des Coll Baix. Der Weg überquert einen Grat hinüber zum Nebengipfel, umgeht diesen und führt auf dessen Rückseite in steilen Serpentinen hinunter. Von hier aus können wir schon den Strand Platja des Coll Baix sehen. 2,5 km nach dem Gipfel erreichen wir die Passhöhe Collet des Coll Baix, die an einem kleinen gelben Haus und einem Tisch mit Bänken zu erkennen ist (w16-05). Hier gehen wir links zum Strand hinunter. Der deutliche Pfad führt zunächst weit nach rechts am Strand vorbei – versuchen Sie nicht, über Nebenpfade abzukürzen, nur der Hauptweg führt sicher am Steilhang vorbei! Am Ende muss man noch über grobes Geröll klettern, ehe der Strand erreicht ist (w16-06).

Vom Strand aus gehen wir zunächst zum Collet des Coll Baix (w16-05) zurück und dort geradeaus Richtung Alcúdia. Knapp 300 m nach dem Pass überqueren wir einen recht großen Parkplatz (w16-07). Etwa 450 m

Die Platja des Coll Baix ist von feinem Kies bedeckt.

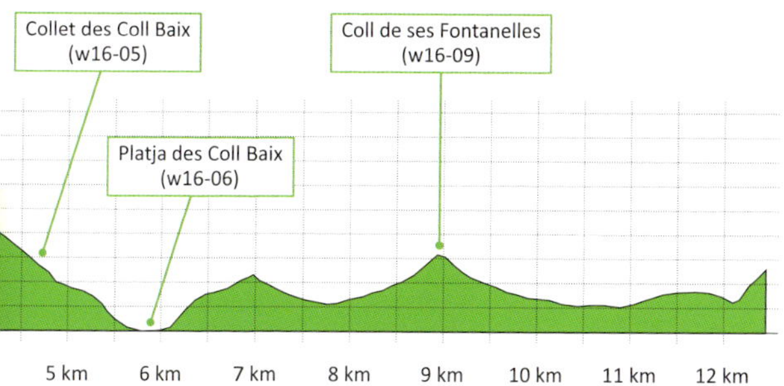

weiter verlassen wir die Piste bei einem Wegweiser („Ermita de la Victòria 2 h 5 min“, w16-08) auf einen schmaleren Weg nach rechts. Bei allen weiteren Abzweigungen vertrauen wir den Schildern, die uns nach La Victòria führen. Nach der Passhöhe Coll de ses Fontanelles steigen wir in einem Tal auf der anderen Seite wieder hinunter (w16-09). Unser Weg wird breiter, links sind schließlich einige Häuser zu sehen. Wir kommen an einem grünen Wassertank vorbei; 150 m danach biegen wir an einer Weggabelung rechts ab (w16-10), knapp 300 m weiter links (w16-11), alle Abzweigungen sind nach La Victòria beschildert. Der Weg ist bald wieder ein schmaler Pfad, der durch lockeren Wald führt und schließlich den Parkplatz erreicht.

GPS		
w16-01:	39,87307	3,17063
w16-02:	39,87500	3,17703
w16-03:	39,86668	3,17405
w16-04:	39,86603	3,17355
w16-05:	39,85982	3,18468
w16-06:	39,86228	3,18753
w16-07:	39,85803	3,18250
w16-08:	39,85465	3,18082
w16-09:	39,85668	3,16938
w16-10:	39,86830	3,15915
w16-11:	39,86700	3,16198

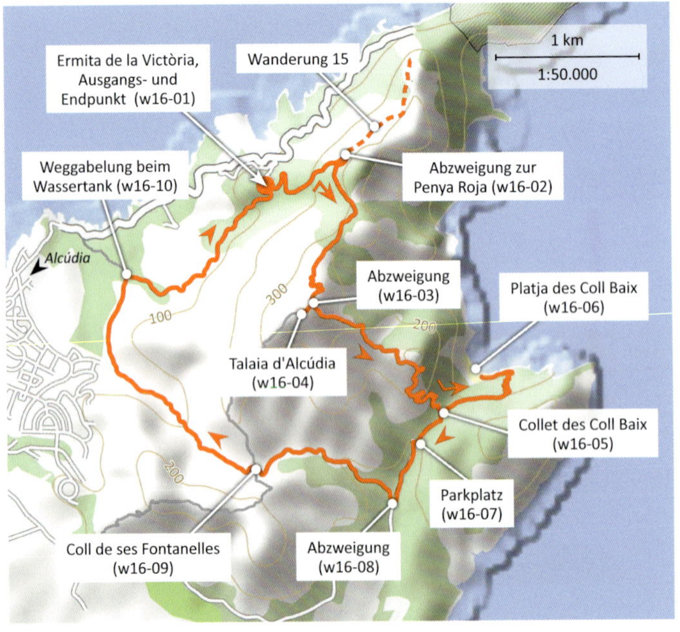

Wanderung 17:

Die Strände der Península de Llevant

Im äußersten Nordosten Mallorcas, im unbesiedelten Naturpark Llevant, gibt es eine ganze Reihe traumhafter Strände, die völlig unverbaut sind – eine seltene Ausnahme an der sonst intensiv touristisch genutzten Ostküste! Mit einer leichten Wanderung kann man gleich mehrere dieser Strände erkunden. Am höchsten Punkt des Küstenabschnitts ist der Wachturm Torre d'Albarca ein schönes Zwischenziel. Über eine steile Treppe, die man im finsteren Turm erst einmal finden muss, geht es auf die Plattform. Von hier aus ist links die Steilküste am Cap Formentor zu erkennen und geradeaus das nur 40 Kilometer entfernte Menorca. Dies war auch der Grund für den Bau des Turmes Mitte des 18. Jahrhunderts: Er diente zur Absicherung gegen die zu dieser Zeit in englischem Besitz befindliche Nachbarinsel.

Nach diesem Ausflug in die Geschichte geht es weiter an der felsigen Küste entlang. Auf die intime, allerdings oft durch angeschwemmtes Seegras beeinträchtigte Cala de sa Font Celada folgt der längste und schönste Strand dieser Gegend: S'Arenalet d'Aubarca ist nur mit einem längeren Fußweg erreichbar und daher nur wenig besucht.

S'Arenalet d'Aubarca ist der schönste Strand der Península de Llevant.

Eckdaten

Anspruch Technik: ●●●●● *leicht*
Anspruch Kondition: ●●●●● *leicht*
Länge: *10,4 km*
Höhenunterschied: *Auf- und Abstieg jeweils 260 m, Durchschnitt Steigung/Gefälle jeweils 2,5 %*
Gehzeit: *2:45-3:30 Stunden (ohne Pausen)*

Anforderungen: *Die gesamte Strecke verläuft auf sehr einfachen Wegen ohne wesentliche Steigungen.*

Wegmarkierungen: *Der Weg ist unmarkiert, jedoch nicht zu verfehlen.*

Anfahrt mit dem Auto: *Östlich von Artá zweigt bei einer Petronor-Tankstelle eine kleine Straße Richtung Cala Torta ab. Parkplatz kurz vor dem Strand (w17-01).*

Anfahrt mit dem Bus: *Keine Verbindung zum Ausgangspunkt.*

Wegbeschreibung

Wir gehen an der Strandbar der Cala Torta vorbei auf einen Pfad, der (durch Pfähle mit weiß-roten Strichen markiert) über einen Hügel zur benachbarten Cala Mitjana führt (w17-02). Auf einer Fahrpiste umrunden wir das nächste Kap, durchqueren eine kleine Felsbucht und setzen die Wanderung auf dem Küstenpfad fort. Bei einer weiteren Felsbucht (w17-03) führt ein Weg ins Landesinnere, dem wir jedoch nicht folgen. Wir gehen stattdessen auf die andere Seite des kleinen Einschnitts und dann auf dem Hügel und nicht zu weit unten an der Küste weiter, der Pfad ist hier breit und deutlich erkennbar. Wir überqueren die Strandbucht Cala Es Matzocs (w17-04) und bleiben auf dem küstennah durch den Kiefernwald führenden Weg, der uns zum Torre d'Albarca hinaufbringt (w17-05).

GPS

w17-01:	*39,74950*	*3,41657*
w17-02:	*39,75198*	*3,41403*
w17-03:	*39,75673*	*3,40962*
w17-04:	*39,75938*	*3,40405*
w17-05:	*39,76325*	*3,40338*
w17-06:	*39,76383*	*3,38460*
w17-07:	*39,76548*	*3,38007*

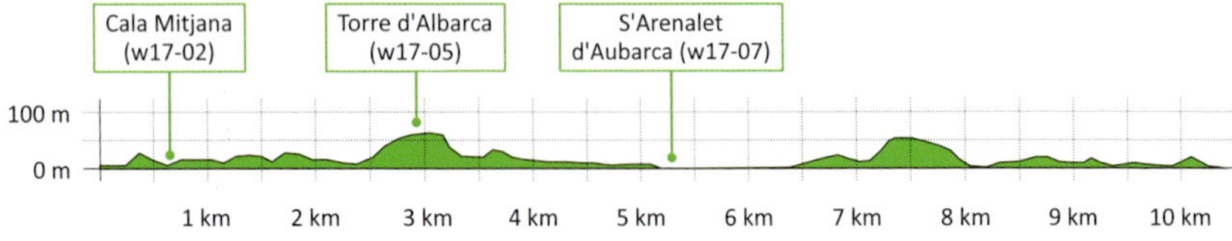

Vom Turm geht es am Rand der Steilküste weiter, dann am Ende des Wäldchens ein kleines Stück abwärts und auf deutlichen Pfadspuren am felsigen Küstenhang entlang. Sobald die nächste Kuppe überwunden ist, kann man schon das Ziel sehen, den Strand S'Arenalet d'Aubarca mit dem Refugi de s'Arenalet. Zuvor kommen wir noch an der Strandbucht Cala de sa Font Celada vorbei (w17-06), die allerdings häufig von einem dicken Seegrasteppich bedeckt ist. Kurz danach ist der größere Strand S'Arenalet d'Aubarca erreicht (w17-07). Zurück geht es auf demselben Weg.

Der Torre d'Albarca diente der Absicherung gegen das englische Menorca.

Der Weg führt an der flachen Felsküste entlang.

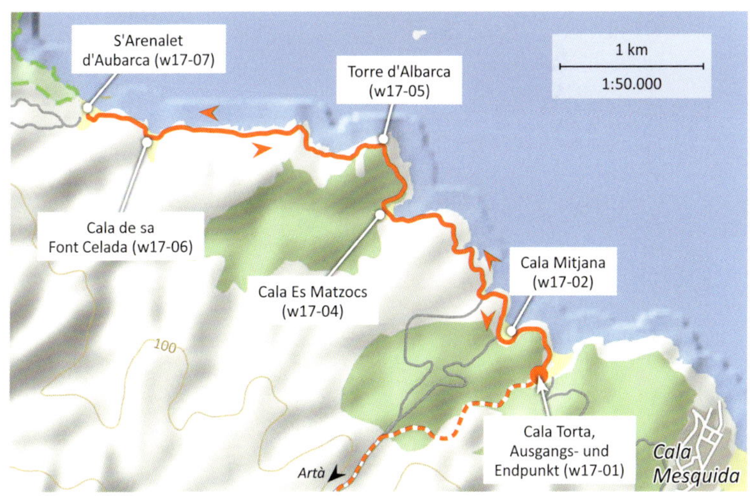

Wanderung 18:

Vom Cap de ses Salines zur Caló des Marmols

Das abgelegene Cap de ses Salines, die äußerste Südspitze Mallorcas, ist von einer flachen, felsigen Küstenlandschaft umgeben. Die auf der Südostseite darin eingebettete Bucht Caló des Marmols ist in jedem Fall einer der absoluten Traumstrände Mallorcas! Da die Region um das Kap weiträumig als Privatgelände gesperrt und ausschließlich an der Küste entlang zugänglich ist, kann man die Bucht nur mit dieser Wanderung oder – ähnlich weit, aber weniger attraktiv – von Cala Llombards aus erreichen. Allzu viele Menschen muss man also kaum befürchten, nur die eine oder andere Jacht findet noch hierher.

Doch ist auch der Weg schon eine Attraktion: Vom felsigen Kap aus gehen wir durch eine wilde, einsame Küstenlandschaft, stets am Meer entlang. Unter uns braust das Wasser an den zerklüfteten Klippen, ein salziger Geruch liegt in der Luft. Auf halbem Weg muss eine kleine Schlucht durchstiegen werden, ehe nach einer guten Stunde die Bucht mit ihrem herrlichen Sandstrand und dem türkisblauen Wasser unter uns auftaucht.

Die Caló des Marmols ist eine der schönsten Strandbuchten Mallorcas.

Eckdaten

Anspruch Technik: ●●●●● *mittel*

Anspruch Kondition: ●●●●● *leicht*

Länge: *9,9 km*

Höhenunterschied: *Auf- und Abstieg jeweils 150 m, Durchschnitt Steigung/Gefälle jeweils 1,5 %*

Gehzeit: *2:30-3:15 Stunden (ohne Pausen)*

Anforderungen: *Die Strecke verläuft überwiegend auf sehr einfachen Wegen. Bei der Durchsteigung der Schlucht muss eine kurze, leichte Kletterstelle überwunden werden.*

Wegmarkierungen: *Der Weg ist unmarkiert, jedoch nicht zu verfehlen.*

Anfahrt mit dem Auto: *Auf der Ma-6110 bis zum Leuchtturm am Cap de ses Salines (w18-01). Dort Parkmöglichkeiten am Straßenrand.*

Anfahrt mit dem Bus: *Keine Verbindung zum Ausgangspunkt.*

Wegbeschreibung

Wir gehen am abgesperrten Gelände des Leuchtturms vorbei nach links. Von nun an halten wir uns immer in der Nähe der Küste; der Weg ist nicht markiert, teilweise laufen mehrere Pfade parallel nebeneinander. Es ist aber egal, welchen wir nehmen, solange wir uns nicht zu weit von der Küste entfernen. Nach 3 km müssen wir

Schon der Weg an der wilden Felsküste entlang ist eine Attraktion.

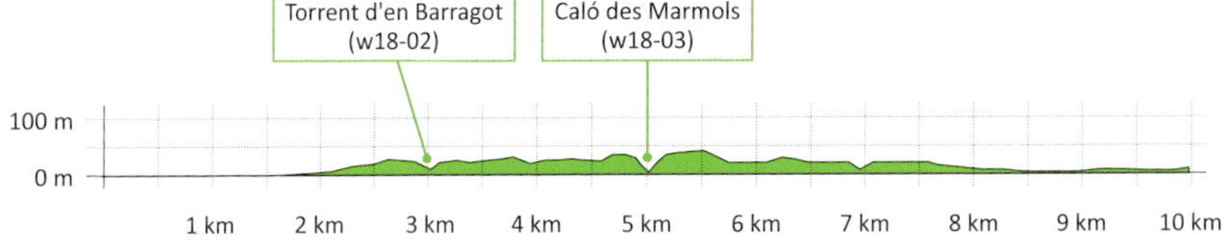

die kleine Schlucht des Torrent d'en Barragot durchqueren und dabei ein paar Meter hinunter und auf der anderen Seite wieder hinauf klettern (w18-02). Etwa 5 km nach dem Start liegt schließlich die sandige Bucht Caló des Marmols unter uns. Wir folgen dem Trampelpfad ein Stück ins Landesinnere, wo wir eine Möglichkeit finden, nach unten zu steigen (w18-03). Zurück auf demselben Weg.

Der traumhafte Strand kann nur mit einer Wanderung erreicht werden.

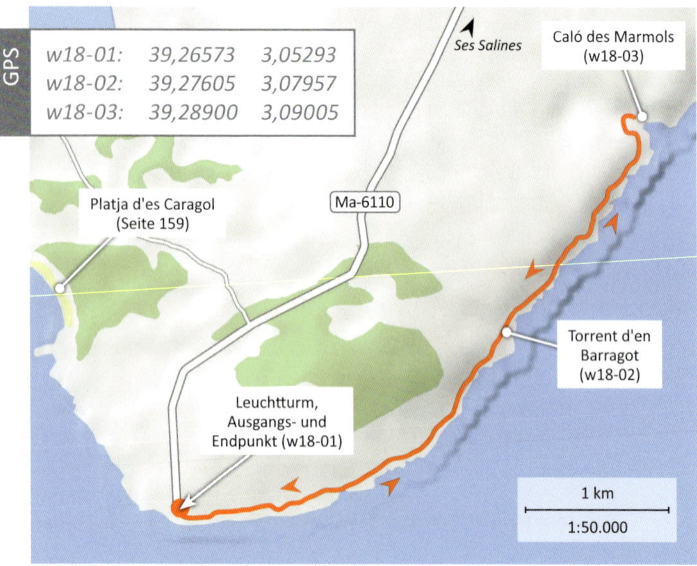

GPS		
w18-01:	39,26573	3,05293
w18-02:	39,27605	3,07957
w18-03:	39,28900	3,09005

Tipp: **Karten und GPS**

Die in diesem Buch abgebildeten Kartenausschnitte können eine vollständige Karte der gesamten Insel nicht ersetzen. Als Straßenkarte und zur allgemeinen Übersicht hat sich die Marco-Polo-Karte im Maßstab 1:150.000 bewährt:

Marco Polo: Mallorca
ISBN 978-3829737845

Als topografische Wanderkarte ist derzeit die Ausgabe des Kompass-Verlags im Maßstab 1:75.000 zu empfehlen:

Kompass Wanderkarte: Mallorca *(WK 230)*
ISBN 978-3854918707

Nicht alle Wanderwege auf Mallorca sind so gut markiert, wie man es sich wünscht. Ein **GPS-Gerät** (z.B. von Garmin) oder auch ein Smartphone mit digitaler Karte vereinfacht die Orientierung erheblich – mit etwas Übung ist damit ein Verlaufen auch bei komplizierten Touren fast ausgeschlossen.

Unsere Empfehlung für digitale Kartendaten ist die **Open MTB Map**, von der es auch eine Ausgabe für Spanien gibt. Eigentlich fürs Mountainbiking gedacht, ist diese Karte auch zum Wandern perfekt und an Vollständigkeit und Genauigkeit allen anderen derzeit verfügbaren Produkten (inklusive der Digitalkarten von Garmin) weit überlegen. Darüber hinaus sind Download und Verwendung kostenlos, es wird um eine Spende gebeten:

www.openmtbmap.com

Die Wegpunkte der Wanderungen sind in diesem Buch im Format Grad/Dezimalgrad angegeben. **Datenpakete** mit Wegpunkten und Tracks können in verschiedenen Dateiformaten kostenlos heruntergeladen werden:

www.maremonto.com/gps/mallorca.zip

Register